• 高等职业教育建筑设计类专业精品教材 •

Architectural Decoration
Design Drawings Reading & Drawing

建筑装饰设计
识图与制图

毛文实　覃小婷　刘　群　编　著

中国轻工业出版社

图书在版编目（CIP）数据

建筑装饰设计识图与制图 / 毛文实，覃小婷，刘群编著. —北京：中国轻工业出版社，2024.1
ISBN 978-7-5184-3373-5

Ⅰ.①建… Ⅱ. ①毛… ②覃… ③刘… Ⅲ. ①建筑装饰—建筑设计—识图 ②建筑装饰—建筑设计—制图 Ⅳ. ①TU238

中国版本图书馆CIP数据核字（2021）第017626号

责任编辑：李　红　　责任终审：李建华　　整体设计：锋尚设计
策划编辑：王　淳　李　红　　责任校对：朱燕春　　责任监印：张　可

出版发行：中国轻工业出版社（北京鲁谷东街5号，邮编：100040）
印　　刷：三河市国英印务有限公司
经　　销：各地新华书店
版　　次：2024年1月第1版第2次印刷
开　　本：889×1194　1/16　印张：11.75
字　　数：260千字
书　　号：ISBN 978-7-5184-3373-5　定价：39.80元
邮购电话：010-85119873
发行电话：010-85119832　010-85119912
网　　址：http://www.chlip.com.cn
Email：club@chlip.com.cn
如发现图书残缺请与我社邮购联系调换
232196J2C102ZBW

前言

PREFACE

习近平总书记在党的二十大报告中指出：教育、科技、人才是全面建设社会主义现代化国家的基础性、战略性支撑。必须坚持科技是第一生产力、人才是第一资源、创新是第一动力，深入实施科教兴国战略、人才强国战略、创新驱动发展战略，开辟发展新领域新赛道，不断塑造发展新动能新优势。

建筑装饰设计制图对国家建设发展起着重要推动作用，标准化图纸教学是培养新型设计人才的重要组成部分，设计制图表现上应力求简洁、明了，一方面符合这个时代公众的普遍需求，满足时代大潮流的发展，经济、实用；另一方面方便设计人员和施工人员之间的沟通，也方便各施工工种之间的交流。

建筑装饰制图的复杂程度很高，现代建筑装饰制图的形式与内容要比传统建筑制图更加丰富多样，传统建筑制图中的结构一般采用大量标准图集，看懂一套图基本就能看懂所有图纸，但是现代建筑装饰设计图中的材料、构造特别复杂，形式多样，尤其是局部装饰构造，很少由固定模式来表现局部结构。为解决这一问题，本书融合国家各项制图标准，对建筑装饰制图的细节逐一进行了讲述，方便读图者与设计师之间相互沟通，使双方能对设计方案与施工细节通过图纸达成一致。

在建筑装饰设计过程中，施工图的绘制是表达设计者设计意图的重要手段之一，是设计师与各相关专业之间交流的语言。设计师通过线条来表现建筑装饰构造的形体，通过文字来讲述设计、施工中的要点，这些信息都统一在建筑装饰制图中，给读图者带来一定难度。但是有国家制图标准存在，因此大家都按照标准规范来展开识图、制图工作，这就将难度降低了。在很大程度上提高了设计制图的效率，提升了设计师的工作能力。

本书是以制图标准为基础，结合具体工程实例书写而成。书中内容更贴近实际工程。从实际情况出发，全面讲述了建筑装饰设计图纸的绘制与识读，包括总平面图、平面布置图、地面铺装平面图、顶棚平面图、给排水图、管道轴测图、电气图、热水暖通图、中央空调图、相关构件的立面图、剖面图、构造节点图、大样图以及轴测图。

本书适合职业教育作为教材使用，还适合建筑装饰设计师与施工员进行快速职业技能培训教学。本书以简练的语言、直观的图解和典型的案例，将建筑装饰施工图识图与制图的基本方法介绍给广大读者，以满足相关从业人员对建筑装饰图纸知识的自主学习需求。

本书此次重印，结合党的二十大精神与中国传统图学精华，提出当今建筑装饰施工图的发展方向，在现有制图识读模式的影响下，指导新的国家标准规范。书中每章节附带同步教学视频、PPT课件、图纸素材等资源，手机扫码下载后，可通过电脑端观看、使用。

编者

目录

CONTENTS

若扫码失败请使用浏览器或其他应用重新扫码！

图纸素材　教学视频　PPT 课件

第一章

建筑装饰图概述

» 识读难度：★☆☆☆☆

» 核心概念：施工图纸、图纸规范、绘图工具

» 章节导读：建筑装饰设计图有自身的特点，识读与制图的研究成果要能够填补国内空白，指导设计师与客户及施工员交流。在现有的行业规范体系下，只有开发出更多形式的施工图，并沿用中国传统图学原理，才能将现代施工图多样化、立体化、唯美化，从而提高行业水平。

第一节　什么是建筑装饰图

一、建筑装饰设计施工图的现状

中华人民共和国成立后，我国的建筑制图和机械制图都在学习苏联的规范模式。但引进的制图规范不完整，缺少很多细节，这些细节全凭我国设计师与绘图员自主定制，影响面窄，并没有发挥本土特色。很多设计师、绘图员长期从事单一性设计、制图工作，往往会造成习惯性错误，既不便修改，也不便传阅，由此长期影响本行业其他人员。

1. 常见制图问题

在建筑装饰设计制图过程中，通常会遇到图纸结构复杂，制图形式单一，设计师与施工员之间缺少沟通等问题，要保证施工顺利进行，就必须解决这些问题。

（1）图纸结构复杂。每张图纸虽然包括1～2个施工立面，但构造节点图、大样图等需另附图纸，查阅时要考虑图纸的逻辑顺序，不利于深入理解设计创意。对于业务素质参差不齐的项目经理和施工员而言，正确、完整地阅读图纸有很大困难，易发生理解错误的情况。

（2）制图形式单一。现有的建筑装饰设计图纸基本上是白纸黑线图，少数制图软件虽然提供色彩与纹理配置，但操作复杂，绘图效率低，没有形成广泛的经济效益。除了设计师、项目经理、施工员，还有更多受众对象，如使用者、投资者及广大群众，希望能读懂图纸，从而发表自己的意见。

现代建筑装饰的核心是平面布置图，又称方案图，是后期各种图纸设计绘制的基础，因此，在平面布置图中应尽量详细绘制各种形体，标注尽量细致的文字与数据，方便后期施工图能持续且深入绘制（图1–1）。

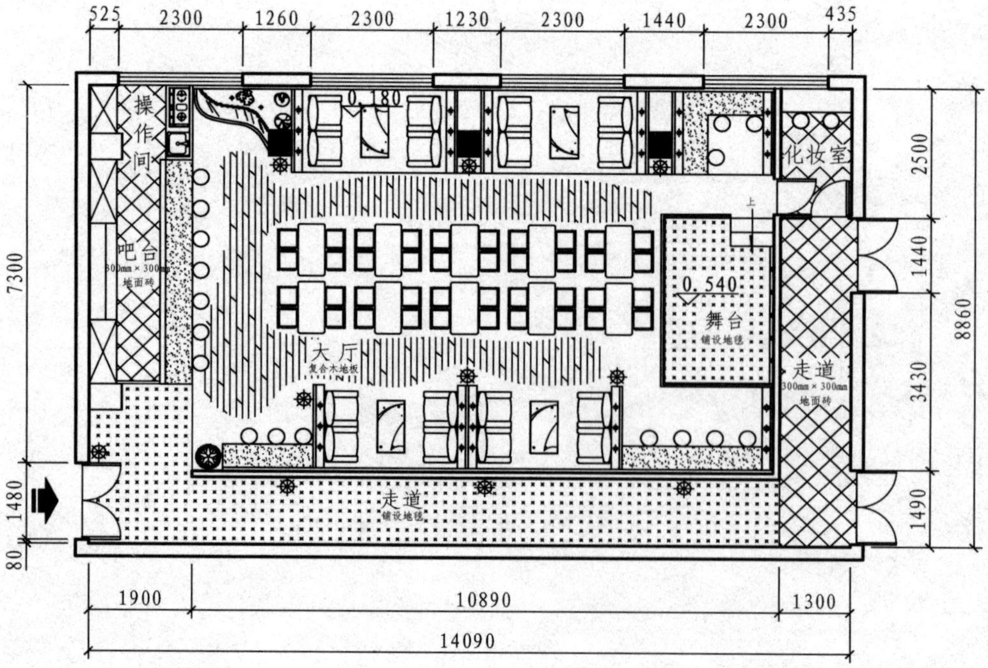

图1–1　咖啡厅设计平面布置图

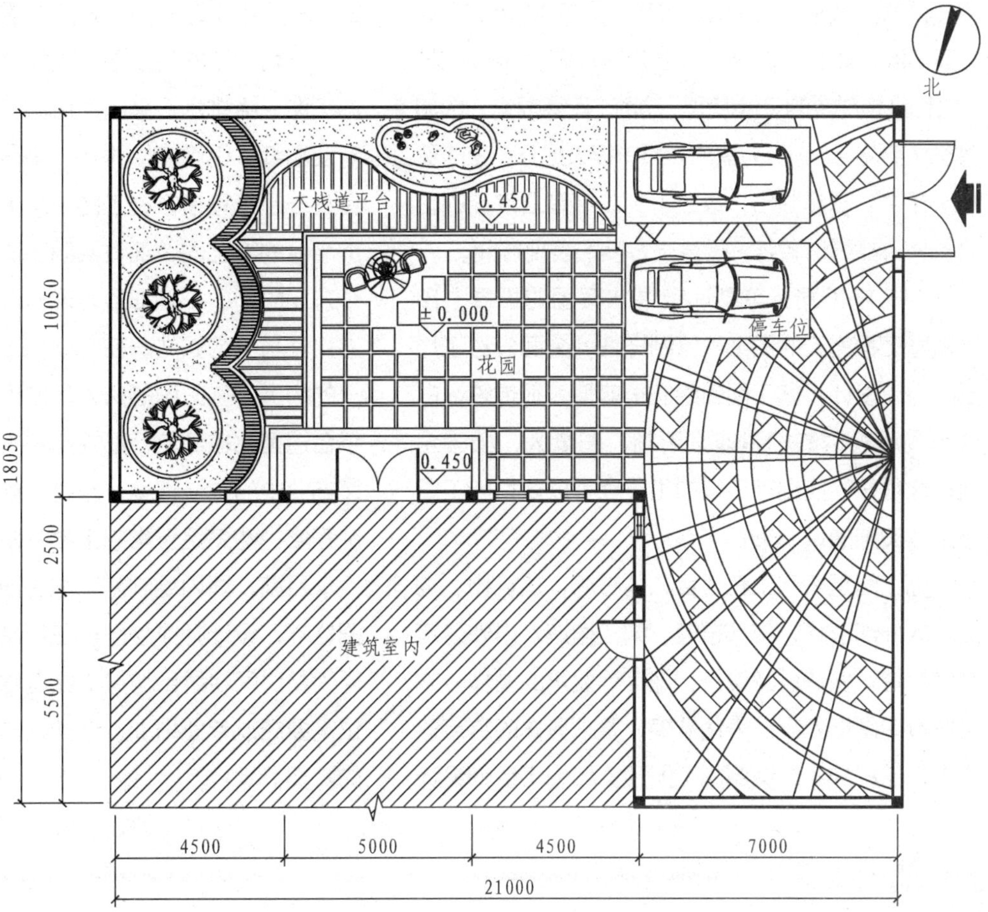

图1-2 住宅庭院设计平面布置图

（3）图面内容烦琐。图纸上的尺度标注、文字标注十分机械，标注引线和文字在图面中相互穿插，容易影响正确识图，审核者和阅读者需要消耗大量的时间、精力来读懂图纸，这对设计消费者的耐心是一种严峻的考验。

住宅庭院设计方案在图纸中主要表明平面整体布局状况、地面铺装与功能区划分，标出地面与构造的高度，对绿化景观详细绘制。标明建筑外墙门窗，室内无须设计的空间可以采用斜线概括表现。此外，还要标明整体建筑的朝向方位（图1-2）。

（4）甲乙双方沟通困难。专业性很强的设计制图只限定在少数设计师与施工员之间沟通，有设计需求的消费者很难读懂，往往需要提高设计成本，另附多张彩色效果图。严谨、专业的图纸反而成为设计、施工交流的障碍。

2. 建筑装饰设计施工图的研究

现代建筑装饰设计制图要求施工图既要丰富表现效果，还要绘出设计构造的具体形态。建筑装饰设计施工图的特征应该能清晰表达设计构造，采用简洁的图示图标，渲染设计对象的色彩和质感，图面美观多样，通俗易懂，绘制成本低廉，操作方便快捷，容易修改，能为大多数人接受。目前，建筑装饰设计施工图图纸按应用方面总体分为方案图、施工图和竣工图三种。

（1）方案图。用于初步表达设计理念及风格样式的图纸，表现较为简洁，视觉效果明确。方案图在建筑装饰设计施工图领域属于前期图纸，图纸所表达的设计内容需要得到主管部门或客户的认可，要求图面美观、新颖，能遵循大众的审美特点，这一类图纸一般包括三视图和透视效果图。

目前，在国内一些发达城市，设计师提出的设计方案不再局限于二维图纸，通过计算机软件制作出与二维图纸相对应的三维模型、动画，配置语音介绍和动态文字说明，设计方案的效果有很大提升，在商业招投标中，屡屡胜出，甚至不少从事专业设计的企业、个人都纷纷转行，投身于方案图表现行业。

（2）施工图。可以认定是方案图的扩展，用于指导工程施工的图纸，绘制详细，全面表达了局部的构造设计。施工图的绘制很典型，很传统，白纸黑线所表达的构造非常清晰，图量大，配套全面，能很好地应用于工程施工，也可以认为施工图是工程实施的说明书。

施工图是表示工程项目总体布局，建筑物、构筑物的外部形状、内部布置、结构构造、内外建筑装饰、材料做法以及设备、施工等要求的图样。施工图具有图纸齐全、表达准确、要求具体的特点，是进行工程施工、编制施工图预算和施工组织设计的依据，也是进行技术管理的重要技术文件。

一套完整的施工图一般包括建筑施工图、结构施工图、给排水、采暖通风施工图及电气施工图等专业图纸，也可将给排水、采暖通风和电气施工图合在一起统称设备施工图。以下是公共卫生间外部洗手台的施工图，细致绘制了洗手台的正立面与两个方向的剖面，能细致表现出洗手台的建筑装饰构造尺寸与工艺做法，在常规施工中，对复杂程度不一的构造，施工图的深入程度也是不同的，这个洗手台造型比较简单，形式比较大众化，是目前建筑装饰业中的主流造型，因此，施工图也属于中等复杂程度，能满足正常施工参考使用（图1-3）。

目前，国内绘制施工图主要采用Auto CAD制图软件，设计师或绘图员在绘制这类图纸时需要消耗大量时间将线条与尺度完美结合，施工图的识图也需要经过专业培训，设计师与施工员需要有很好的默契。

补充要点

立面图的衍生

立面图大多会衍生出剖面图，甚至构造详图，能全方位表现设计、施工计划，要求绘图者熟悉建筑装饰施工工艺与材料搭配。标出各部分构造、装饰节点详图的索引符号。用图例或文字、列表说明外墙面的建筑装饰材料及做法。

（3）竣工图。竣工图是工程完成后根据实际完工的形态绘制的图纸，用于存档和工程的后期维护，在工程完工后，需要对最终形态和使用方法做出详细规定：一方面可以指导工程的受众者正确使用设计成果；另一方面也是工程双方的责权申明。

建筑装饰设计图纸有自身的特点，一贯延续土木建筑图纸，难以发挥自身的特色。制图的研究要能够填补国内空白，指导设计师与客户及施工员交流。在现有的行业规范体系下，开发出更多形式的施工图，并沿用中国传统图学原理，将现代施工图多样化、立体化、唯美化，提高行业水平，发挥设计的影响力和推动力，促进建筑装饰施工设计行业健康发展。

施工图的目的是解决施工时所出现的具体问题，需要说明的部位就应该绘制图纸，当设计方、施工方与投资方等对某些问题能达成一致和共识，就无须绘制图纸了。建筑装饰设计要表明创意和实施细节，一般需要绘制多种图纸，针对具体设计构造的繁简程度，可能会强化某一种图纸，也可能会简化或省略某一种图纸，但这不影响图纸的完整性。

在初学制图的过程中，需要了解相关图纸种类等理论知识，读者应先对图纸种类做到大体了解，学习过程中也需多加练习，可临摹一些具有代表性的图纸。当然，要准确且熟练地绘制各种图纸，还

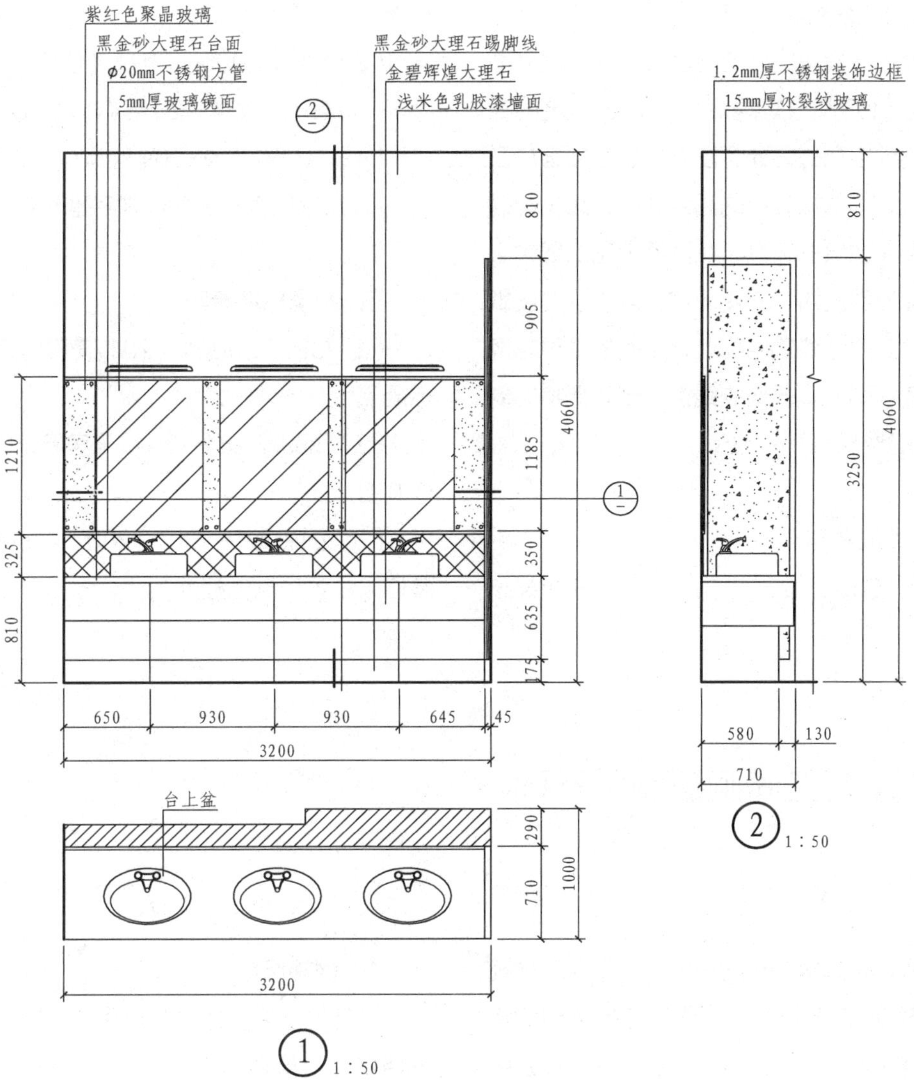

图1-3　卫生间洗手台施工图

需要了解建筑装饰过程中所存在的材料选用和施工构造等知识，这些才是制图的根源。

二、施工图纸的规范性

为加强图纸的规范化管理，提高设计质量和标准，强化各个公司的品质形象，方便施工队统一培训、施工，根据现阶段建筑装饰行业的实际情况，遵循建筑制图规范的原则，特制定统一规范。

1. 制定目的

为避免或减少因不规范绘图（甚至不画图），或因设计问题造成的（结构安全、功能合理等问题）违法或违规施工、错误报价等问题导致的客户投诉、公司及个人损失乃至安全事故、法律责任等问题，保证建筑装饰设计图纸绘制类别齐全、绘制基本内容统一、正确，并正确执行设计标准要求，实现图纸指导完整报价（工程／产品）及施工要求。

2. 图纸的美观性

由于建筑装饰行业的实际情况是客户大多并不了解建筑装饰行业，对建筑装饰设计施工图纸不易看懂，如果仅仅考虑图纸规范是不够的，图纸必须绘制得形象、生动、美观。

3. 图纸的内容要求

利用正投影原理所绘制的平面、立面、剖面图是设计师的设计意图与其现场施工人员交流的语言。设计师要将自己的设计意图充分表达给客户及施工人员，就必须掌握设计的图纸规范；正投影制图要求使用专业的绘图工具，在图纸上画的线条必须粗细均匀、光滑整洁、交接清楚。因为这类图纸是以明确的线条描绘建筑内部装饰空间的形体轮廓线来表达设计意图的，严格的线条绘制和严格的制图规范是其主要特征。

4. 设计标准参照

（1）GB 50352—2019《民用建筑设计统一标准》。

（2）GB 50096—2011《住宅设计规范》。

（3）GB 50034—2018《建筑照明设计标准》。

（4）GB 50003—2011《砌体结构设计规范》。

（5）JGJ 242—2011《住宅建筑电气设计规范》。

5. 制图标准参照

（1）GB/T 50001—2017《房屋建筑制图统一标准》。

（2）JGJ/T 244—2011《房屋建筑室内装饰装修制图标准》。

（3）DBJ 01—613—2002《北京市建筑装饰装修工程设计制图标准》。

第二节 建筑空间测量制图基础

一、实地测量

测量房屋是一项很严格的技术活，不仅能体现出专业化的建筑装饰态度，更是对房屋结构的审查。只有对房屋的结构、尺寸、设施、设备以及各项状况都有详尽了解，设计时才能更客观地判断房屋的优缺点，为以后建筑装饰提供准确的依据，尽量避免日后在设计与施工中出现遗漏与偏差。

房屋测量需要很专业的技术动作来完成，如果设计师没有受过这方面的训练，对操作技术一概不知，往往是看到哪面墙就量哪面墙，最后记录在图纸上，自己也看不清。

二、测量工具

建筑装饰设计制图的前提是测量，只有经过详细测量得到精准的数据，才能为制图奠定完美的基础。要在设计、施工现场进行实地测量首先要配置必要的工具。

1. 钢卷尺

钢卷尺一般在普通文具店和杂货店都能买到，价格便宜，长度有3m、5m、8m等几种规格，可以随身携带，主要用于测量室内空间的尺度。优质钢卷尺价格较高，但经久耐用［图1-4（a）］。

2. 塑料卷尺

塑料卷尺的长度一般有15m、30m、50m等几种规格。使用时需要手动收展，可用于测量大面积室内空间，包括各种圆形构件的弧长等，使用时需要两人协同操作。优质塑料卷尺的制作材料高档，不会受环境温度影响而发生收缩或膨胀，保证了测量精度［图1-4（b）］。

3. 测距仪

测距仪是一种新型电子测量设备，有激光、超声波和红外线等多种类别，它是通过电子射线反射的原理来测量室内空间尺寸的，尤其是针对内空很高、面积很大的住宅，测量起来很方便，但操作要平稳［图1-4（c）］。

三、测量方法

在房屋实地测量时，有很多实用的方法，要按操作顺序执行（图1-5）。

（a）钢卷尺　（b）塑料卷尺　（c）测距仪

图1-4　测量工具

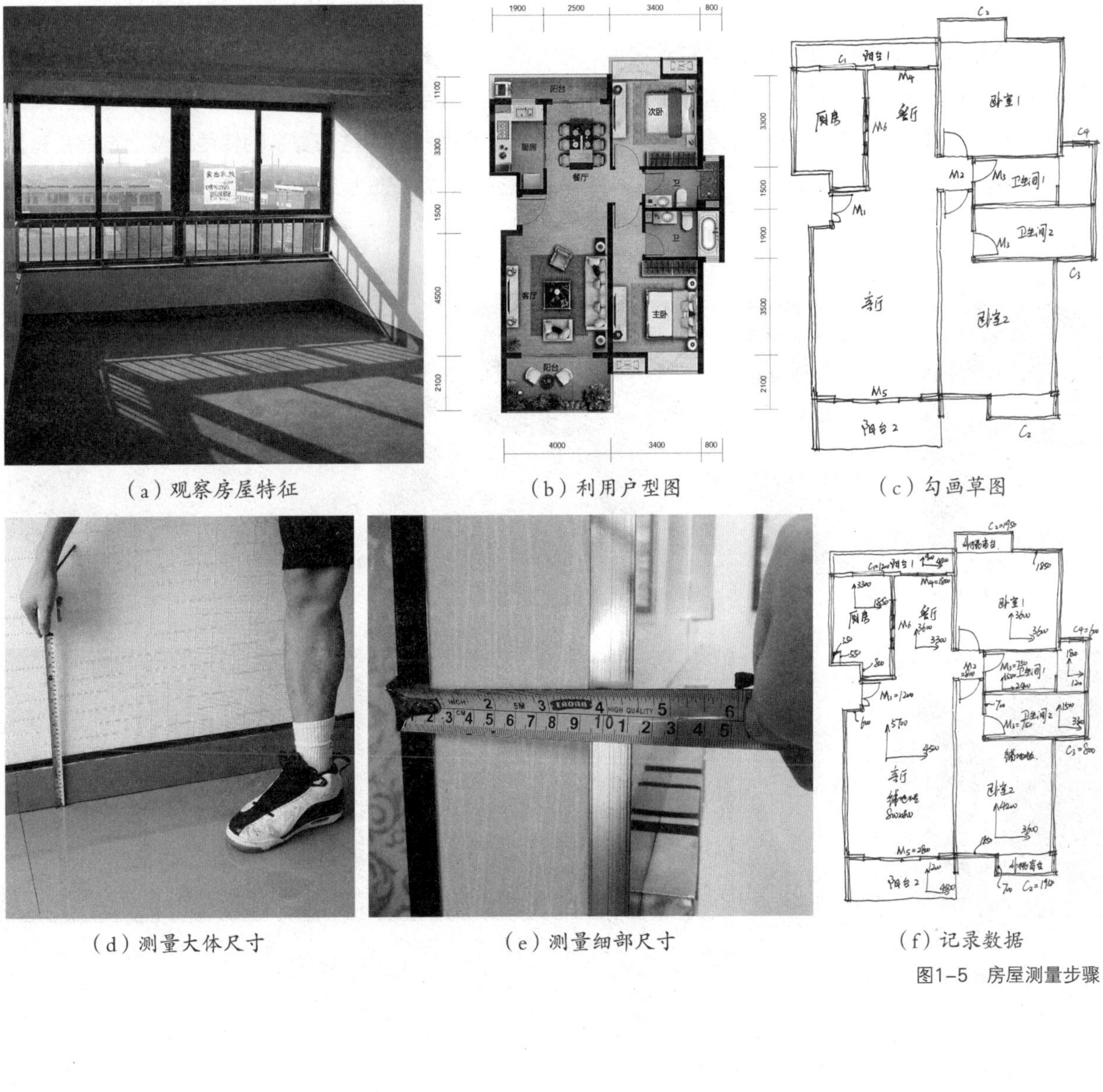

（a）观察房屋特征　（b）利用户型图　（c）勾画草图

（d）测量大体尺寸　（e）测量细部尺寸　（f）记录数据

图1-5　房屋测量步骤

现场测量是绘图的基础，只有通过测量得到了准确的数据才能精确绘图。这里介绍几种能快速入门的测量方法。

1. 对齐尺端

（1）单人测量。不要过于心急，要一个数据一个数据地来测量。先测量后记录，临时记在头脑中的数据不要超过两个，否则容易前功尽弃。卷尺左右要平整，对齐尺的首端和末端［图1-6（a）］。

（2）双人测量。比较方便，一人握着卷尺，到墙体末端，读出数据，另一人在墙体首端定位卷尺，并做书面记录［图1-6（b）］。

（3）三人测量。更方便了，墙体首尾两端各站一人，所读取的数据报给第三人进行书面记录［图1-6（c）］。

无论哪种测量方式，都要将卷尺对齐墙边，保持水平或垂直状态，在做记录的同时，最好将数据也抄写在白墙上，供施工员随时参考［图1-6（d）~图1-6（f）］。

2. 分段拼接

对于过高、过宽的墙壁，不能一次测量到位，就要使用硬铅笔做分段标记，最后再将分段尺寸相加，记录下来。分段拼接而成的尺寸要审核一遍，分段测量时卷尺两端也应对齐、平整。

3. 目测估量

对于横梁等复杂的、不便测量的顶部构造，也可以通过眼睛来估测，例如，先测量一下自己手机的长度，再将手机的长度与横梁的长度进行比较，仔细观察它们之间的倍数关系，就可以得出一个比较准确的估量值（图1-7）。

4. 注意边角

墙体转角处与内凹部分一般容易被忽视，测量时千万不要遗漏，这些边角部位最终会影响家具柜体的设计与取舍，除了长宽数据以外，还要测量横梁的高度，因为这些复杂的转角部位上方都会有横梁交错，情况很复杂（图1-8）。

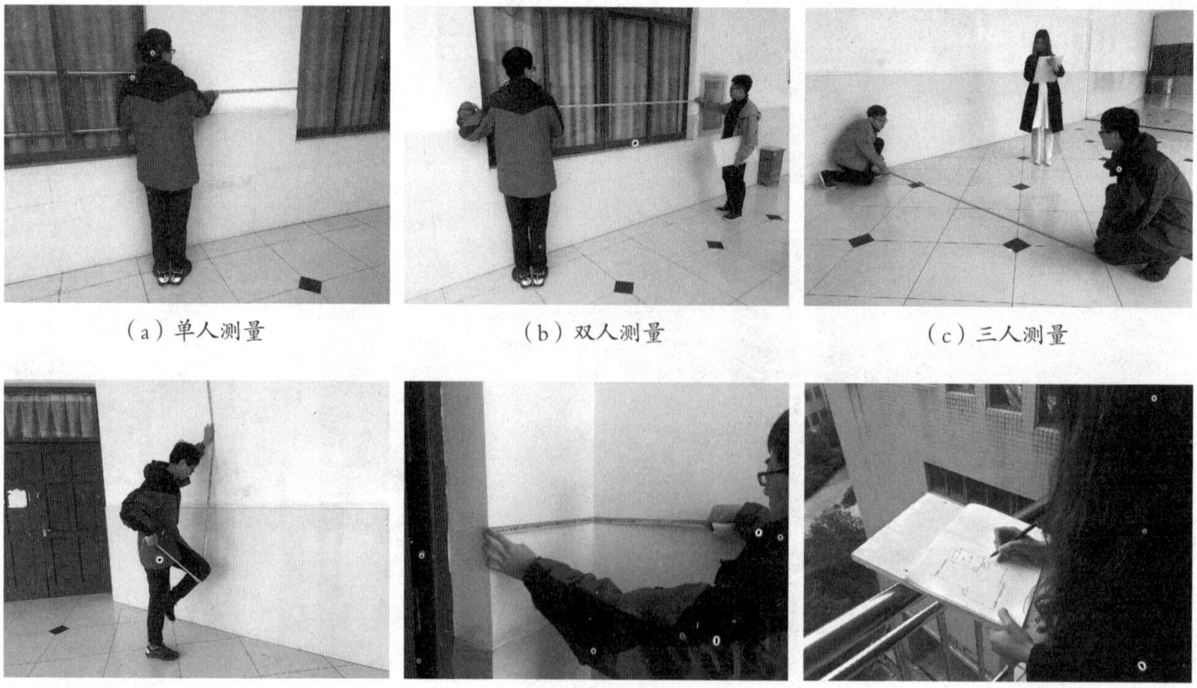

（a）单人测量　（b）双人测量　（c）三人测量

（d）高度测量　（e）宽度测量　（f）书面记录

图1-6　房屋测量方法

（a）（b）

图1-7 目测估量

（a）（b）

图1-8 边角细节

5. 设备位置

要对水电路管线的外露部分进行实地测量，例如，水管超出墙地面的高度和宽度，这些会影响将来瓷砖的铺贴。此外，门窗的边角也需要精确测量，尤其是准备包裹门窗套的部位，得到这些数据更方便进行设计预算。

补充要点

尺寸测量

经过测量而得到的数据，核对后就可以绘制草图了，绘制草图的目的在于提供一份完整的正式制图依据。测量完毕后可以在设计现场绘制，使用铅笔画在白纸上即可，线条不必挺直，但空间的位置关系要准确，边绘草图边标注测量得到的数据，并补充一些遗漏的部位，做到万无一失。

四、房屋面积术语

在测量房屋时还需了解房屋的建筑面积、使用面积和产权面积等概念，这样才不会混淆设计面积。

1. 房屋的建筑面积

房屋的建筑面积是指房屋外墙（柱）勒脚以上各层的外围水平投影面积，包括阳台、挑廊、地下室、室外楼梯等，且为具有上盖，结构牢固，层高2.2m以上（含2.2m）的永久性建筑（图1-9）。

2. 房屋的使用面积

房屋的使用面积是指房屋户内全部可供使用的空间面积，按房屋的内墙面水平投影计算（图1-10）。

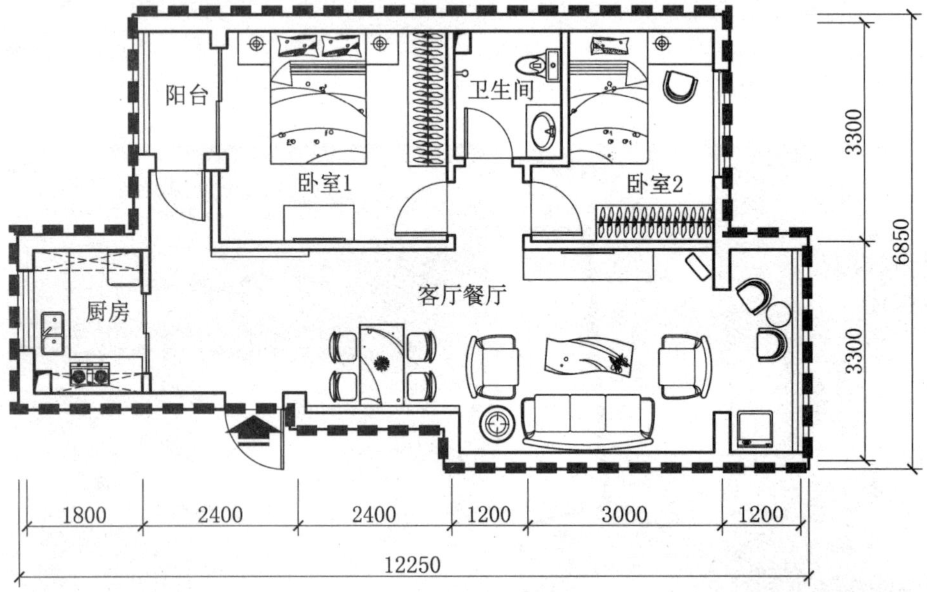

图1-9 建筑面积

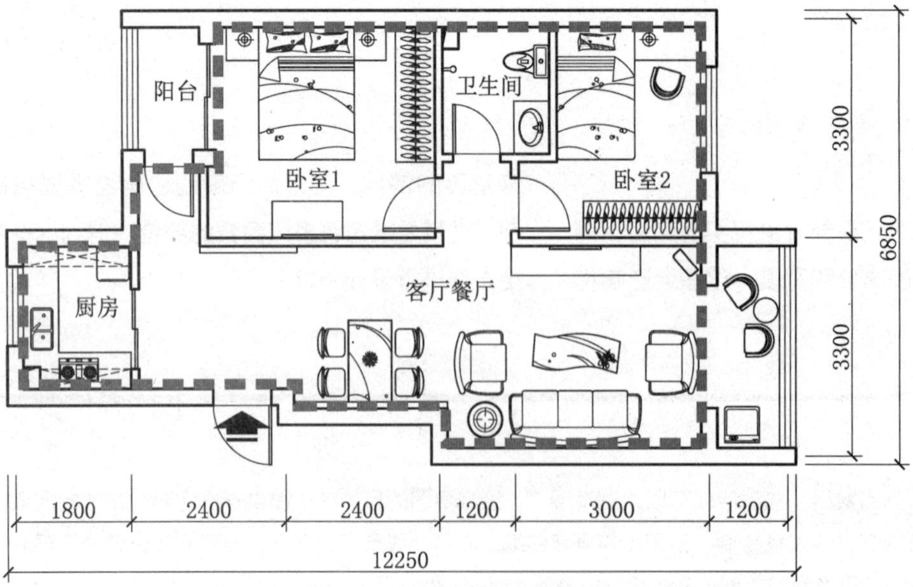

图1-10 使用面积

3. 房屋的产权面积

房屋的产权面积是指产权主依法拥有房屋所有权的房屋建筑面积。房屋产权面积由直辖市、市、县房地产行政主管部门登记授权认定。

成套房屋建筑面积由套内房屋的使用面积、套内墙体面积、套内阳台面积和其分摊的公共建筑面积组成。商品房公共建筑面积包括电梯井、管道井、楼梯间、垃圾道、变电室、设备间、公共门厅、过道、地下室、值班室、为整幢楼房服务的公共用房、公共建筑之间的分隔墙及外墙分摊部分。这些都要计入建筑面积，房屋测量时须全盘考虑。

五、计算机制图工具

现代建筑装饰设计制图以运用计算机制图为主流，选购、配置一台能流畅运行各种制图软件的计算机非常重要。保障计算机制图的质量和效率，关键还在于制图软件和打印输出设备。

1. 制图软件

制图软件主要包括Auto CAD、CorelDRAW、SketchUp。

（1）Auto CAD。是由美国Autodesk公司开发的绘图程序软件包，经过不断更新，现已成为国际上广为流行的绘图工具。它可以绘制任意二维和三维图形，同传统的手工绘图相比，用Auto CAD绘图速度更快、精度更高。Auto CAD具有良好的用户界面，通过交互菜单或命令行方式便可以进行各种操作。它的多文档设计环境，让非计算机专业人员也能很快学会使用。Auto CAD的应用范围很广，对尺度的精确程度要求很高，但绘图模式相对于传统手绘而言，并没有突破性进展，绘制速度因人而异。Auto CAD在模拟传统的立体轴测图上有很大改观，但绘制速度却不高，着色效果不佳，只适用于表现基本方案图和施工图（图1-11）。

（2）CorelDRAW。在我国，CorelDRAW的使用率相当高，主要用于绘制彩色矢量图形，是目前最流行的矢量图形设计软件之一。使用

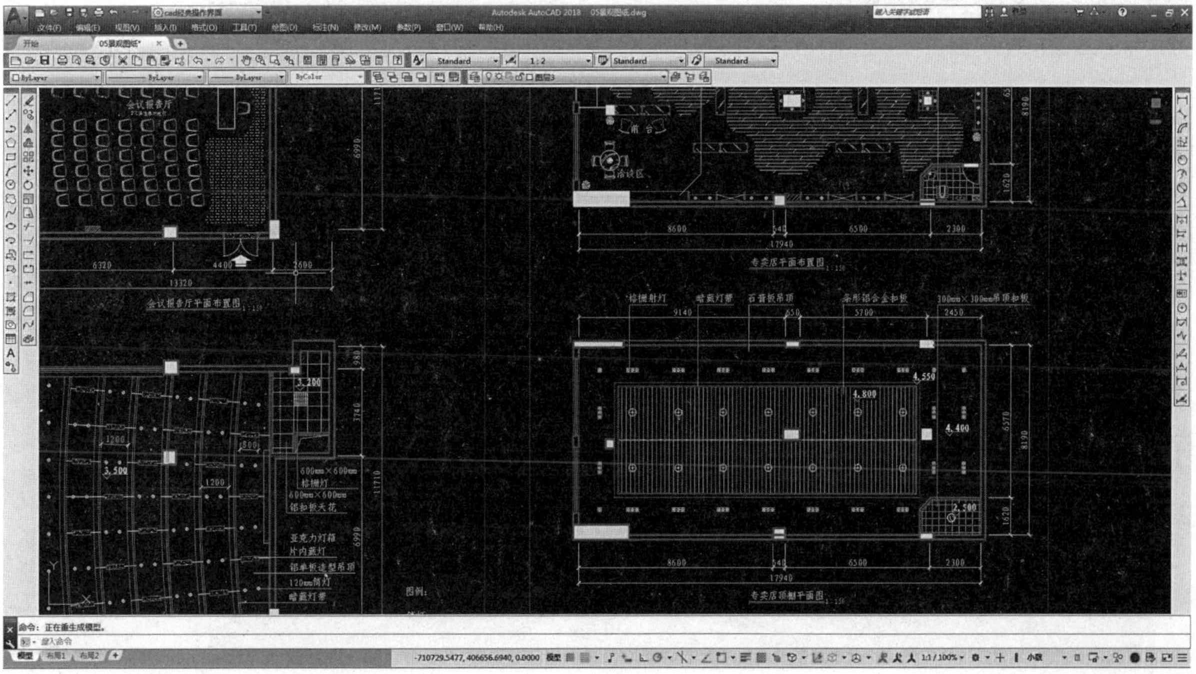

图1-11　Auto CAD界面

CorelDRAW绘制建筑装饰设计图是最近三五年逐渐兴起的，CorelDRAW绘制图纸的方法与Auto CAD相似，但绘制逻辑却完全不同。CorelDRAW的最大特点是可以着色，在设计构造上可以区分色彩，体现质感，操作上也很简便，绘制的图面很精美。CorelDRAW的通用性很广，同时也用于平面设计、广告设计、工业设计等多个领域，可以与建筑设计图纸相互借用。但CorelDRAW在三维制图上存在缺陷，很难表现出尽善尽美的透视效果（图1-12）。

（3）SketchUp。是一个表面上极为简单，实际上却蕴含着强大功能的构思表达工具，它可以以极快的速度对三维创意进行创建、观察和修改。传统铅笔草图的优雅自如，现代数字科技的速度与弹性，都能通过SketchUp得到完美结合。SketchUp与Auto CAD不同的是，SketchUp使设计师可以根据设计目标，方便地完成整个设计过程中出现的各种修改，即使这些修改贯穿整个项目的始终。SketchUp的界面比较有亲和性，操作时给人赏心悦目的感觉，其绘制速度快，对所有设计构造都以透视彩色立体化形态表现，是目前流行的建筑装饰设计软件（图1-13）。

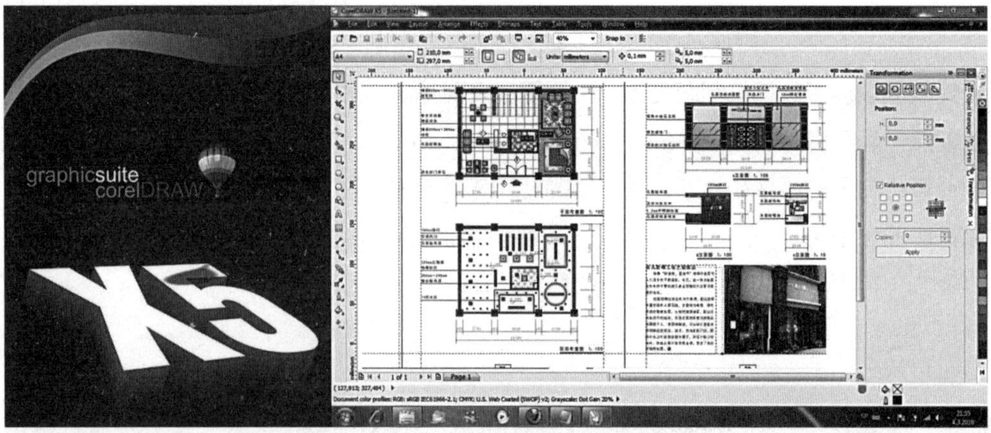

图1-12 CorelDRAW界面

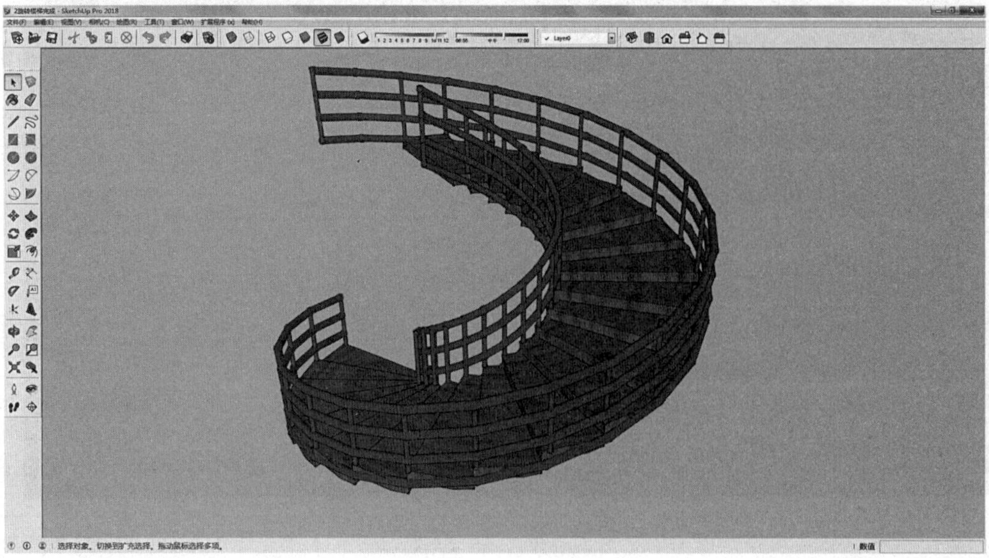
图1-13 SketchUp界面

2. 打印输出设备

（1）打印机。是将计算机的运算结果或中间结果以人眼所能识别的数字、字母、符号和图形等形式，依照规定的格式印在纸上的设备。打印机正向轻、薄、短、小、低功耗、高速度和智能化方向发展。

打印机的种类很多，用于计算机制图输出的主流产品为激光打印机。激光打印机分为黑白和彩色两种，其中低端黑白激光打印机的价格目前已经降到了几百元，达到了普通用户可以接受的水平。它的打印原理是利用光栅图像处理器产生要打印页面的位图，然后将其转换为电信号等一系列的脉冲送往激光发射器，在这一系列脉冲的控制下，激光被有规律的放出。与此同时，反射光束被接收的感光鼓所感光。激光发射时就产生一个点，激光不发射时就是空白，这样就在接收器上印出一行点来。然后接收器转动一小段固定的距离继续重复上述操作。当纸张经过感光鼓时，鼓上的着色剂就会转移到纸上，印成了页面的位图。最后当纸张经过一对加热辊后，着色剂被加热熔化，固定在了纸上，就完成了打印的全过程，整个过程准确而且高效。相对于喷墨打印机而言，激光打印机的使用成本要低很多。一般用于打印输出A3、A4等小幅面图纸（图1-14）。

（2）绘图仪。是一种优秀的输出设备，与打印机不同，打印机是用来打印文字和简单的图形的。如果需要精确绘图，并绘制大幅面图纸，如A0、A1、A2等幅面或各种加长图纸，就不能用普通激光打印机了，只能用这种专业的绘图输出设备。

在电脑辅助设计（CAD）与电脑辅助制造（CAM）中，绘图仪是必不可少的，它能将图形准确地绘制在图纸上输出，供设计师和施工员参考。如果将绘图仪中出色使用的绘图笔换为刀具或激光束发射器等切割工具就能完美地加工机械零件了。从原理上分类，绘图仪分为笔式、喷墨式、热敏式、静电式等；而从结构上分，又可以分为平台式和滚筒式两种。平台式绘图仪的工作原理是，在计算机输出信号的控制下，笔或喷墨头沿X、Y方向移动，而纸在平面上不动，从而绘出图来。滚筒式绘图仪的工作原理是，笔或喷墨头沿X方向移动，纸沿Y方向移动，这样，可以绘出较长的图样。绘图仪所绘图也有单色和彩色两种。目前，彩色喷墨绘图仪绘图线型多，速度快，分辨率高，价格也不贵（图1-15）。

图1-14　激光打印机

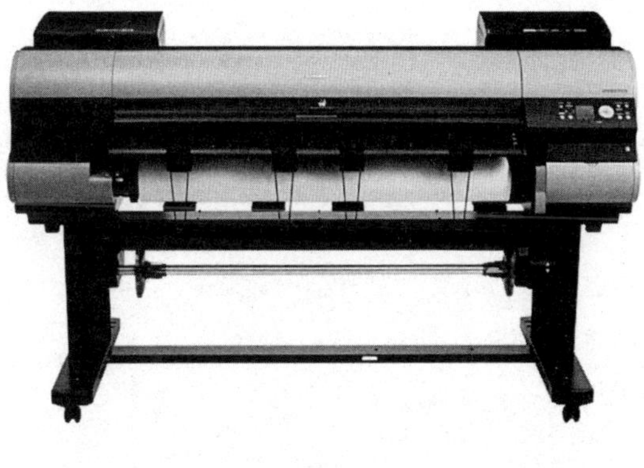

图1-15　喷墨绘图仪

本章小结

本章就建筑装饰设计制图的现状进行了概括，对方案图、施工图、竣工图进行了大致讲解，主要是为了能够让读者对建筑装饰设计制图有个初步了解，能够在以后的学习、工作中知道哪些内容是重要的，做到心中有数。同时对房屋测量工作从使用工具到测量方式进行了详细讲解，让读者有能力进行自主量房工作。思考国家在房地产政策上的调控方式，深入了解建筑面积与使用面积之间的关系，从而正确指导房屋测量工作。

课后练习

1. 你认为在现在的建筑装饰设计制图中主要存在哪些问题？
2. 施工图的特点是什么？其存在有什么意义？
3. 要做到建筑装饰设计制图规范化需要注意哪些内容？
4. 说出你所知道的三个设计标准参照文件。
5. 参照图1-3绘制一幅卫生间洗手台施工图。
6. 活用课堂知识对教室或居住空间进行测量。
7. 结合党的二十大报告内容，解读关于房地产的发展方针，思考我国建筑装饰行业的发展方向。

第二章

建筑装饰制图规范

图纸素材　　教学视频　　PPT 课件

» 识读难度：★★☆☆☆

» 核心概念：制图规范、图纸要求、识读要点

» 章节导读：建筑装饰设计图纸设计，应以国家标准为依据，以保证图纸与基础建筑制图相衔接，便于识读、审核和管理。由于室内外设计工程涉及专业范围较广，所以在施工图中常出现建筑制图、家具制图、机械制图和装饰性图案等多种画法并存的现象。设计师不仅要具备良好的绘图功底，更要能很精准地识别这些图，以达到确切地将设计思想、设计理念与设计图纸完美融合，与实际操作完美契合的效果。

第一节　建筑装饰图纸标准

一、图纸的分类

图纸分类齐全是一套施工图制作的基本要求，同时也是原则要求，应做到图纸的设计内容符合现场实际条件及相关建筑装饰设计规范要求，设计师对设计方案、可实施性负责（表2-1）。

装饰效果图是施工图以外的要求，高级设计师或表现师，应针对设计的主要房间（客厅、卧室等）或有造型的房间及位置，以电脑绘制或手绘相应的效果图，并保障其绘制效果图的美观性及可实施性。要求小于300m²的户型绘制4～6张效果图，大于或等于300m²的户型绘制8张以上效果图，且按表2-1规定的图纸类别顺序进行装订。

对于复杂的水电构造，设计师还需绘制与水电相关的图纸（表2-2）。

二、标准图纸的版式

1．封面

成套图纸应有彩印封面与封底，图纸应使用统一标准企业封面与封底模版。

表2-1　　图纸的分类

类别	序号	图纸名称
封面	1	图纸封面
标准与说明	2	图纸目录
	3	工程概况与设计说明
	4	材料做法表
	5	装饰效果图
原始平面图	6	原始量房图
	7	原始给排水图
	8	原始顶面拆除图
	9	原始墙面拆除图
	10	原始地面拆除图
设计平面图	11	拆除墙体图
	12	新建墙体图
	13	平面家具布置图
	14	顶面图
	15	地面图
	16	强弱电插座布置图
	17	照明灯具布置图
	18	开关布置图
立/剖面；类	19	装饰立面图、剖面图
大样、节点类	20	大样图、节点图

表2-2 电气及给排水图纸

类别	序号	图纸名称
标准内容	1	水电图纸封面／封底
	2	水电图纸目录
	3	设计说明
	4	材料做法表
电气部分	5	配电系统图
	6	强电插座图
	7	弱电插座图
	8	照明与开关布置图
给排水部分	9	厨、卫平面大样图
	10	给水布置图与系统图
	11	排水布置图与系统图

2. 图框

图框可以根据国家标准进行设计，图纸以短边作为垂直边称为横式，以短边作为水平边称为立式，一般A0～A3图纸宜横式使用，必要时可立式使用［图2-1（a）、图2-1（b）］，A4幅面也可用立式图框［图2-1（c）、图2-1（d）］。在同一项设计中，每个专业所使用的图纸，一般不宜多于两种幅面。

（1）图纸幅面及图框尺寸。选用图纸幅面的原

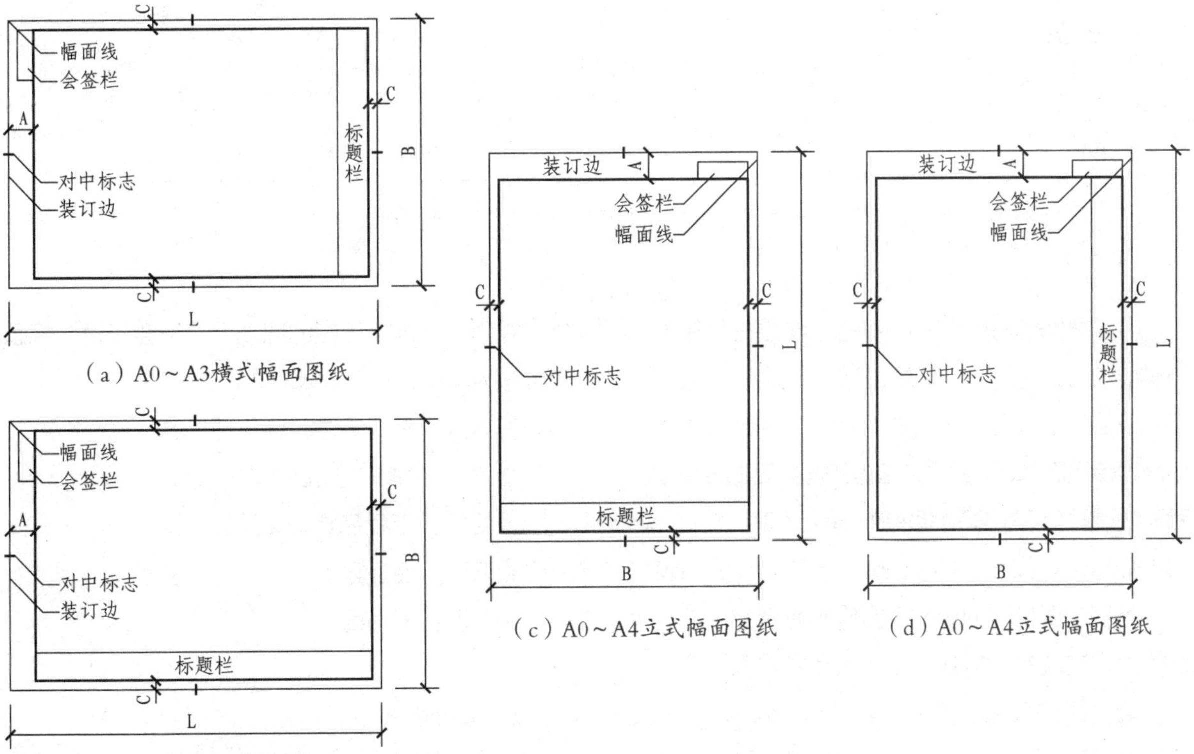

（a）A0～A3横式幅面图纸

（b）A0～A3横式幅面图纸

（c）A0～A4立式幅面图纸

（d）A0～A4立式幅面图纸

图2-1 图框

则是保证设计创意能清晰地被表达，同时考虑全部图纸的内容，注重绘图成本。图纸的幅面规格应符合幅面及图框尺寸的规定，其中B与L分别代表图纸幅面的短边和长边的尺寸（表2-3）。

表2-3 幅面及图框尺寸 （单位：mm）

尺寸代号	幅面代号				
	A0	A1	A2	A3	A4
$B \times L$	841×1189	594×841	420×594	297×420	210×297
C	10			5	
A	25				

需要微缩复制的图纸，图纸边框上应附有一段准确米制尺度，四个边上均应附有对中标志，米制尺度的总长应为100mm，分格应为10mm。对中标志应画在图纸各边长的中点处，线宽应为0.35mm，伸入框内应为5mm。图纸的短边一般不应加长，长边可以加长（表2-4）。

表2-4 图纸长边加长尺寸 （单位：mm）

幅面尺寸	长边尺寸	长边加长后尺寸
A0	1189	1486 1635 1783 1932 2080 2230 2378
A1	841	1051 1261 1471 1682 1892 2102
A2	594	743 891 1041 1189 1338 1486 1635
A3	594	1783 1932 2080
A4	420	630 841 1051 1261 1471 1682 1892

注：有特殊需要的图纸，可采用$B \times L$为841×891与1189×1261的幅面。

（2）图框标题栏。图框标题栏与会签栏是图纸的重要信息传达部位，标题栏简称“图标”，它与会签栏及装订边的位置一般要符合横式图纸与立式图纸两种使用需求，标题栏应根据工程需要选择确定，两种标题栏尺寸分别是200mm×（30~50）mm和240mm×（30~40）mm，涉外工程的标题栏内，各项主要内容的中文下方应附有译文，设计单位的上方或左方，应加“中华人民共和国”字样。

会签栏的尺寸应为100mm×20mm，栏内应填写会签人员所代表的专业、姓名、日期（年、月、日）。一个会签栏不够，可以另加，两个会签栏应并列，不需会签栏的图纸可不设会签栏，标题栏可分为以下5个区（图2-2）。

① A区：设计单位名称、地址区。

② B区：图纸说明区。

③ C区：工程名称、信息区。

④ B区：会签区。

⑤ E区：图号区。

3. 图纸版式

图纸中各图形的位置应当对齐均衡，达到整齐美观的效果（图2-3）。

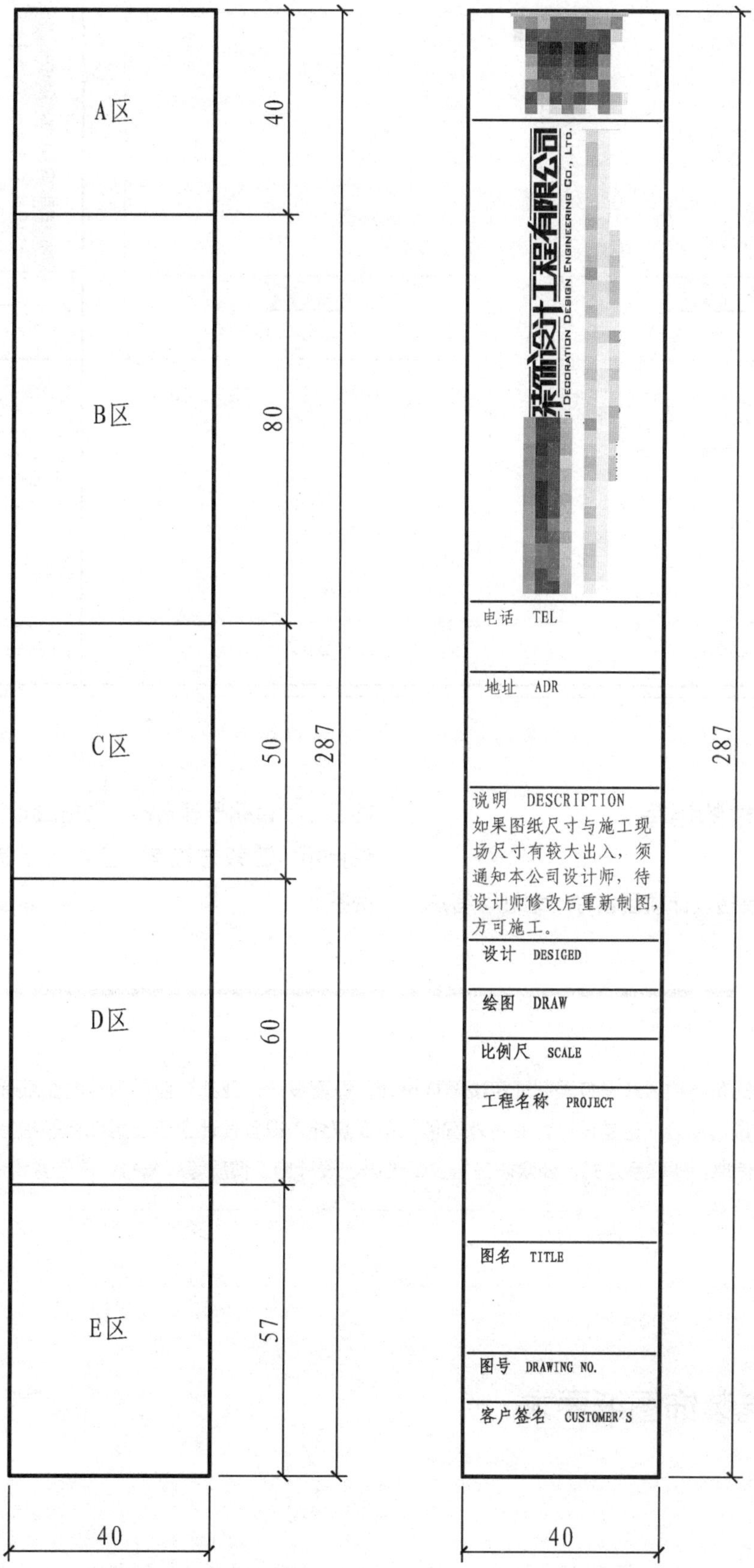

（a）国家标准图框　　（b）企业图框

图2-2　标题栏

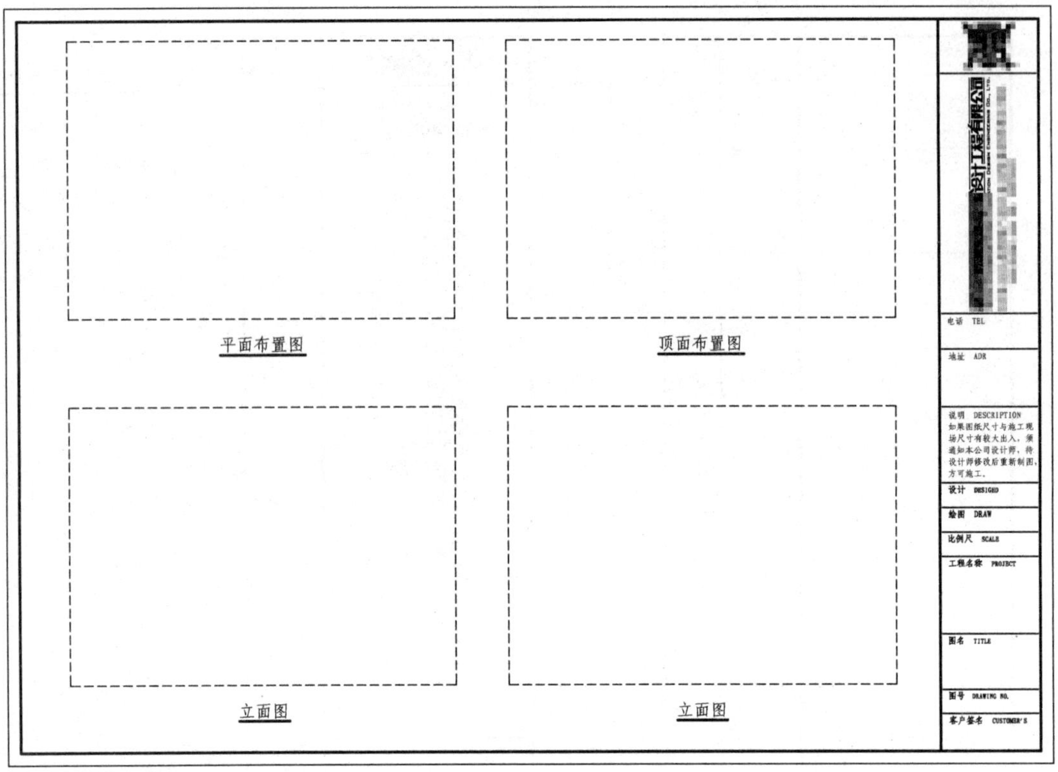

图2-3 立面版式

三、封面与会签栏的填写

封面信息主要包括设计项目名称、地址、客户姓名、项目编号等内容。图框会签栏中的内容主要包括甲、乙双方签字，签字应手签，不可代签或伪签。

补充要点

图纸标题栏

图纸标题栏的布局和形式没有强制规定该怎样设计，每家设计企业都有自己独特的图纸标题栏。这不仅是图纸的主要说明部分，还是设计企业对外宣传的重要媒介，很多设计企业在图纸标题栏上精心设计，加入特有的个体信息，如联系方式、公众微信号、二维码、设计施工资质等级编号、广告宣传语等。

第二节 建筑装饰图纸要求

一、图纸顺序

施工图的整体顺序可根据上述表2-1与表2-2来编排，如果是多层或多栋建筑，如为复式或别墅项目，图纸顺序应按各楼层、栋为单位绘制排列并分类。

二、图纸名称及比例标注

图纸名称及比例应标注在每张图纸的正下方中间位置。

三、图纸编号

图纸编号应标注于图纸会签栏中（表2-5）。

如果是多层或跃层建筑，则应按楼层单独编号排序，一层即为“A”，二层即为“B”，并以此类推。例如，建筑为两层：一层原始平面图编号为A-YP-00；二层原始平面图编号为B-YP-00。

四、空间名称

空间名称应位于每张平面布置图的相应部位，标注其空间名称，文字应位于空间正中空白处。

五、图纸的装订

图纸顺序应符合上述“图纸顺序”要求，如果是多栋建筑，图纸宜分类别装订，装饰节点图可统一放在整套图纸的最后。

装订50页以上的图纸应分类别装订，但需要同时配套单层的封面及目录，应保证设计图纸装订牢固。用于交付的图纸应采用精装，用于存档的设计图纸采用普通装订即可（图2-4）。

表2-5　　图纸编号标准

图纸类别	图纸编号
标准内容	S-00
原始平面图	YP-00
平面图	P-00
立面、剖面类	L-00
大样、节点类	D-00

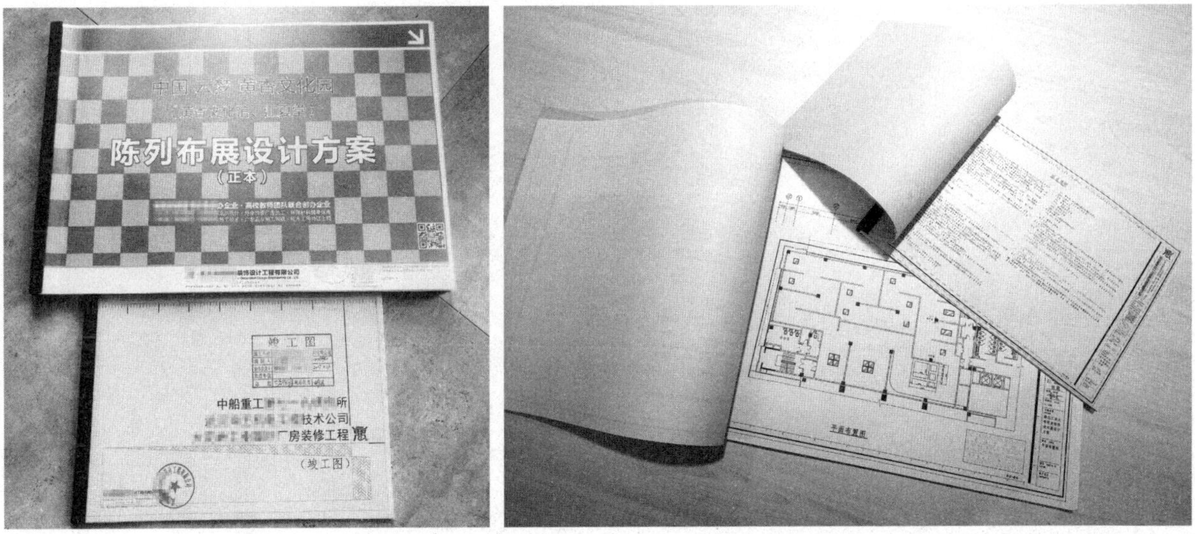

（a）　　（b）

图2-4　图纸装订标准

R 补充要点

建筑装饰施工图的概念与应用

建筑装饰施工图是设计人员按照国家建筑设计制图规范与设计标准，结合项目设计要求，运用制图学原理，采用国家统一规定的符号、线性、数据、文字来表示拟建建筑物或构筑物室内外装饰设计的图样。建筑装饰施工图通常需要的份数较多，会对其进行复制，复制出来的图纸一般为蓝色，因此通常又将建筑装饰施工图简称为蓝图。

建筑装饰施工图是建筑装饰投资方委托施工单位进行施工的依据，也是工程造价人员计算工程数量、编制工程预算、核算工程造价、衡量工程投资效益的依据。

S 本章小结

本章就建筑装饰施工图纸的分类以及标准版式进行了详细说明，让读者能明确了解后期需要绘制哪些图纸，并正确选用图纸的版式与幅面。通过学习建筑装饰施工图纸的要求，能了解后期制图中需要重点注意的问题。想要了解制图基础知识还需要多读各种装饰图纸，通过网络下载有关政府办公建筑的装饰图纸，进行分析阅读，提高对装饰施工图的认识。

P 课后练习

1. 建筑装饰图纸一般分为几大类？其中包括哪些图纸？
2. 图框的选择有哪几种样式？
3. 根据本章所学，绘制一个属于自己的标题栏。
4. 根据本章所学，拟定一个建筑装饰设计项目的图纸目录。
5. 图纸的编号如何标写？需要注意哪些问题？
6. 上网自由搜索，下载2套完整的基层政府办公建筑装饰施工图，保存好并仔细阅读。

第三章

建筑装饰设计制图标准

图纸素材　教学视频　PPT 课件

» 识读难度：★★☆☆☆

» 核心概念：国家标准、出图标准、绘制标准

» 章节导读：了解关于制图的一系列国家标准，这些标准之间相互依托、相互补充，针对不同图纸专业门类来表述制图规范。虽然规范很严格，但目的却很明确，就是要让更多的设计师、施工员能通过图纸所表达的设计信息来达成工作的一致性。

第一节 基础绘图标准

一、线型的绘制标准

设计图通过形式和宽度不同的图线，让读图者能够更加清晰、直观地感受设计师的设计意图。一幅图纸中最大的线宽（粗线）宽度代号为*b*，其取值范围要根据图形的复杂程度与图纸的比例大小而确定。

1. 图线宽度选取

（1）定了线宽系列中的粗线宽度为*b*，中线为0.5*b*、细线为0.25*b*。图线的宽度*b*，宜从0.35mm、0.5mm、0,7mm、1.0mm、1.4mm、2.0mm中选取。

（2）一个图样应选用一种比例，根据专业制图需要，同一图样可选用两种比例。每个图样应根据复杂程度与比例大小，先选定基本线宽*b*，再选用相应的线宽组（表3-1）。

2. 常用线型宽度及用途

（1）建筑装饰图中各种线型的运用如图3-1所示。

表3-1　　图线的线宽组　　（单位：mm）

线宽比	线宽组					
b	2.0	1.4	1.0	0.7	0.5	0.35
0.5*b*	1.0	0.7	0.5	0.35	0.25	0.18
0.25*b*	0.5	0.35	0.35	0.25	-	-

注：1. 需要微缩的图纸，不宜采用0.18mm及更细的线宽。

2. 同一张图纸内，相同比例的各图样，应选用相同的线宽组。

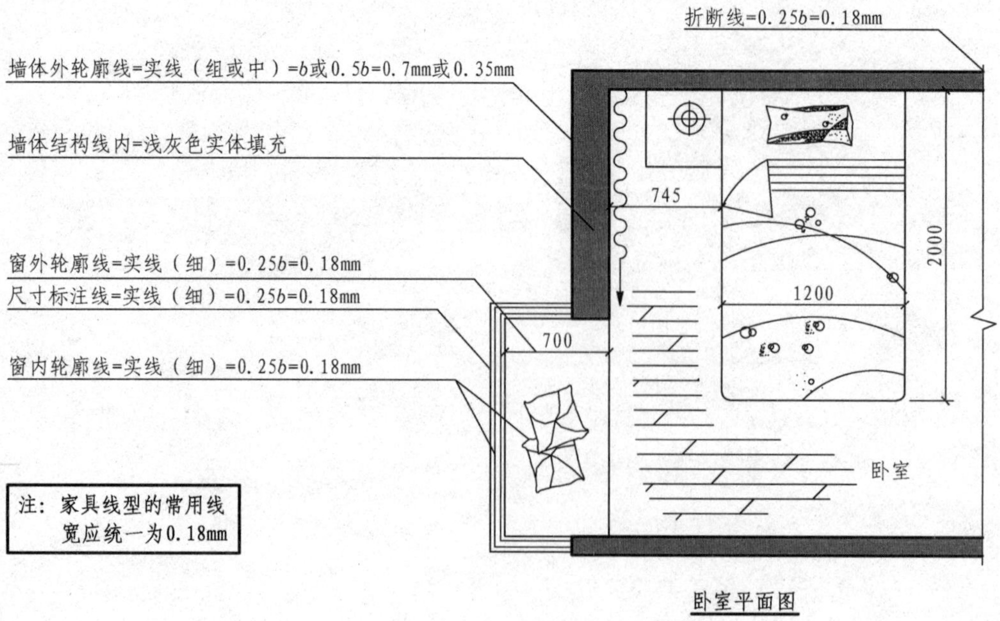

（a）实线的绘制

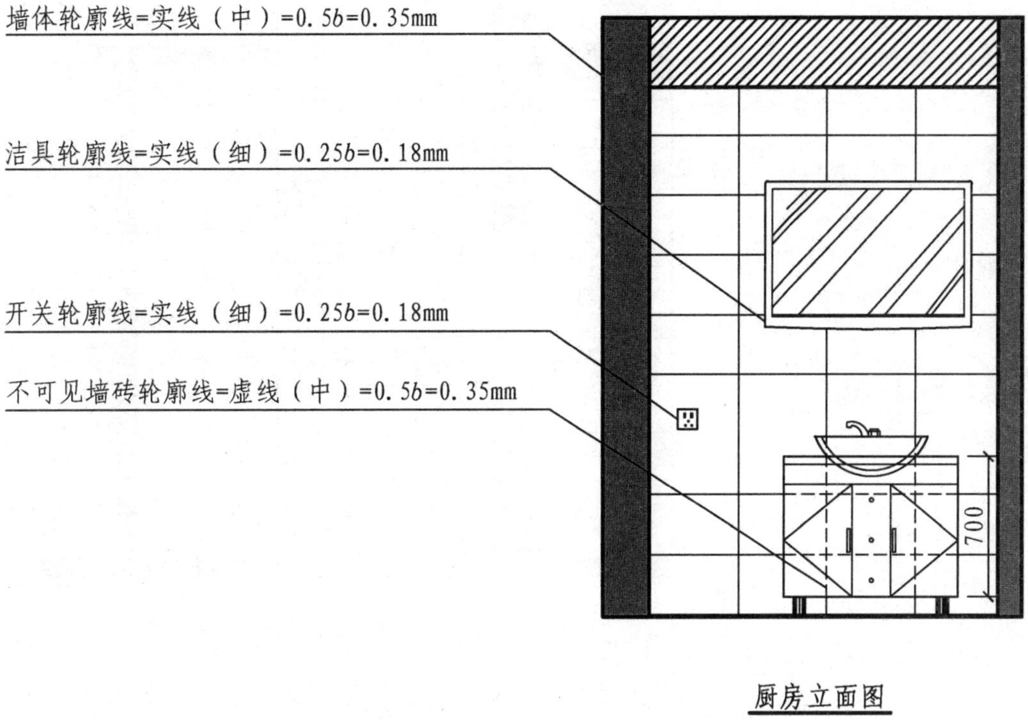

（b）遮挡轮廓线

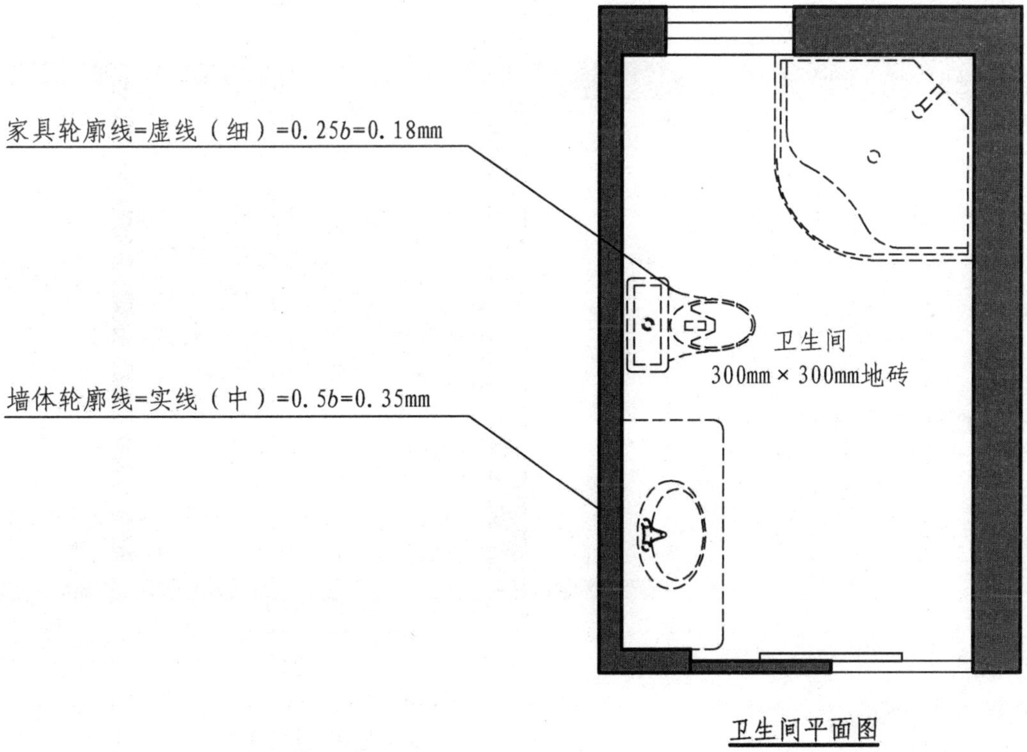

（c）辅助说明轮廓线

图3-1 建筑装饰图中的线型

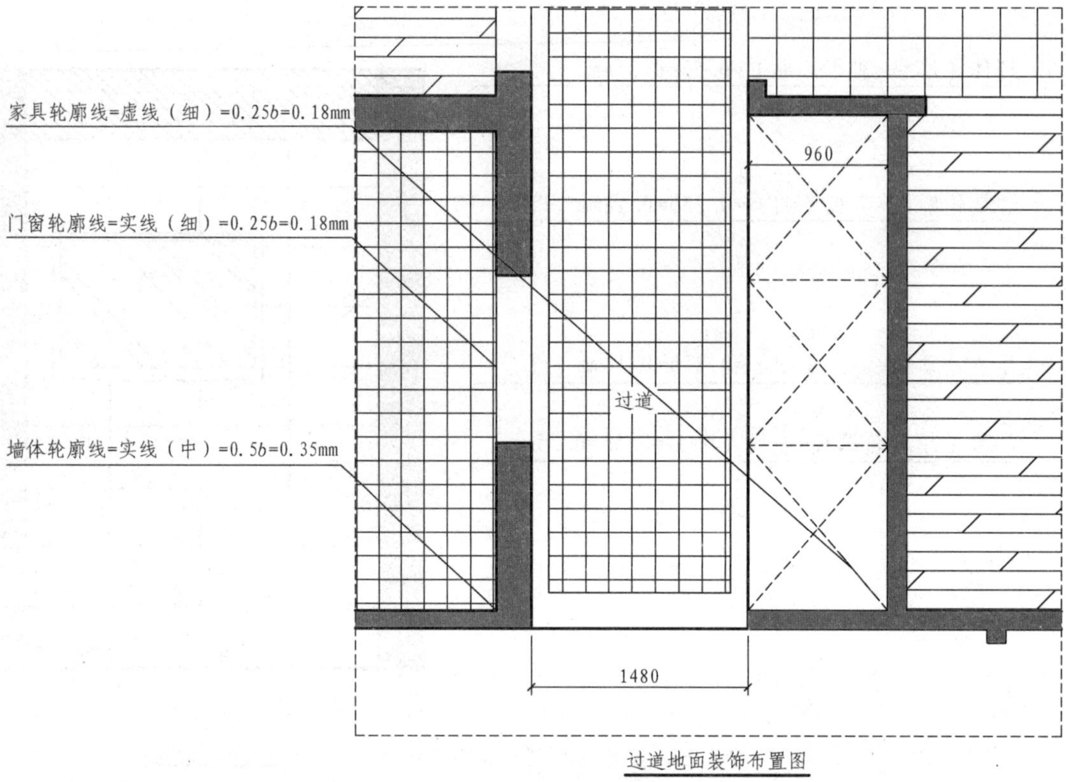

（d）地面布置图轮廓线

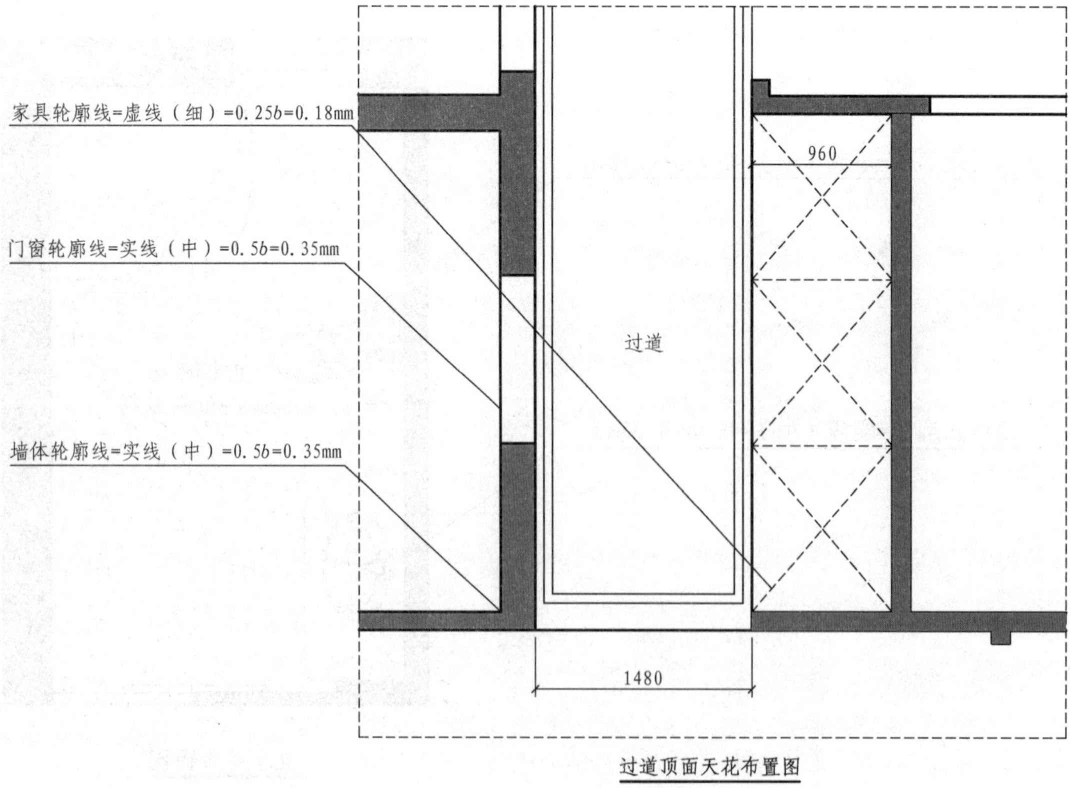

（e）顶面布置图轮廓线

图3-1 建筑装饰图中的线型（续）

（2）建筑装饰制图常见线型宽度及用途见表3-2。

3. 图框线、标题栏线及会签栏线

图纸的图框、标题栏和会签栏，可采用如表3-3所示的线宽。

4. 其他规定

（1）同一张图纸内，相同比例的各图样，应选用相同的线宽组。

（2）相互平行的图线，其间隙不宜小于其中的粗线宽度，且不宜小于0.7mm［图3-2（a）］。

（3）虚线、单点长画线或双点长画线的线段长度和间隔，应各自相等［图3-2（b）］。

（4）单点长画线或双点长画线，当在较小图形中绘制有困难时，可用实线代替。

（5）单点长画线或双点长画线的两端，不应是点。点画线与点画线交接或点画线与其他图线交接时，应是线段交接。

表3-2 图线 （单位：mm）

名称		线型	线宽	一般用途
实线	粗		b	主要可见轮廓线
	中粗		$0.7b$	可见轮廓线
	中		$0.5b$	可见轮廓线、尺寸线、变更云线
	细		$0.25b$	图例填充线、家具线
虚线	粗		b	见各有关专业制图标准
	中粗		$0.7b$	不可见轮廓线
	中		$0.5b$	不可见轮廓线、图例线
	细		$0.25b$	图例填充线、家具线
单点长画线	粗		b	见各有关专业制图标准
	中		$0.5b$	见各有关专业制图标准
	细		$0.25b$	中心线、对称线、轴线等
双点长画线	粗		b	见各有关专业制图标准
	中		$0.5b$	见各有关专业制图标准
	细		$0.25b$	假想轮廓线、成型前原始轮廓线
折断线	细		$0.25b$	断开界线
波浪线	细		$0.25b$	断开界线

表3-3　　图框线、标题栏外框线和标题栏分格线、会签栏线的宽度　　（单位：mm）

幅面代号	图框线	标题栏外框线	标题栏分格线、会签栏线
A0　A1	1.4	0.7	0.35
A2　A3　A4	1.0	0.7	0.35

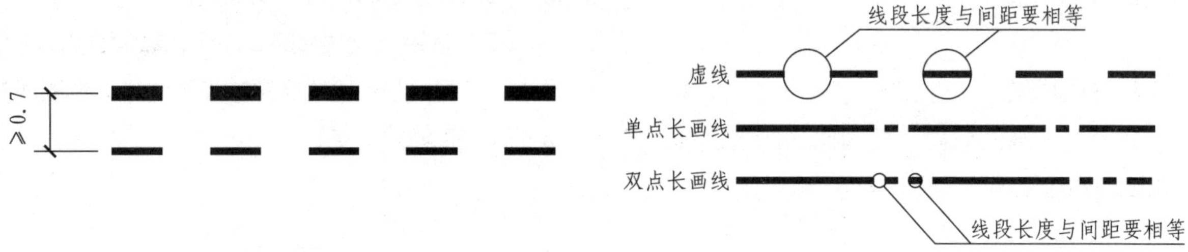

（a）平行图线间距　　（b）图线线段长度和间距

图3-2　虚线、点画线等规定画法

（6）虚线与虚线交接或虚线与其他图线交接时，应是线段交接。虚线为实线的延长线时，不得与实线连接（表3-4）。

（7）图线不得与文字、数字或符号重叠，应当保证文字、数字清晰可辨（图3-3）。

（8）两面同规格、同材料墙体相交时，相交处的墙体围线应断开，结构墙体用浅灰色填充绘制（图3-4）。

二、绘图比例的标准

1. 比例的定义

比例尺是表示图上距离比实地距离缩小或扩大的程度。公式为：比例尺＝图上距离：实际距离。

2. 绘图比例

（1）绘图均按1：1绘制，其中所有家具、洁具等尺寸也应按1：1进行绘制，不能随意对图样扩大或缩小倍数。实际图纸是没有比例的，只需明确单位，平常所说的1：1制图，就是按实际尺寸绘制图，即将单位设置成mm，然后将要绘制1m的线输入1000，10m为10000，这是Auto CAD的默认设置。

（2）装饰设计的每张图纸都要标注比例，并应符合下述标准要求。

① 每张图纸只能选用一种比例。

表3-4　　图线相交的画法

序号	图线相交情况	正确	不正确
1	两粗实线或两虚线相交	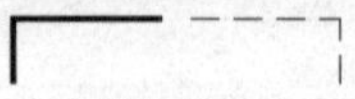	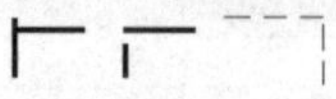
2	虚线与虚线或其他图线相交	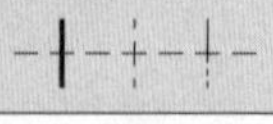	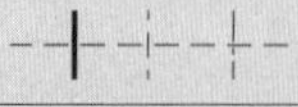
3	虚线是实线的延长线	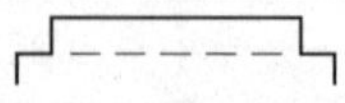	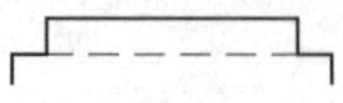
4	两单点长画线相交	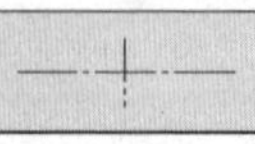	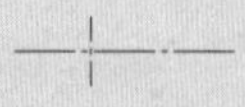

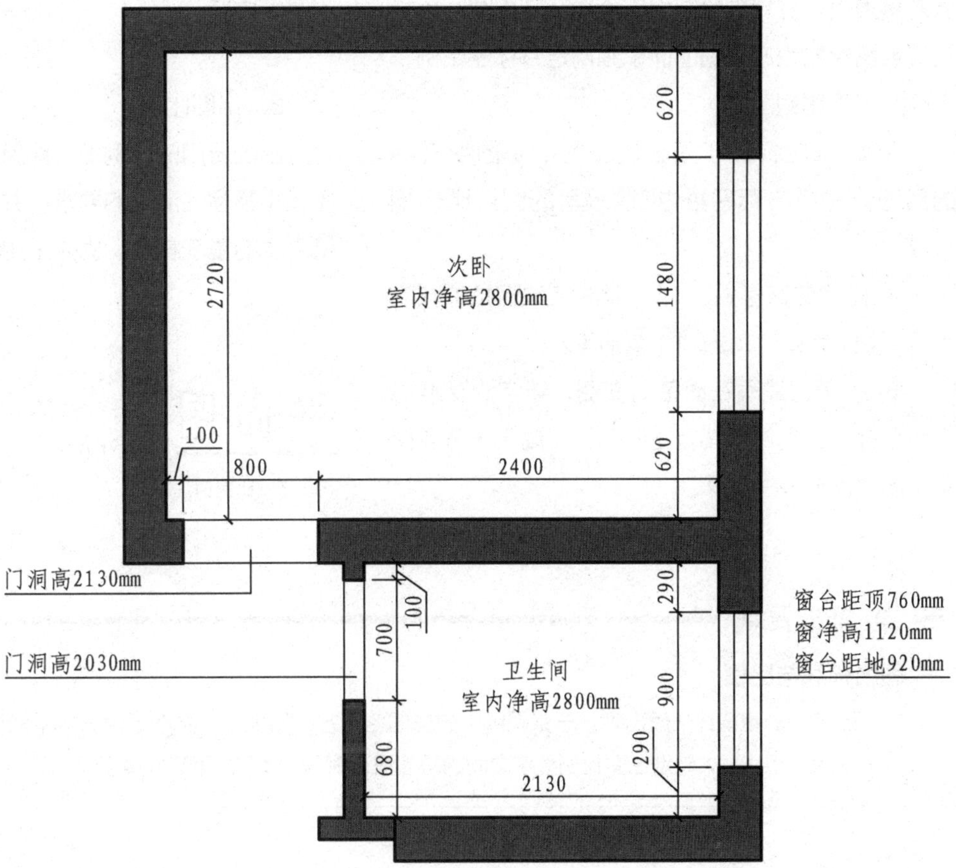

图3-3 图线与文字不得重叠

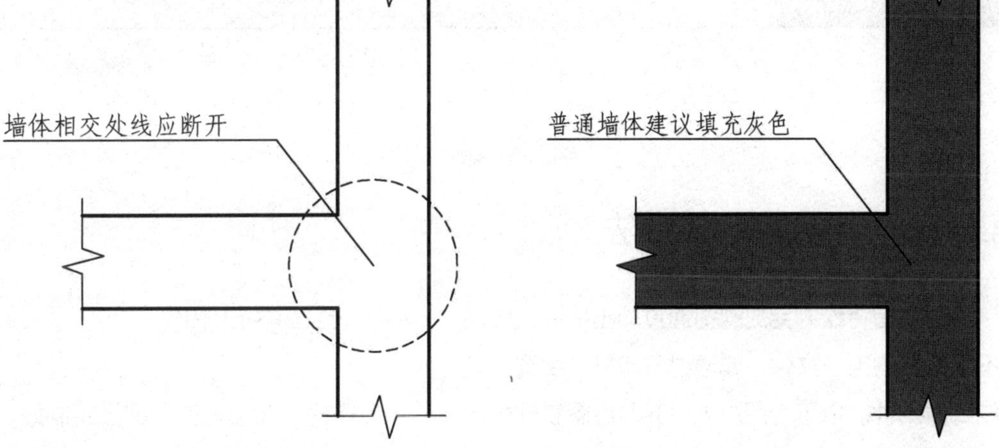

图3-4 墙体相交处绘制

② 装饰设计图纸中无法表现清楚的内容，应当对其索引，并单独绘制相应大样及节点图。大样及节点图绘制也应根据图面单独制定并标注比例，不标注“无比例”。

③ 比例应标注于每张施工图纸中图纸名称的后面，并应与标题栏内E区填写的图纸比例相一致。

④ 比例的符号为“：”，比例应以阿拉伯数字表示，如1：1、1：2、1：100等。

⑤ 比例宜注写在图名的右侧，与字的基准线中心平齐，比例的字高宜比图名的字高小一号或两号（图3-5）。

⑥ 比例应符合所出图纸的相应图纸名称所指的图纸内容。

3. 出图比例

出图所用的比例即绘图所用的比例，应满足字体大小及标注清晰的要求，并根据图样的用途与被绘对象的复杂程度，优先采用常用比例（表3-5）。

平面图 1：100　　⑥ 1：20

图3-5　比例的注写

补充要点

图名横线与比例

图名下的粗横线一般出现在一张图纸中的总图名下方，如果在一张图纸中有多个图样，多个图样的图名下不用加粗横线。特别注意比例数字之间的符号是比例号“：”，而不是冒号“：”。

表3-5　　绘图所用的比例

常用比例	1：1，1：2，1：5，1：10，1：20，1：50，1：100，1：150，1：200，1：500，1：1000，1：2000
可用比例	1：3，1：4，1：6，1：15，1：25，1：30，1：40，1：60，1：80，1：250，1：300，1：400，1：600，1：5000，1：10000，1：20000，1：50000，1：100000，1：200000

第二节　出图的标准方法

出图是指将绘制完成的图通过输出指令，转换为不同格式的电子文件，或通过打印机、绘图仪打印成纸质文件。以下介绍Auto CAD绘图软件中出图的标准方式，按比例出图的方式可以分为两种：模型空间出图和布局空间出图。

一、模型空间出图

首先，在模型空间把图绘制好，然后绘制一个1：1的标准图框（常用A3、A4），再将所绘制的内容移到该框内，看该图框能否框住所绘制的内容，如果框不下就放大该图框。放大10倍，打印出的图纸为1：10，放大100倍，打印出的图纸为1：100。同理，如果觉得图框大了就缩小，总之合适够用就可以。

（1）在模型空间 模型 布局1 布局2 按1：1绘制一张图，再绘制一个1：1的A3幅面标准图框（图3-6）。

（2）将绘制的内容移至1：1的A3图框内，肯定框不住所绘制的图，所以图框要相应放大倍数。此实例中图框放大20倍正好可框下例图，将图移到放大后的图框内，图框放大的倍数为此图的比例（图3-7）。

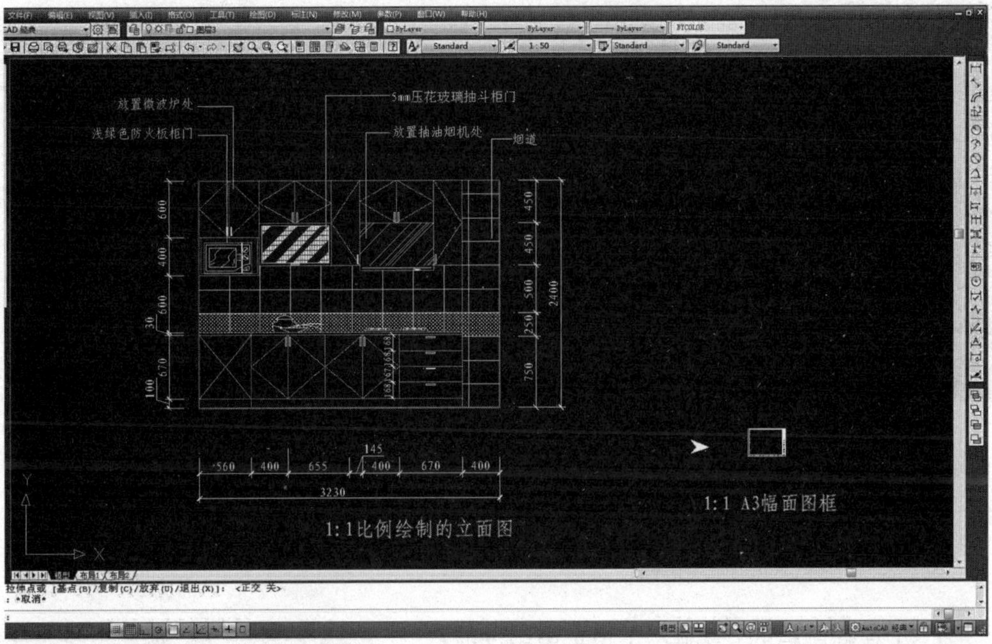

图3-6　绘制图框

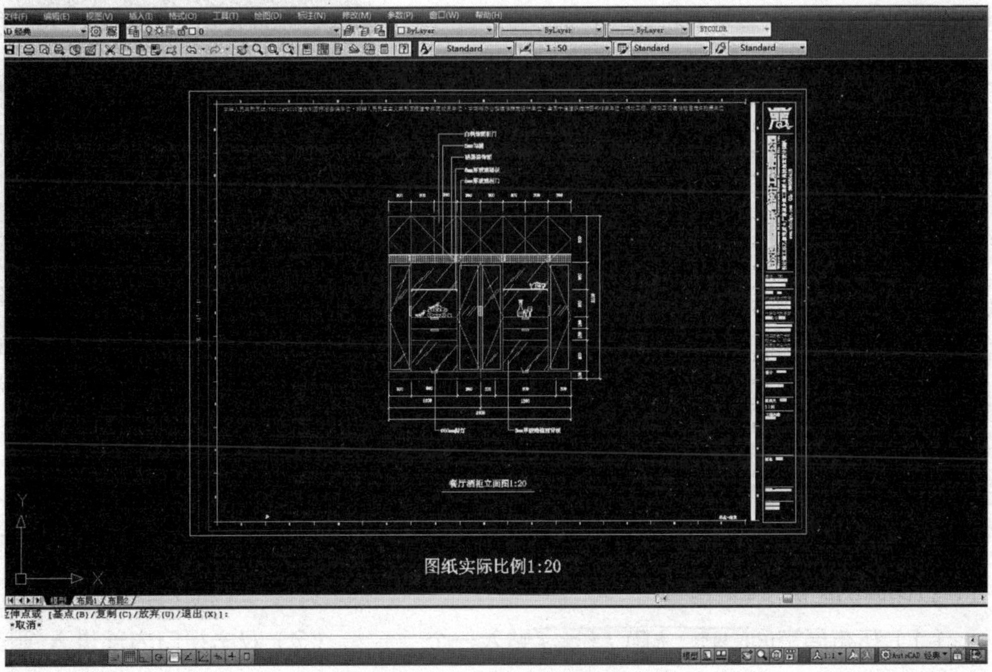

图3-7　移图

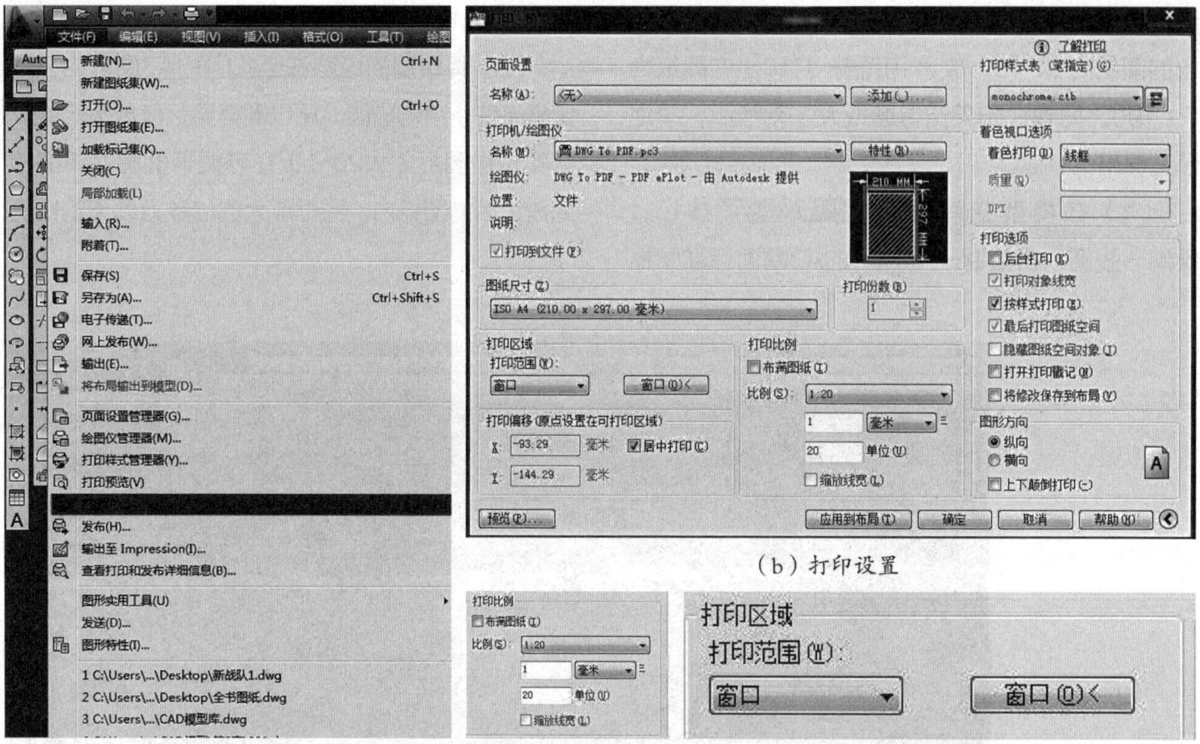

（b）打印设置

（a）打印　（c）打印比例　（d）打印区域

图3-8　模型空间打印出图

（3）在标题栏的“文件”下拉菜单中选取打印，弹出打印页面；打印比例设置为1：20；在打印区域点击“窗口”框取要打印的图纸，打印即可（图3-8）。

二、布局空间出图

首先，在布局空间粘贴一个1：1的标准图框（常用A3、A4），再用MV命令，拉出小于图框边界的一个框，双击视口内部进入视口，找到图纸，将要打印的图纸缩放到位。然后在CAD最上面标题栏下点右键，打开“视口”工具栏，输入比例，调整图纸，注意图纸不要放大或缩小，只能平移。最后，在标题栏/文件/打印中进行最后调整就好，打印时的比例按1：1。

（1）在布局空间 模型 布局1 布局2 贴入一个1：1的标准图框（图3-9）。

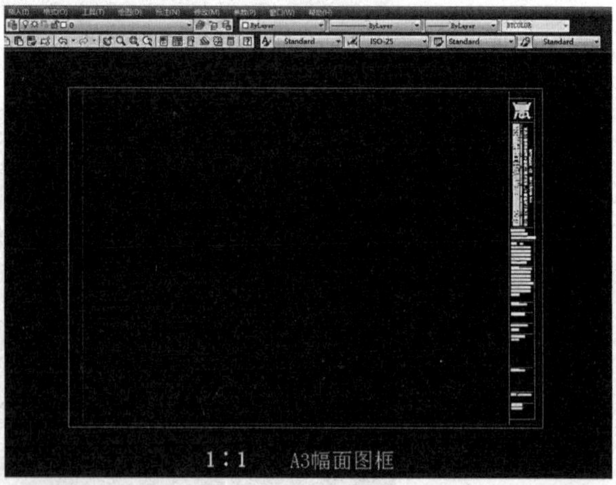

图3-9　贴入图框

（2）用MV命令，在1：1的图框中拉出小于图框边界的一个框（图3-10）。

（3）双击视口内部进入视口，找到图纸，将要打印的图纸缩放到位（图3-11）。

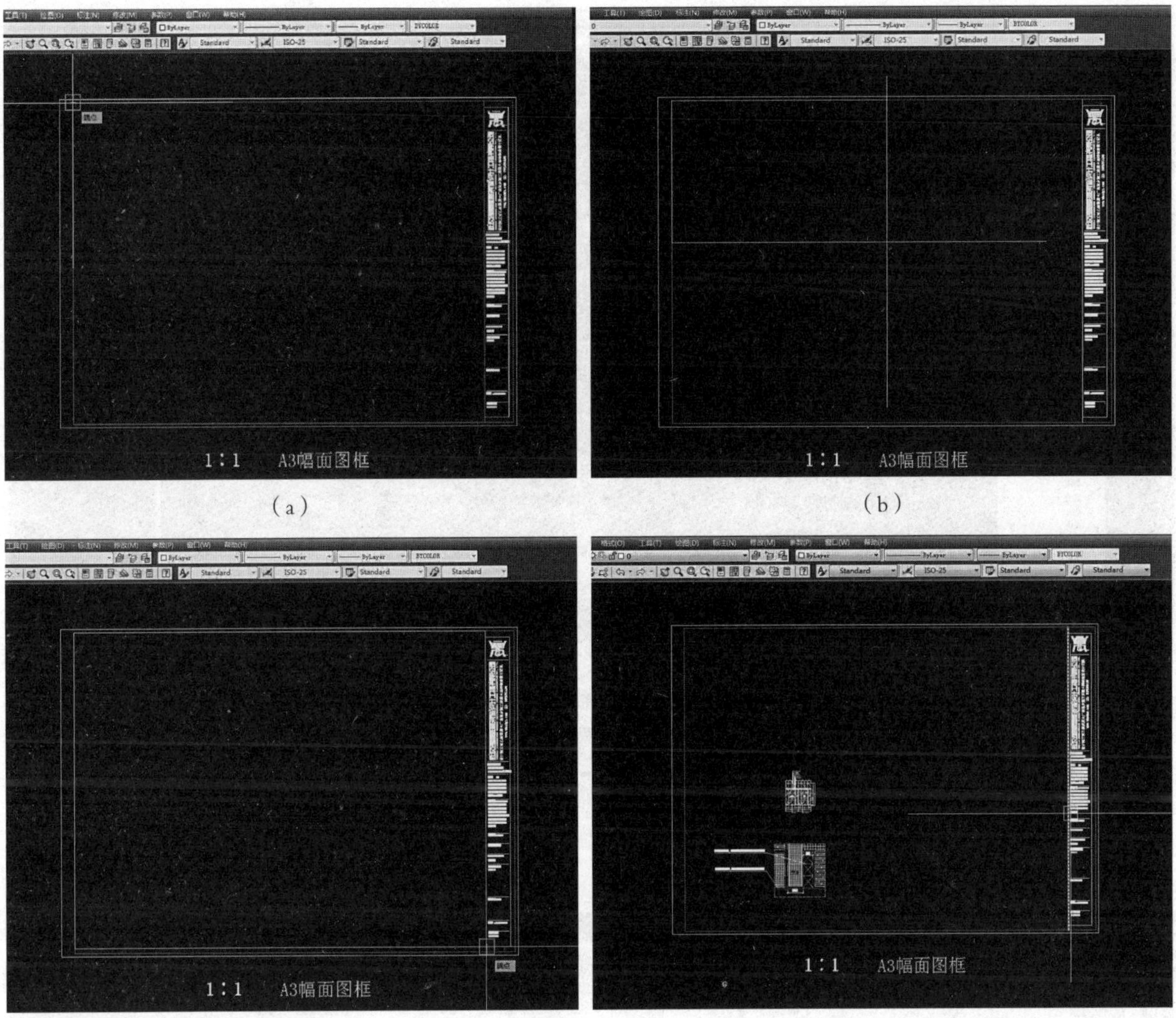

（a）（b）（c）（d）

图3-10　图框使用

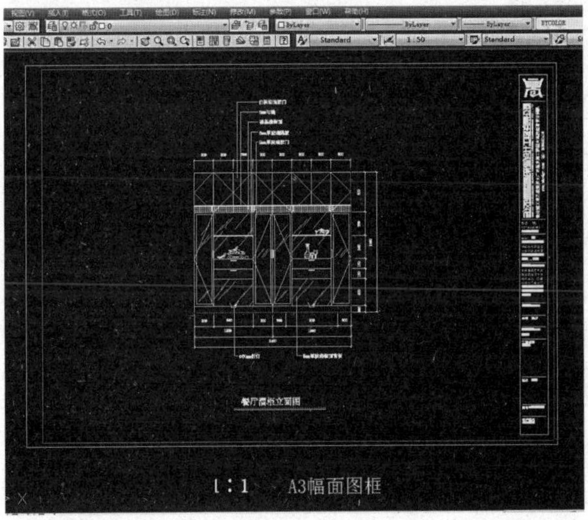

图3-11　缩放图纸

（4）在CAD最上面标题栏下点右键，打开“视口”工具栏，输入比例，调整图纸，注意图纸不要放大或缩小，只能平移（图3-12）。

（5）在标题栏的“文件”下拉菜单中选取打印，弹出打印页面；打印比例设置为1∶1，在打印区域点击“窗口”框取要打印的图纸，打印即可，打印出来的就是1∶20的图纸（图3-13）。

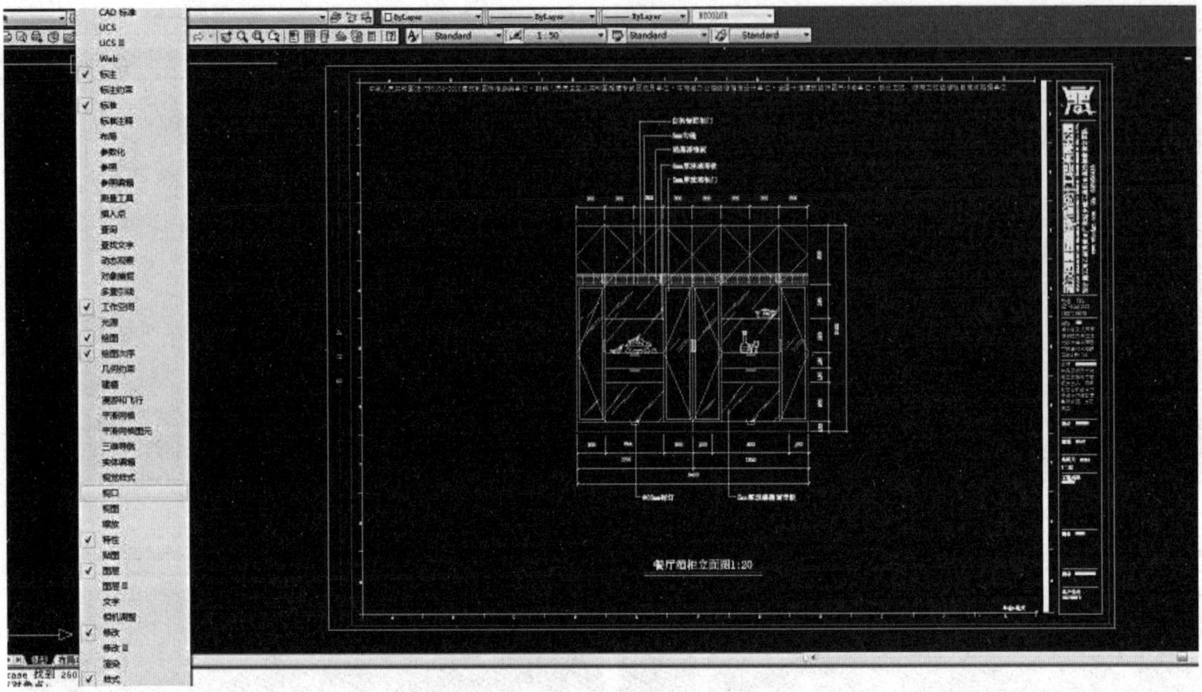

（a）平移图框

（b）图框比例

图3-12　调整图纸

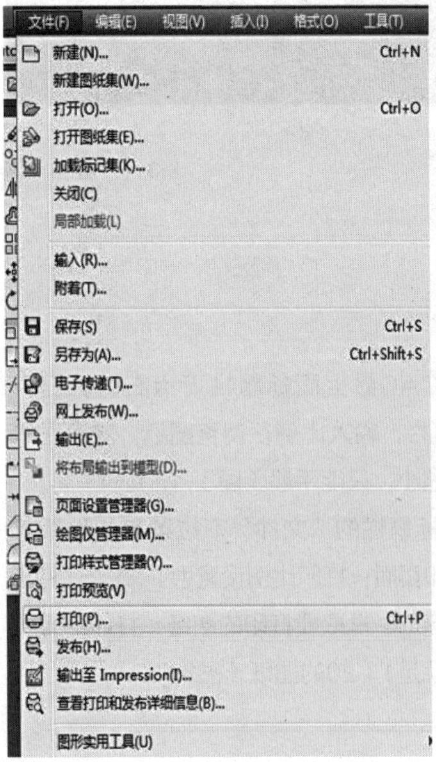

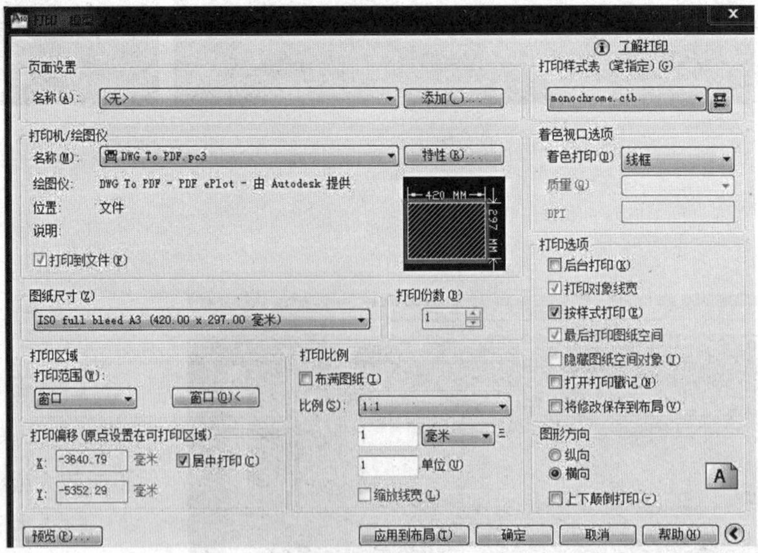

（b）打印设置

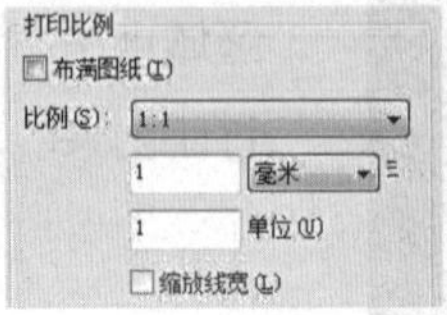

（a）打印页面　（c）打印比例　（d）打印区域

图3-13　布局空间打印出图

三、比例的复核

设计师或绘图人员应当用尺子对打印的图纸进行手工核对，打印出来的图纸的实际比例应与图纸所标比例相一致，不应自行修改尺寸数字（图3-14）。

需要满足的要求是：图纸标注比例＝围纸标注尺寸（mm）：图纸实际尺寸（mm）。

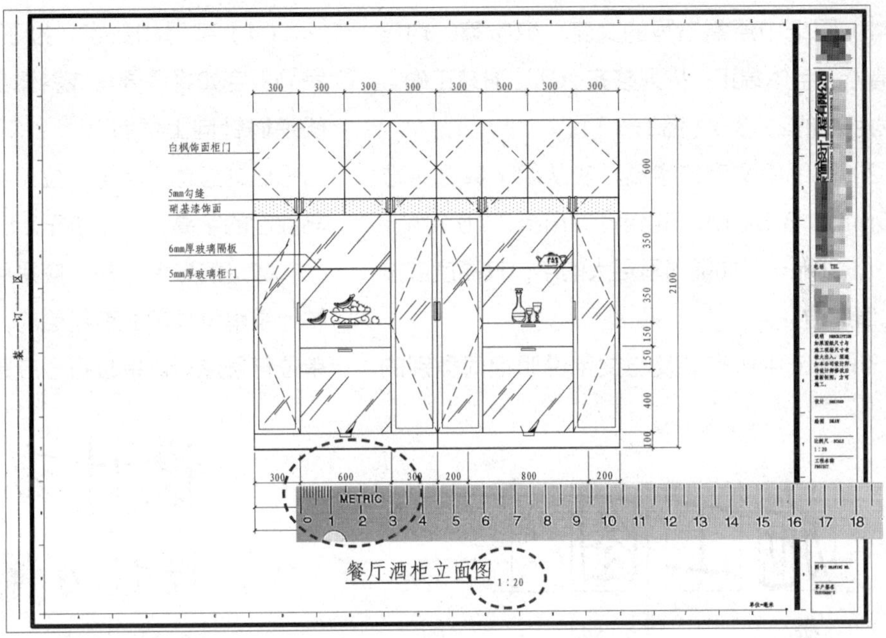

（a）正确案例（图纸标注比例1：20＝图纸标注尺寸600mm：图纸实际尺寸30mm）

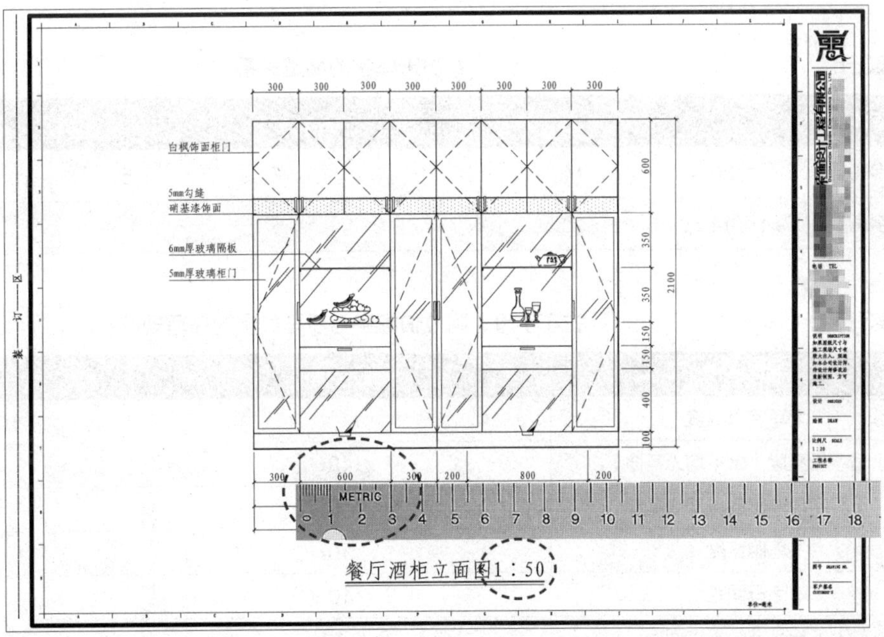

（b）错误案例（图纸标注比例1：50≠图纸标注尺寸600mm：图纸实际尺寸30mm）

图3-14 比例的复核

第三节 绘制标准

一、字体的绘制标准

图样及说明中的汉字宜采用长仿宋体。大标题、图册封面、地形图等所用汉字可书写成其他字体，但应易于辨认。

（1）图纸中所需书写的文字、数字等，均应笔画清晰、字体端正、排列整齐、标注清楚正确。字宽为字高的2／3*H*（图3-15）。

（2）图纸中文字的字高，应从如下数据中选用2.5mm、3.5mm、5mm、7mm、10mm、14mm、20mm。如需书写更大的字，其高度应按2的比值递增。

（3）图纸中所有涉及与文字说明相同类别的文字、所有涉及与尺寸标注相同类别的数字高度，均要求采用长仿宋体，宽度与高度的关系应符合规定，易于辨认（表3-6、图3-16）。

（4）字母和数字。拉丁字母、阿拉伯数字与罗马数字如果需要写成斜体字，其斜度应从字的底线逆时针向上倾斜75°。斜体字的高度和宽度应与相应的直体字相等。拉丁字母、阿拉伯数字与罗马数字的字高，应不小于2.5mm（表3-7）。

数量的数值注写，应采用正体阿拉伯数字。各种计量单位凡前面有量值的，均应采用国家颁布的单位符号注写。单位符号应采用正体字母。分数、

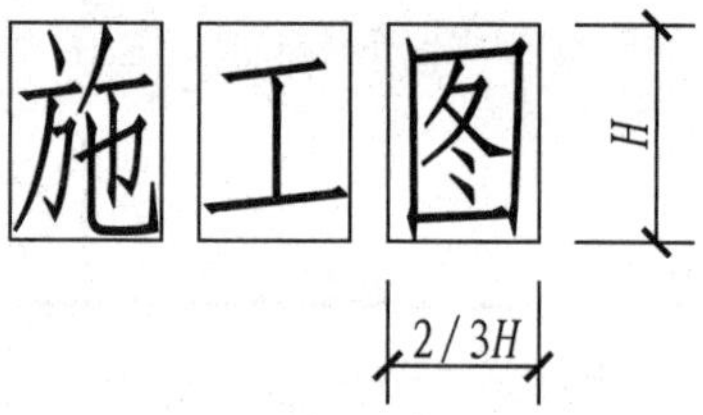

图3-15 长仿宋体字

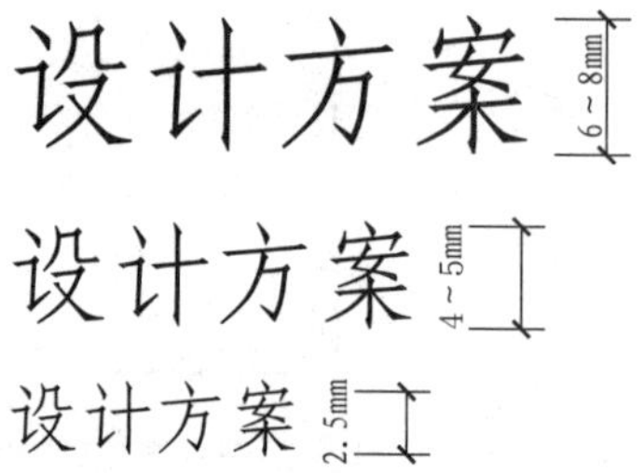

图3-16 图纸文字高度

表3-6 长仿宋体字的高宽关系 （单位：mm）

字体	尺寸						
字高	20	14	10	7	5	3.5	2.5
字宽	14	10	7	5	3.5	2.5	1.8

表3-7 拉丁字母、阿拉伯数字与罗马数字的书写规则

书写格式	一般字体	窄字体
大写字母高度	*H*	*H*
小写字母高度（上下均无延伸）	7／10*H*	7／15*H*
小写字母伸出的头部或尾部	3／10*H*	3／15*H*
笔画宽度	1／10*H*	1／15*H*
字母间距	2／10*H*	2／15*H*
上下行基准线最小间距	15／10*H*	*H*
词间距	6／10*H*	6／15*H*

百分数和比例数的注写，应采用阿拉伯数字和数学符号，例如，四分之三、百分之二十五和一比二十应分别写成3／4、25%、1：20。当注写的数字小于1时，应写出个位的“0”，小数点应采用圆点，齐基准线书写。

二、尺寸标注的绘制标准

1. 基本原则

尺寸标注的基本原则应坚持完整性、清晰性、真实性，具体内容见表3-8。

2. 尺寸标注的组成

尺寸标注由尺寸线、尺寸界线、尺寸起止符号和尺寸数字四部分组成（图3-17）。

（1）尺寸线。就是用来表示所注尺寸的长度。

① 尺寸线应用细实线绘制，并应与被注的线段长度平行，尺寸线应与尺寸界线垂直，图样中的图线不得作为尺寸线图（图3-18）。

② 当图样采用断开画法时，尺寸线不得间断，并应标注整体尺寸数值（图3-19）。

（2）尺寸界线。就是用来表示所注尺寸的方向。

① 尺寸界线应用细实线绘制，一般应与被注长度垂直，且同一尺寸标注的尺寸界线长度应相等。

② 尺寸界线可从图形的轮廓线、轴线或中心线引出。轮廓线、轴线或中心线也可作为尺寸界线。尺寸界线应超出尺寸线2～3mm。图样轮廓线以外的尺寸界线，距图样最外轮廓之间的距离，不宜小于10mm。

（3）尺寸起止符号。尺寸起止符号就是用来表示所注尺寸的范围。

① 尺寸起止符号应用实心箭头、斜短线或圆点表示；半径、直径角度与弧长的尺寸起止符号，宜用箭头表示。斜短线的倾斜方向应按顺时针方向与尺寸界线成45° 角，并通过尺寸线与尺寸界线的交点（图3-20）。

② 斜短线的长度应为2～3mm，宽度应为尺寸线宽度的2倍（图3-21）。

表3-8　尺寸标注基本原则

序号	原则		内容
1	完整性		标注所需要的尺寸，不遗漏、不重复
2	清晰性		尺寸标注要整齐、清晰、便于阅读
3	真实性	数值	尺寸标注要以实际图纸尺寸数值为准，不得随意改变数值
4		单位	标高应当以 m 为单位，其他尺寸的单位应采用 mm，可不标注其单位符号，当采用其他单位时应在图样中加以说明

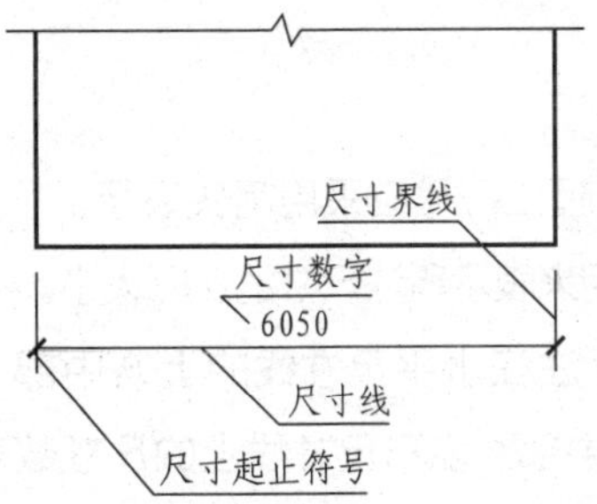

图3-17　尺寸的组成

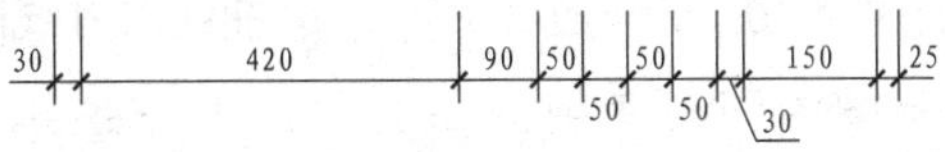

图3-18　尺寸线及尺寸界线

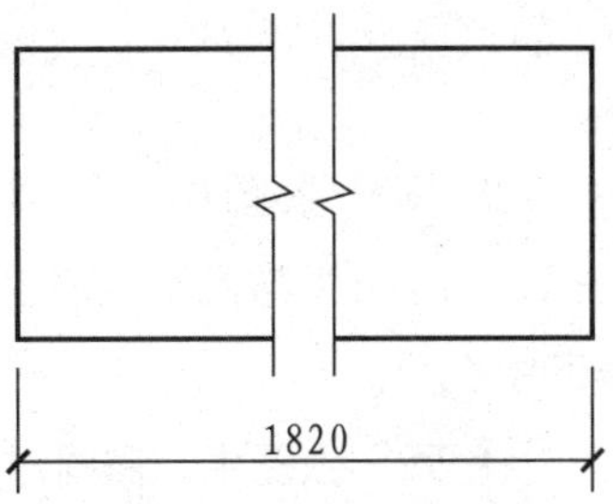

图3-19　断开画法的尺寸线

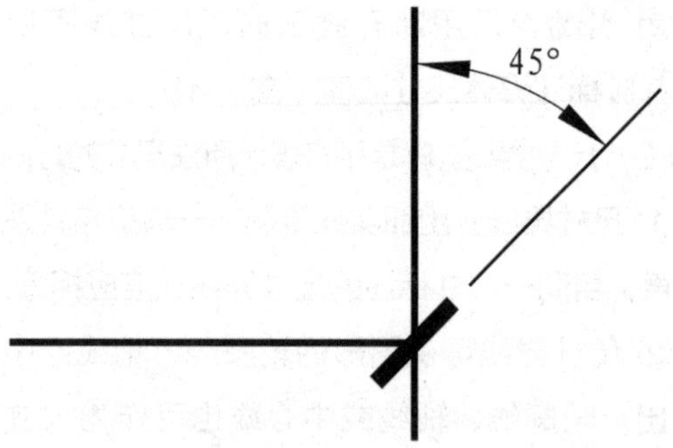

图3-20　尺寸起止符号的画法

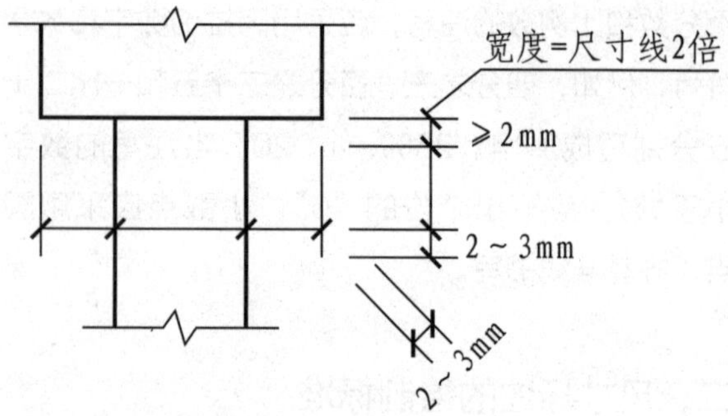

图3-21　起止符号的尺寸

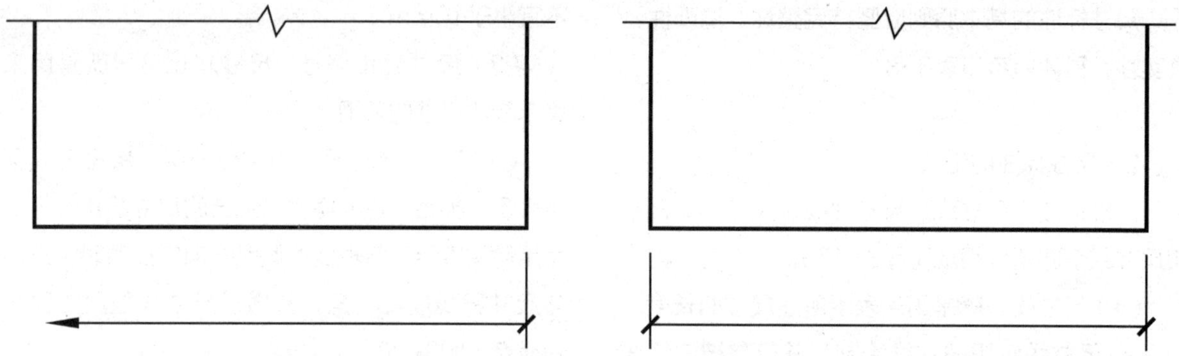

（a）错误　　（b）正确

图3-22　起止符号

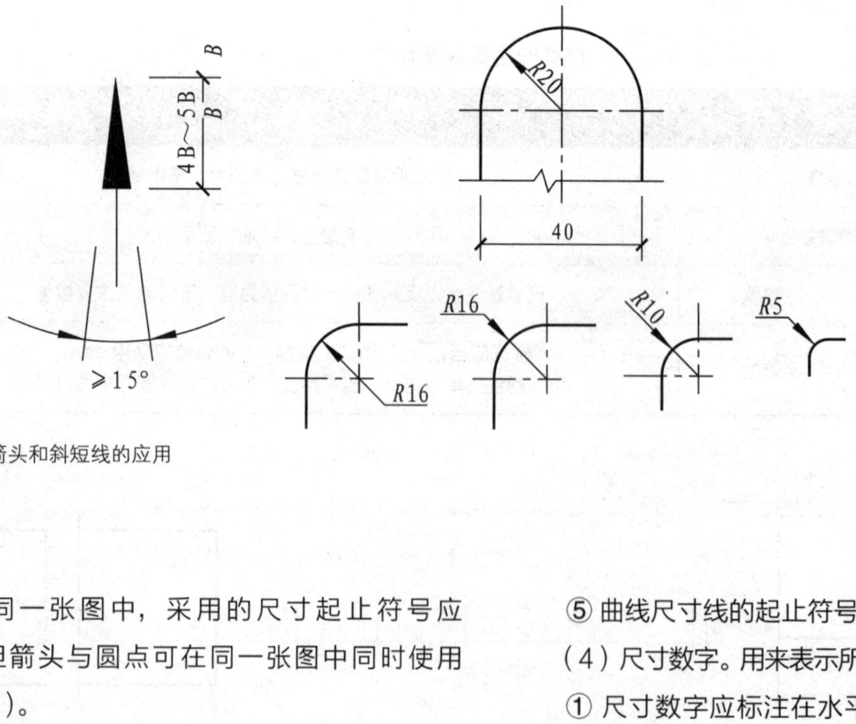

图3-23　箭头和斜短线的应用

③ 同一张图中，采用的尺寸起止符号应一致，但箭头与圆点可在同一张图中同时使用（图3-22）。

④ 同一张图中，需同时标注线段尺寸和圆弧尺寸时，可同时使用箭头和斜短线（图3-23）。

⑤ 曲线尺寸线的起止符号应采用箭头表示。

（4）尺寸数字。用来表示所注尺寸的实际大小。

① 尺寸数字应标注在水平尺寸线的上方中部和垂直尺寸线的左侧中部。弧形尺寸线上的尺寸数字应水平标注。斜尺寸线上的数值应沿斜向标注。

尺寸数字不应被任何图线通过，当必须通过时，该图线应断开或避开标注（图3-24）。

② 图面上尺寸数字间不要有逗号（可标注小数点后两位），尺寸数字的数值尾数须精确到整数（图3-25）。

③ 尺寸数字的标注位置狭窄时，所标注的最外边的尺寸数字可注写在尺寸界线的外侧，中间相邻的尺寸数字可在尺寸线上下错开或引出标注（图3-26）。

3. 尺寸标注要求

（1）外轮廓尺寸标注。

① 外轮廓尺寸标注的摆放及布置。

a. 排列。外轮廓尺寸标注宜在图样轮廓以外，不宜与图线、文字及符号等相交。应从被注写的图样轮廓线由近向远整齐排列。

b. 布置。外轮廓尺寸标注线应与被标注的线段长度平行，平行布置的尺寸标注线的间距宜为8~10mm，并应保持一致（图3-27）。

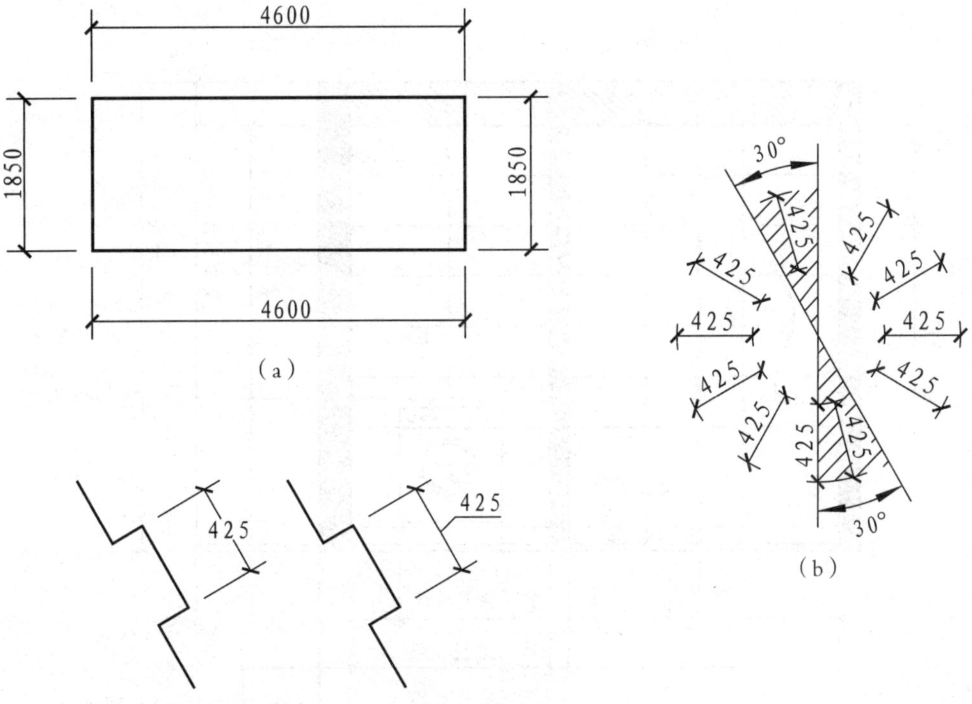

图3-24 尺寸数字的注写及方向

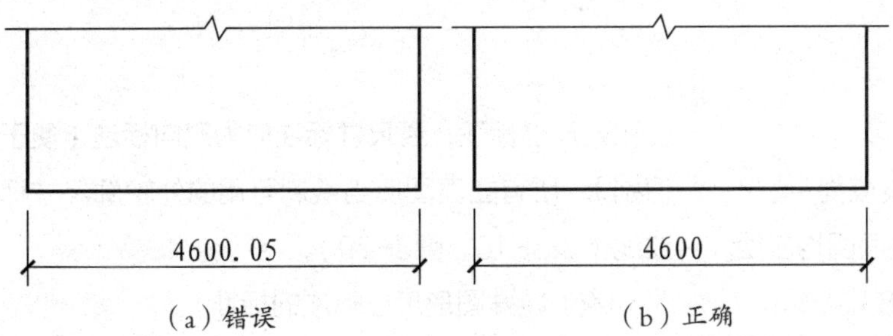

图3-25 尺寸数字为整数

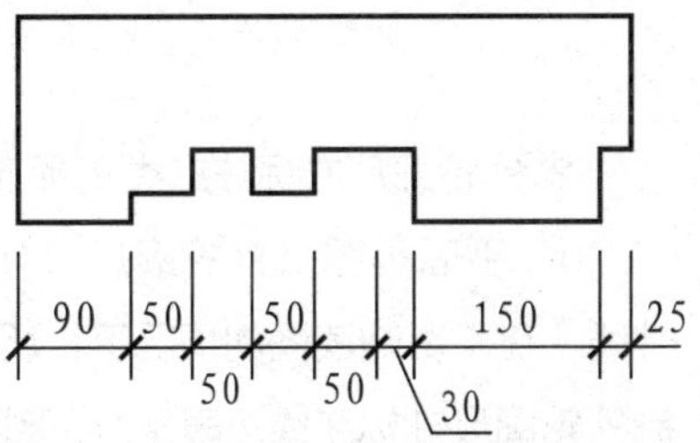

图3-26 尺寸数字的注写位置

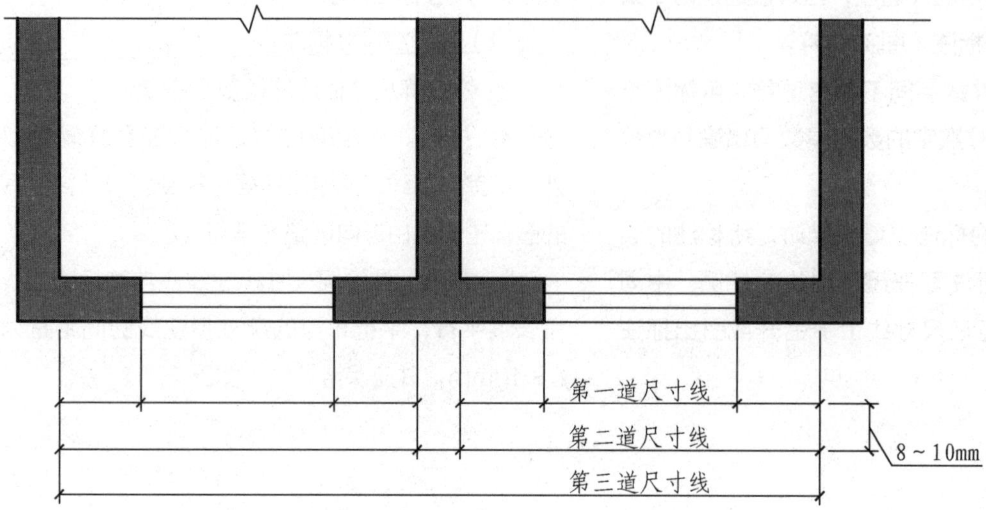

（a）平面图

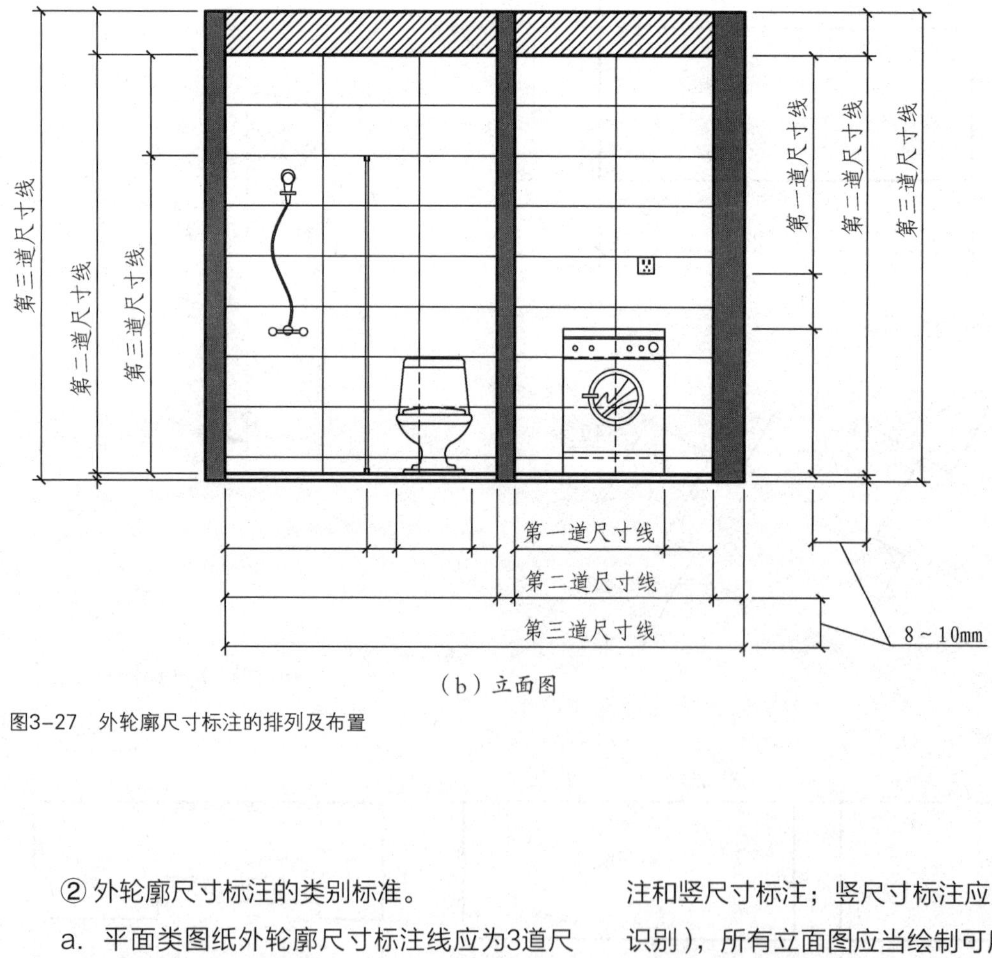

（b）立面图

图3-27　外轮廓尺寸标注的排列及布置

② 外轮廓尺寸标注的类别标准。

a. 平面类图纸外轮廓尺寸标注线应为3道尺寸线，在不影响读图的情况下，所有平面图均应绘制外轮廓尺寸标注线（表3-9、图3-28）。

b. 立面类图纸外轮廓尺寸标注线为横尺寸标注和竖尺寸标注；竖尺寸标注应为双向标注（便于识别），所有立面图应当绘制可用的外轮廓尺寸标注线（表3-10、图3-29）。

（2）特殊图形尺寸标注的标准。

① 标注圆弧、球面的半径或直径的尺寸时，

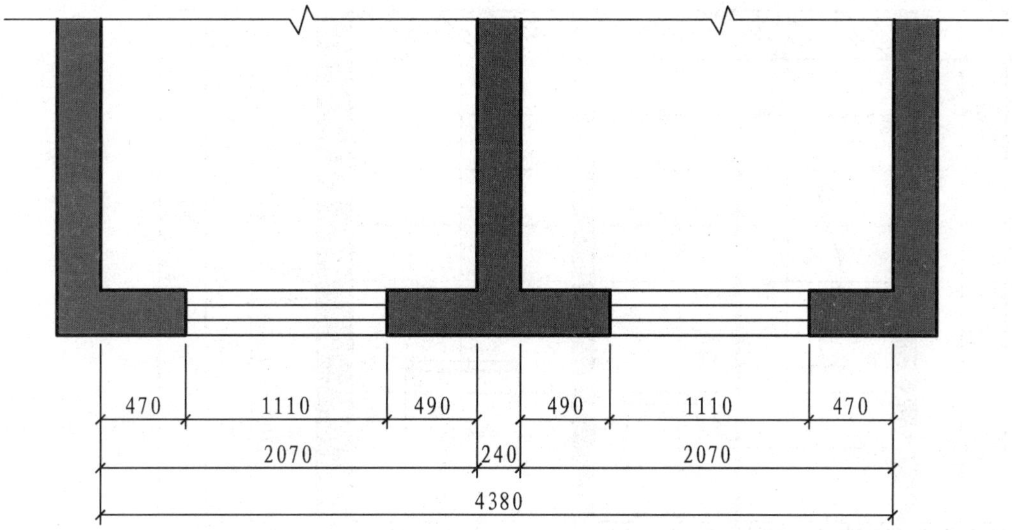

图3-28 平面类图纸外轮廓尺寸标注线

应在圆直径尺寸数字前加注符号Φ，在圆半径尺寸数字前加注符号R，在球直径尺寸数字前加注符号$S\Phi$，在球半径尺寸数字前加注符号SR（图3-30）。

② 当圆的直径或圆弧半径较小时，可将尺寸线引出标注尺寸（图3-31）。

③ 当圆弧半径过大或在图纸范围内无法标出其圆心位置时可按图3-32所示标注。

④ 标注角度时，尺寸线应绘制成以角顶为圆心的圆弧，尺寸界线应沿径向引出。尺寸线终端用箭头表示，如位置不够时可用圆点表示。角度尺寸数字应水平标注（图3-33）。

表3-9　平面类图纸尺寸标注标准

层级	第一道尺寸线	第二道尺寸线	第三道尺寸线
内容	门窗洞口细部尺寸线	各房间总尺寸线	建筑总尺寸线
位置	离轮廓线最近	离轮廓线适中	离轮廓线最远

表3-10　立面类图纸尺寸标注标准

方位	横尺寸标注			竖尺寸标注		
层级	第一道尺寸线	第二道尺寸线	第三道尺寸线	第一道尺寸线	第二道尺寸线	第三道尺寸线
内容	家具、洁具、门窗洞口尺寸线	各房间墙尺寸线	墙总尺寸线	家具、洁具、花砖、花线、石膏线等高度尺寸线	地面装饰、造型吊顶高度尺寸线	层高尺寸线
位置	离轮廓线最近	离轮廓线适中	离轮廓线最远	离轮廓线最近	离轮廓线适中	离轮廓线最远

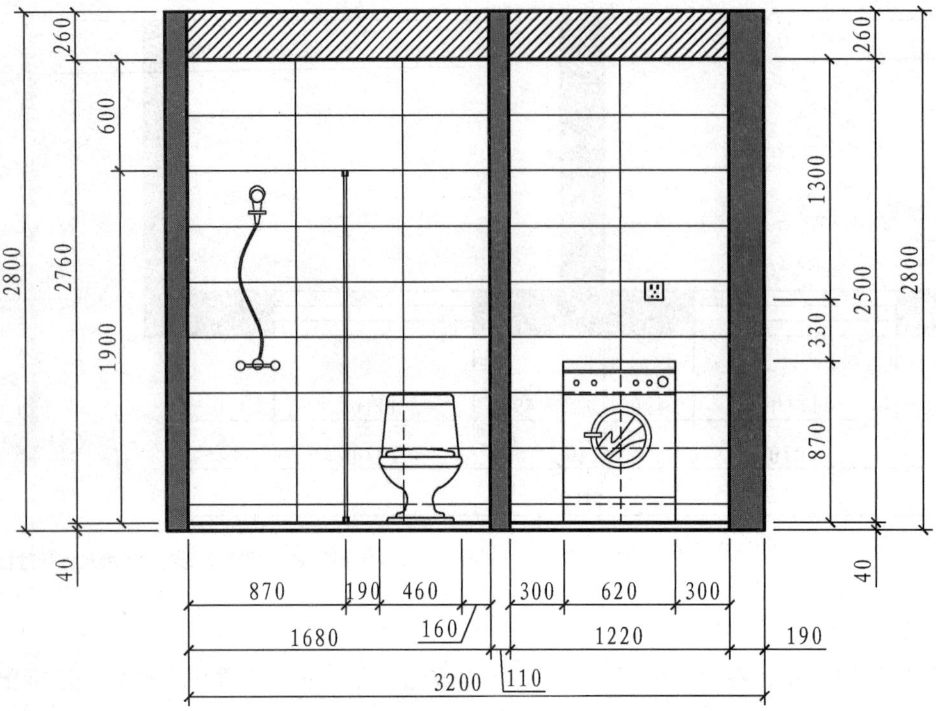

图3-29　立面类图纸外轮廓尺寸标注线

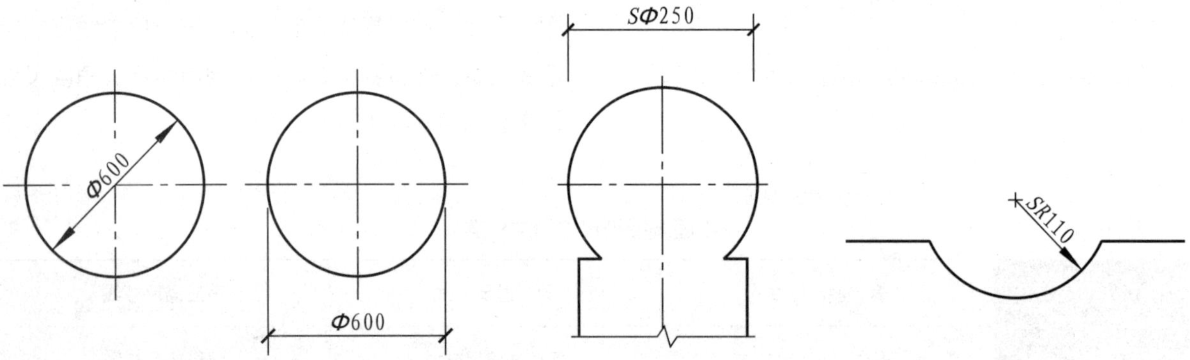

（a）圆半径、直径　（b）球面直径　（c）球面半径

图3-30　圆弧球面直径和半径尺寸数字标注方法

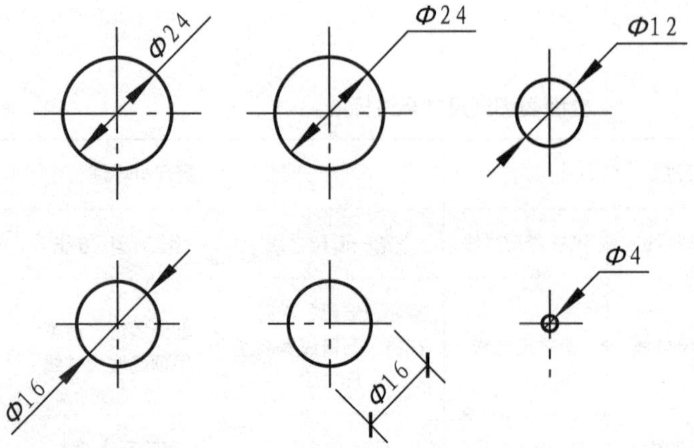

图3-31　较小圆直径或圆弧半径尺寸标注方法

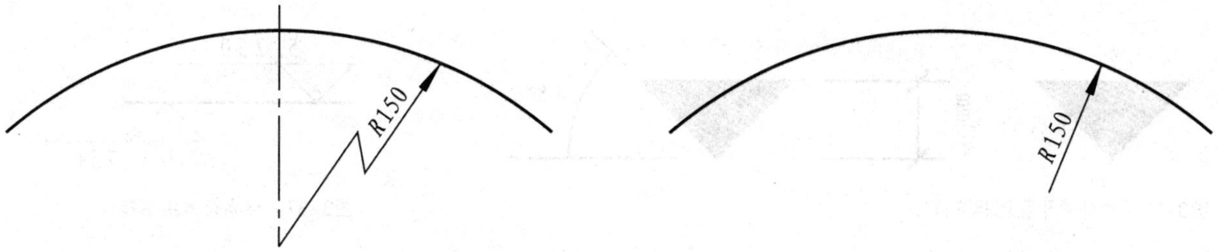

图3-32 大圆半径尺寸标注方法

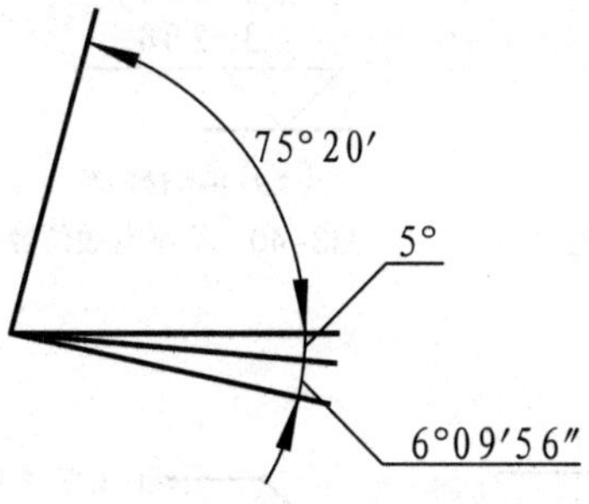

图3-33 角度尺寸标注方法

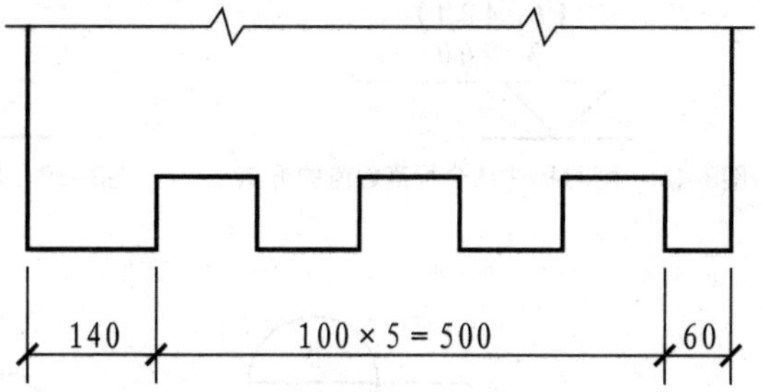

图3-34 等长尺寸简化标注方法

⑤ 连续排列的等长尺寸，可用“个数×等长尺寸=总长”的形式标注（图3-34）。

三、符号的绘制标准

1. 标高符号

（1）装饰顶面净高标注符号。设计平面图中有关装饰后顶面的高度尺寸应采用以下方法表示，所示形式用细实线绘制；高度尺寸“数值应以米为单位”，同一图纸中顶面净高标注的有效位数和标注方式应一致，可注写到小数点以后第三位，在总平面图中，也可注写到小数点以后第二位。

（2）地面标高符号。平面图中有关地面的高度应采用标准三角形标高符号表示，所示形式用细实线绘制（图3-35、图3-36）。

① 标高符号的尖端应指在被标注的高度或其引线上，尖端可向上或向下（图3-37）。

② 在一个详图中，同时表示不同标高或稠密管线标高时，可采用一个标高符号表示，标高数值应按大小自上而下标注（图3-38）。

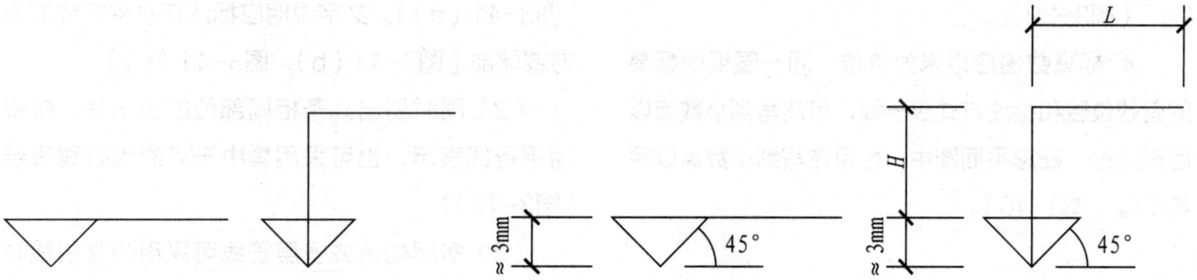

图3-35 标高符号

注：L取适当长度注写标高数字；H根据需要取适当高度。

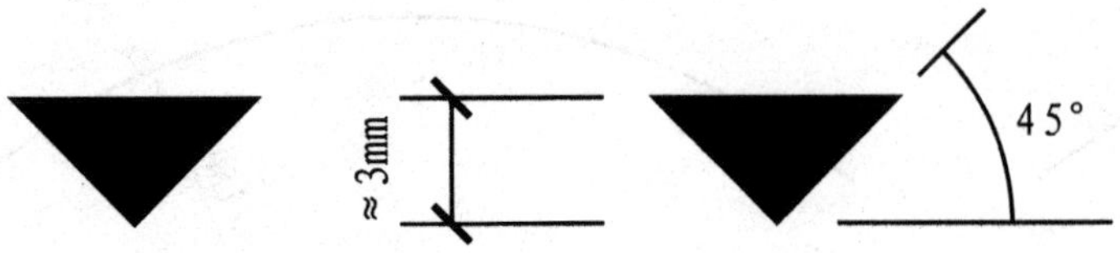

图3-36 室外总平面图标高符号

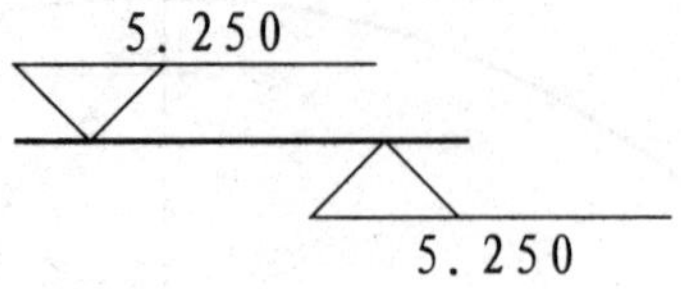

图3-37 标高符号尖端指向

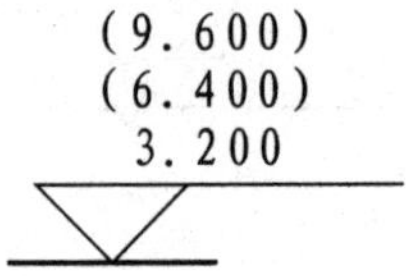

图3-38 同时标注几个标高数值的方法

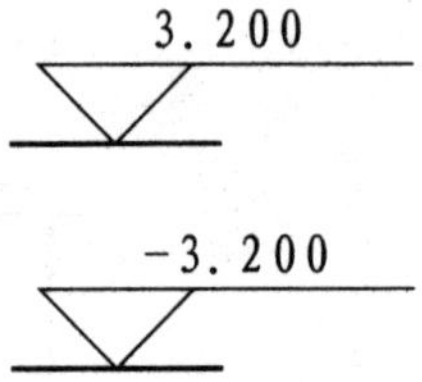

图3-39 标高正负值的标注方法

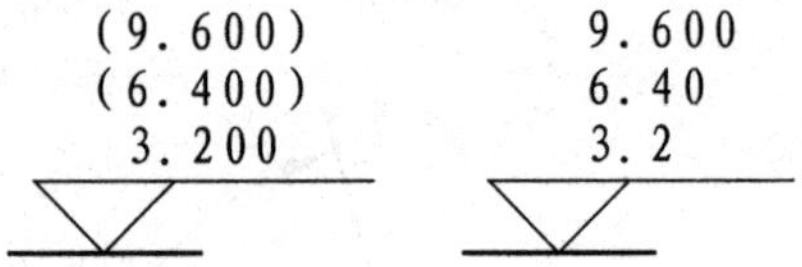

（a）正确标注 （b）错误标注

图3-40 标高有效位数和标注方式

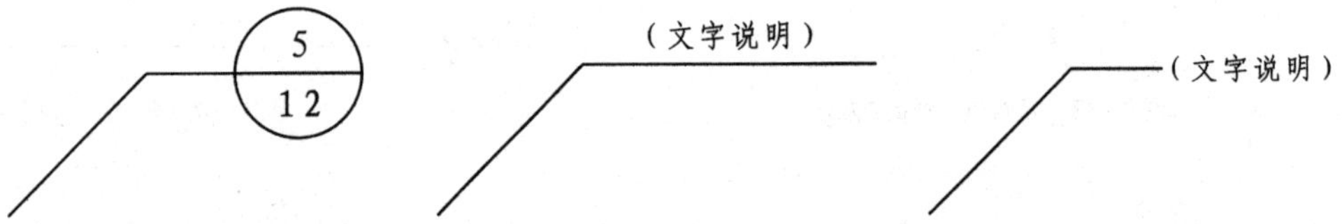

（a）索引详图或编号引出线 （b）文字说明在水平折线上方 （c）文字说明在水平折线端部

图3-41 单一引出线

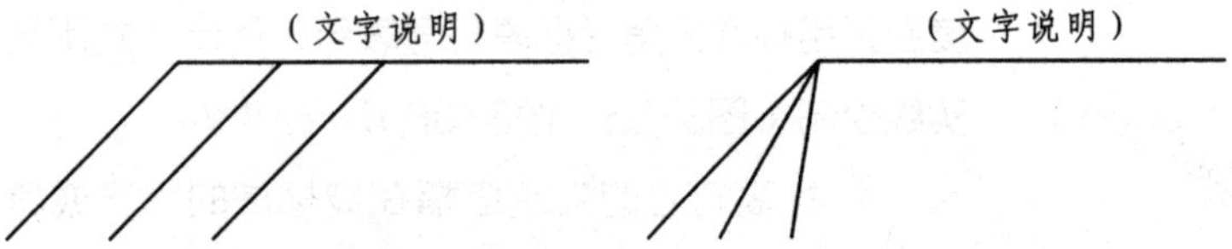

（a）平行引线 （b）放射性引线

图3-42 同一部位引出几条引出线

③ 标高为正值时，标高数值前不加注正号“+”；标高为负值时应在标高数值前加注负号“-”（图3-39）。

④ 标高数值应以米为单位，同一图纸中标高的有效位数和标注方式应一致，可注写到小数点以后第三位；在总平面图中，也可注写到小数点以后第二位（图3-40）。

2. 引出线符号

（1）引出线应以细实线绘制，宜采用与水平方向成30°、45°、60°和90°角的直线或再折为水平线表示，索引详图或编号的引出线应对准圆心[图3-41（a）]。文字说明应标注在水平折线的上方或端部[图3-41（b）、图3-41（c）]。

（2）同时引出几条相同部位的引出线，应采用平行线表示，也可采用集中于点的放射线表示（图3-42）。

（3）多层构造或多层管线可采用公共引线并通过被引出的各层。文字说明宜注写在水平线的上方或端部，标写文字说明或编号时应由上而下，并

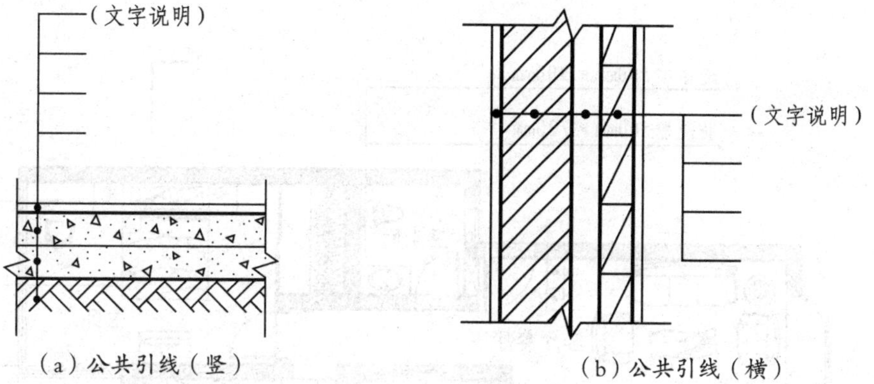

图3-43 公共引线

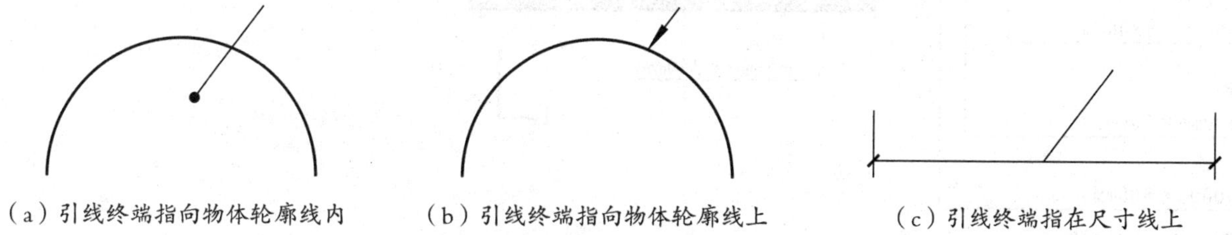

图3-44 引线终端画法

应与被说明的层次相一致［图3-43（a）］。如层次为横向排序，则由上至下的文字说明顺序应与由左至右的层次相一致［图3-43（b）］。

（4）当引线终端指向物体轮廓之内时，应用圆点标示；指向物体的轮廓线上时，应用箭头标示；指在尺寸线上时，不应绘制出圆点和箭头（图3-44）。

3. 剖切符号

剖切符号是表示图样中的剖视位置的符号。剖切符号分为用于剖视的和用于断面的两种。

（1）剖视的剖切符号。

① 剖视的剖切符号应由剖切位置线及投射方向线组成，均应以粗实线绘制。剖切位置线的长度宜为8～10mm；投射方向线应垂直于剖切位置线，长度应短于剖切位置线，宜为4～6mm。绘制时，剖视的剖切符号不应与其他图线相接触（图3-45）。

② 剖视剖切符号的编号宜采用阿拉伯数字，按顺序由左至右、由下至上连续编排，并应注写在剖视方向线的端部。

③ 需要转折的剖切位置线，应在转角的外侧加注与该符号相同的编号。

④ 建筑装饰图的剖切符号应标注在要表示的图样上。

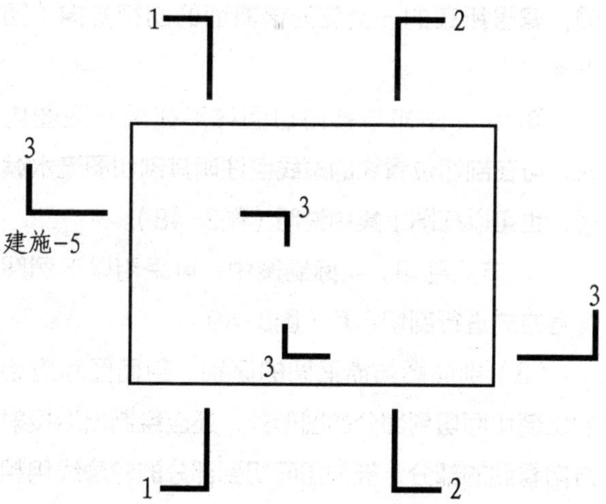

图3-45 剖视的剖切符号

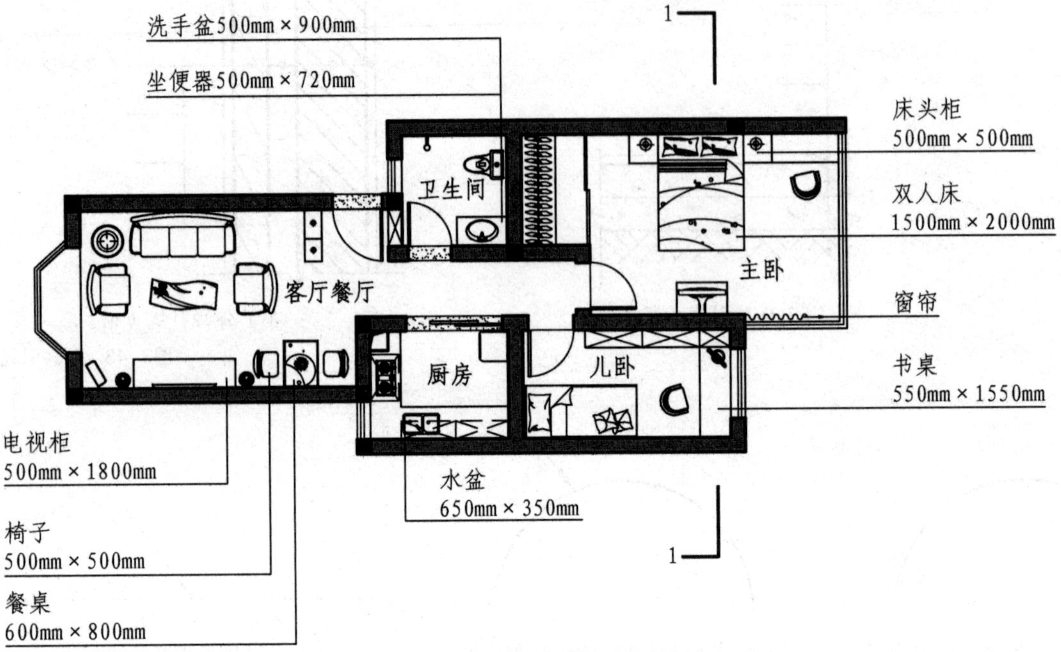

图3-46 整体剖切

⑤ 剖面图如与被剖切图样不在同一张图内，可在剖切位置线的另一侧注明其所在图纸的编号，也可以在图上集中说明（图3-46）。

（2）断面的剖切符号。

① 断面的剖切符号应只用剖切位置线表示，并应以粗实线绘制，长度宜为8~10mm。

② 断面剖切符号的编号宜采用阿拉伯数字，按顺序连续编排，并应注写在剖切位置线的一侧；编号所在的一侧应为该断面的剖视方向（图3-47）。

③ 断面图如与被剖切图样不在同一张图内时，可在剖切位置线的短线盘注明其剖切图流水编号，也可以在图上集中说明（图3-48）。

④ 节点剖切。实际制图中，可采用以下例图符号方式进行剖切示意（图3-49）。

（3）剖面图与断面图的区别。剖面图除应绘制出剖切面切到部分的图形外，还应绘制出沿投射方向看到的部分，被剖切面切到部分的轮廓线用粗实线绘制，剖切面没有切到，但沿投射方向可以看到的部分，用中实线绘制；断面图则用粗实线绘制出剖切面所切到部分的图形（图3-50）。

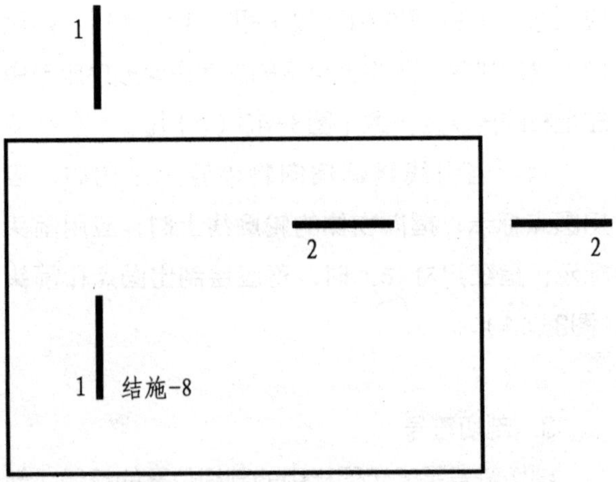

图3-47 断面的剖切符号

4. 索引符号

索引符号是指图样中用于引出需要清楚绘制细部图形的符号，以方便绘图及图纸查找，提高制图效率。

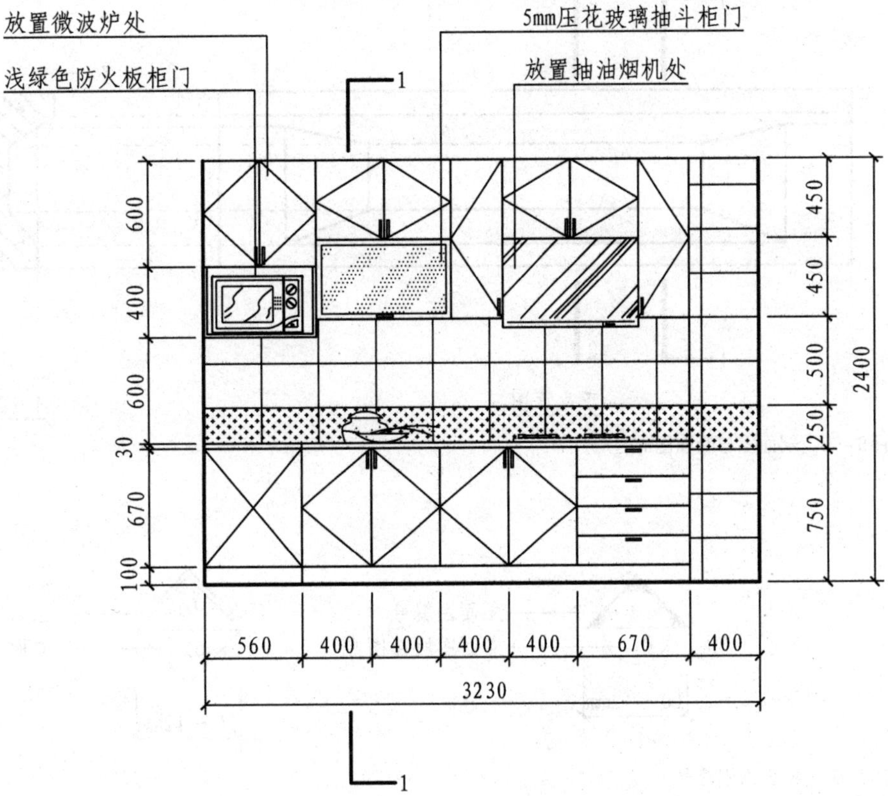

图3-48 立面剖切

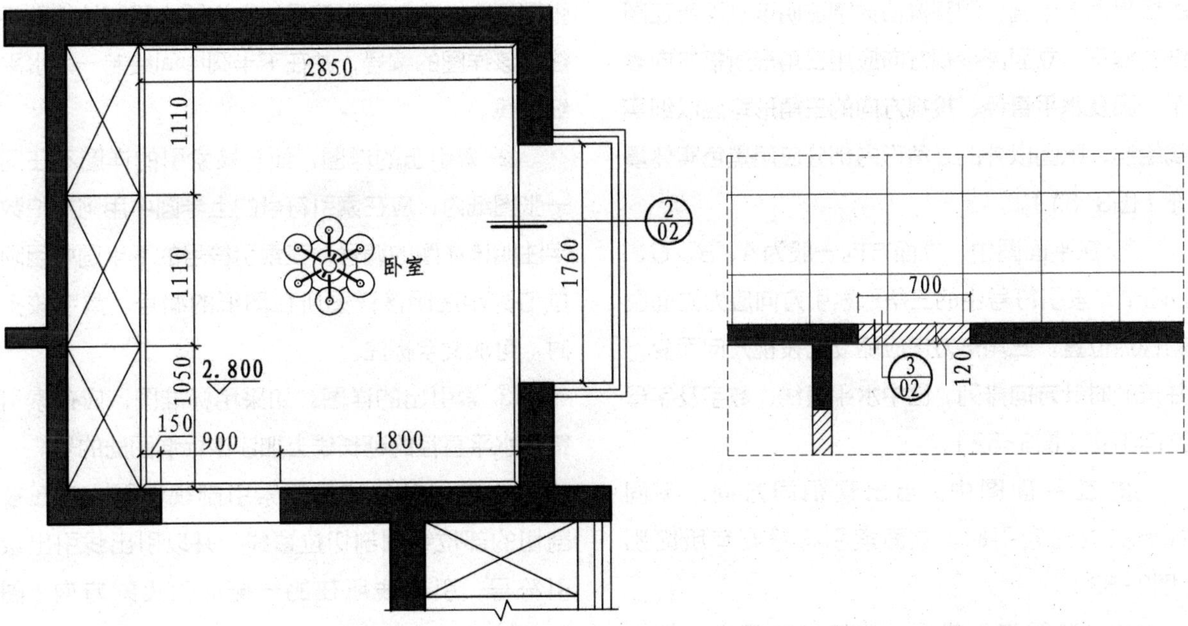

（a）顶面剖切

（b）地面剖切

图3-49 节点剖切

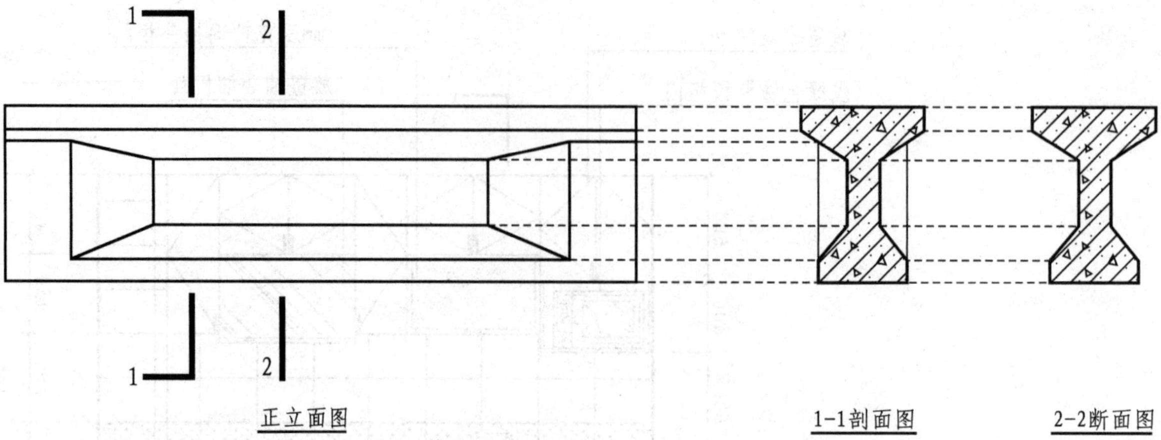

图3-50　剖面图与断面图的区别

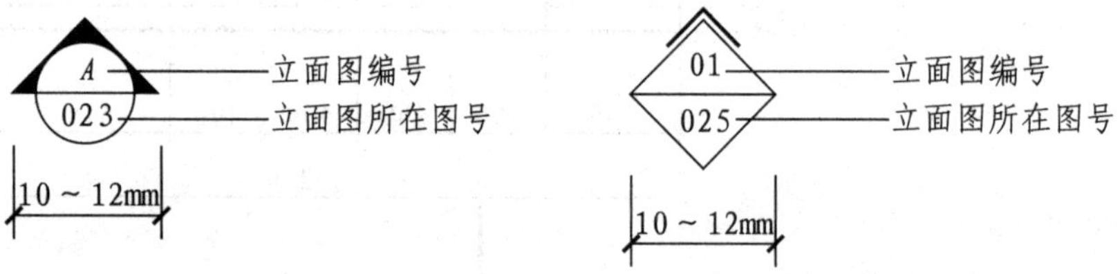

图3-51　立面索引符号

（1）立面索引符号。建筑装饰图纸中的平面，如需绘制立面，应以索引符号索引立面的所在位置。索引符号根据图面的比例，圆圈直径可选择8～12mm，上半圆中用英文大写字母注明该立面的编号，下半圆中用阿拉伯数字注明该立面所在图纸的编号。立面图投视方向应用三角形所指方向表示，圆及水平直径、投视方向的三角形均应以细实线绘制，除圆以外的三角形内部分应用黑色实体填充（图3-51）。

① 在平面图中，立面方向一般为*A*、*B*、*C*、*D*四个，索引符号中的三角形索引方向应为立面图的视点位置，三角形方向应随立面投视方向而变，并按顺时针方向排列。圆中水平直线、数字及字母方向不变（图3-52）。

② 在平面图中，当出现相同方向、不同视点的立面索引时，立面索引符号要有所区别（图3-53）。

（2）详图索引符号。建筑装饰图纸中的立面，如需另见详图，应以索引符号索引详图的所在位置，索引符号是由直径为10mm的圆和水平直径组成，圆及水平直径均应以细实线绘制（图3-54）。

① 索引出的详图，如与被索引的详图同在一张图纸内，应在索引符号的上半圆中用阿拉伯数字注明该详图的编号，并在下半圆中间绘制一段水平细实线。

② 索引出的详图，如与被索引的详图不在同一张图纸内，应在索引符号的上半圆中用阿拉伯数字注明该详图的编号，在索引符号的下半圆中用阿拉伯数字注明该详图所在图纸的编号。数字较多时，可加文字标注。

③ 索引出的详图，如采用标准图，应在索引符号水平直径的延长线上加注该标准图册的号。

④ 索引符号如用于索引剖视详图，应在被剖切的部位绘制剖切位置线，并以引出线引出索引符号，引出线所在的一侧应为投射方向（图3-55）。

⑤ 索引符号如用于图样中某一局部大样图索

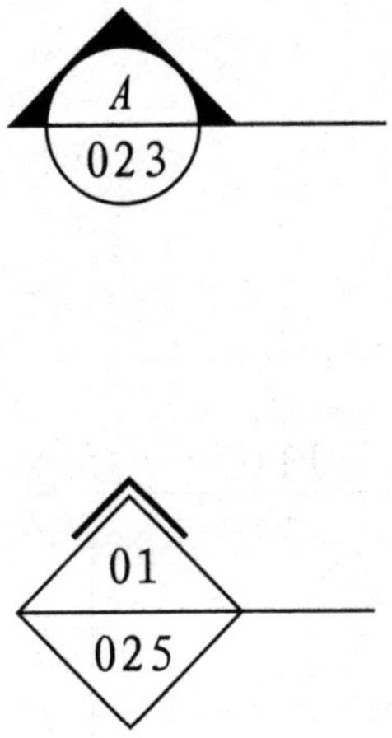

（a）一个方向需要立面

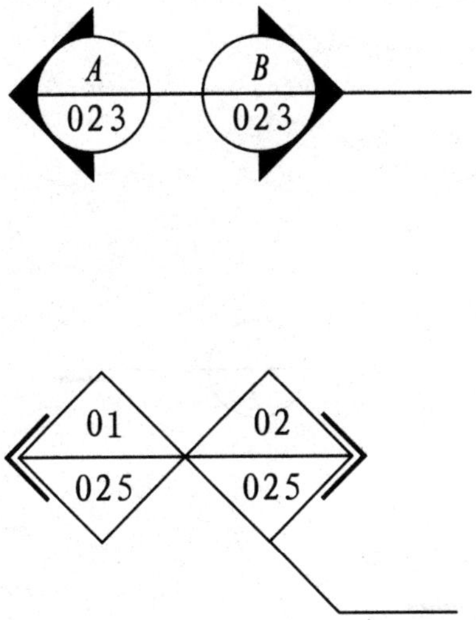

（b）两个方向需要立面

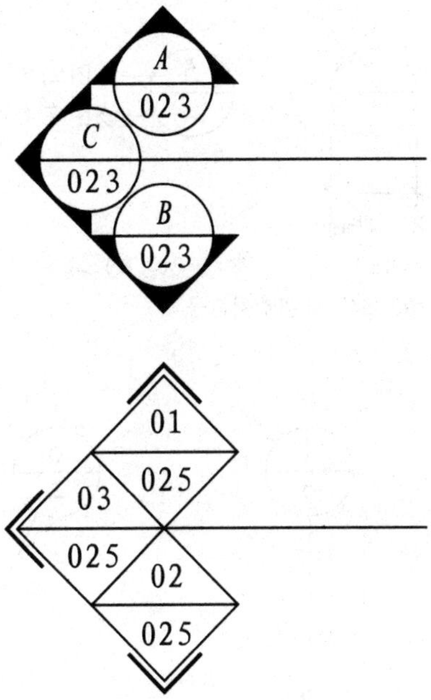

（c）三个方向需要立面

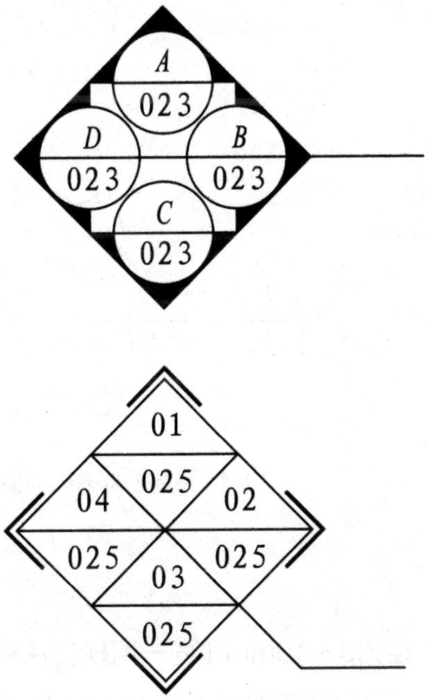

（d）三个方向需要立面

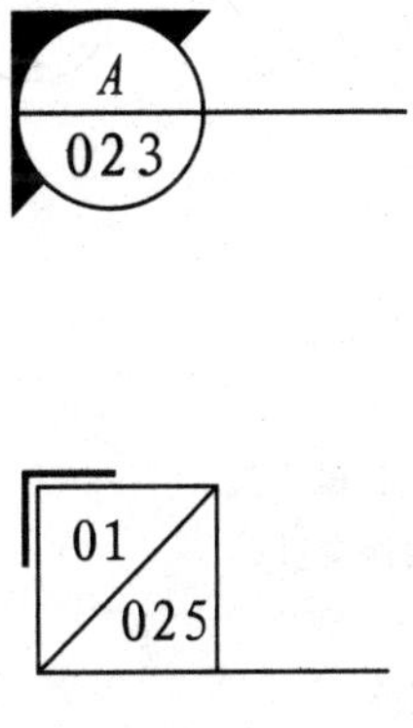

（e）其他角度方向需要立面

图3-52　立面索引符号的方向

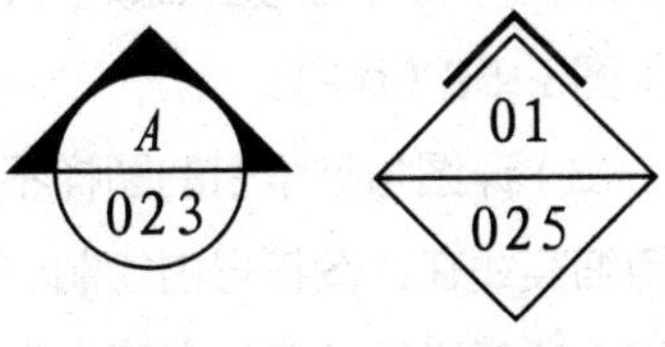

（a）一个方向需要立面

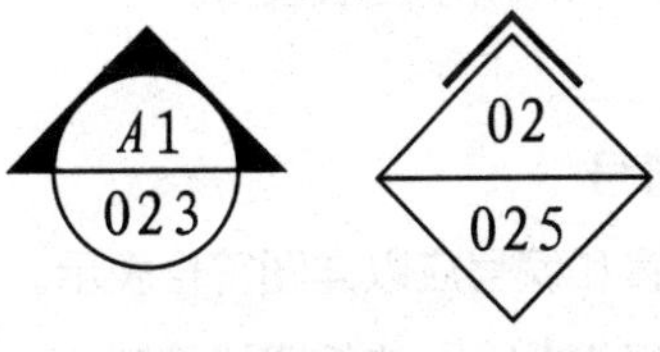

（b）同一空间出现相同方向不同立面时需要立面

图3-53　相同方向、不同视点的立面索引符号区别

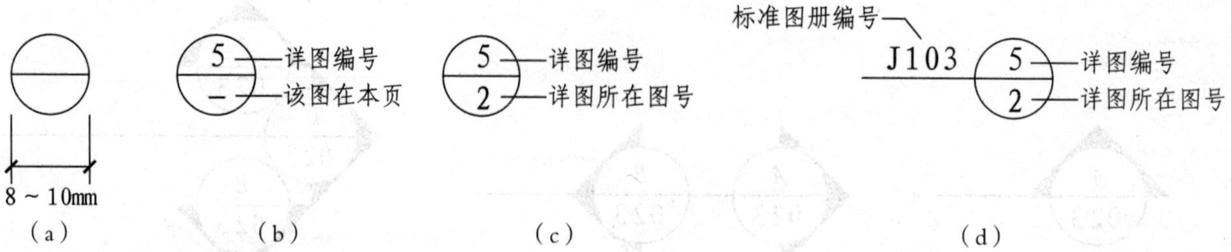

图3-54 详图索引符号

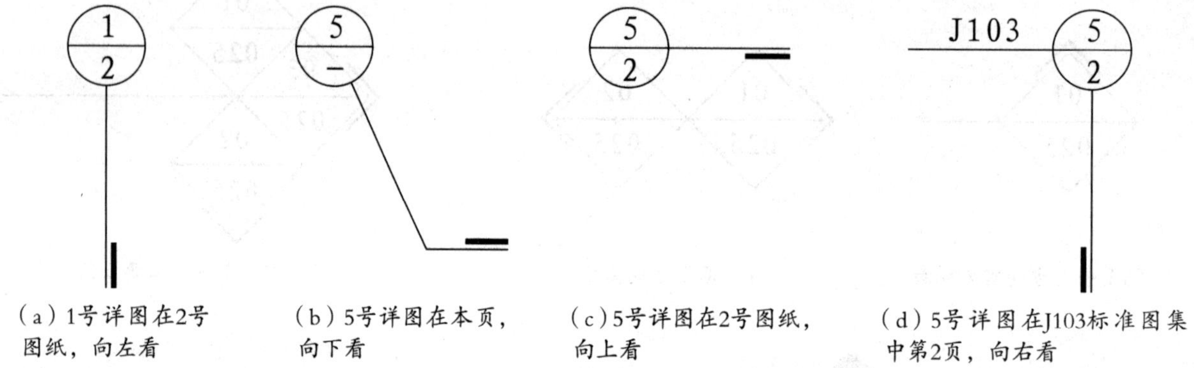

图3-55 用于索引剖面详图的索引符号

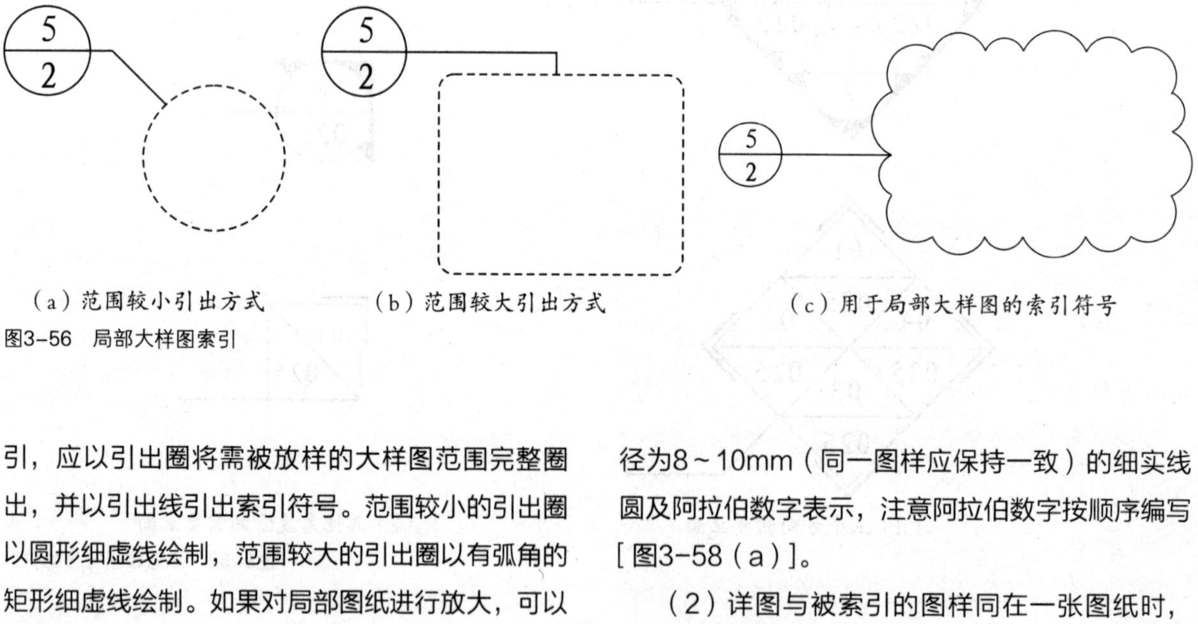

图3-56 局部大样图索引

引，应以引出圈将需被放样的大样图范围完整圈出，并以引出线引出索引符号。范围较小的引出圈以圆形细虚线绘制，范围较大的引出圈以有弧角的矩形细虚线绘制。如果对局部图纸进行放大，可以如图3-56、图3-57所示画法索引。

5. 详图符号

详图的位置和编号应以详图符号表示。详图符号的圆应以直径为14mm的粗实线绘制。

（1）零件、钢筋、杆件、设备等的编号，以直径为8～10mm（同一图样应保持一致）的细实线圆及阿拉伯数字表示，注意阿拉伯数字按顺序编写［图3-58（a）］。

（2）详图与被索引的图样同在一张图纸时，应在详图符号内用阿拉伯数字或字母注明详图的编号［图3-58（b）］。

（3）详图与被索引的图样不在同一张图纸时，应用细实线在详图符号内绘制一条水平直径，在上半圆中注明详图编号，在下半圆中注明被索引的图纸编号［图3-58（c）］。

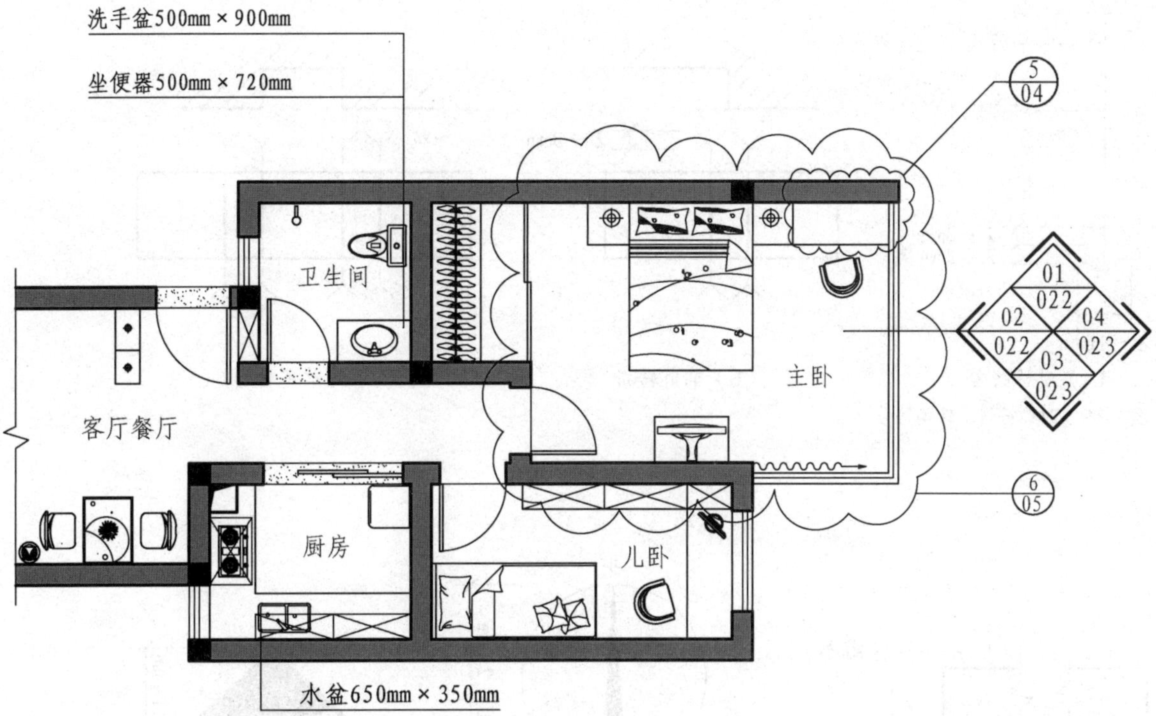

图3-57 局部索引表示方法

（a）零件、钢筋等的编号

（b）与被索引图样同在一张图纸内的详图符号

（c）与被索引图样不在同一张图纸内的详图符号

图3-58 详图符号

6. 其他符号

（1）对称符号。由对称线和两端的两对平行线组成。对称线用细单点长画线绘制；平行线用细实线绘制，其长度宜为8～10mm，每对的间距宜为2～3mm；对称线垂直平分两对平行线，两端超出平行线宜为2～3mm［图3-59（a）］。

（2）转角符号。以垂直线连接两端交叉线表示，应用细实线绘制，交叉线的角度应为90度，转角符号用于表示立面的转折［图3-59（b）］。

（3）连接符号。应以折断线表示需连接的部位。两部位相距过远时，折断线两端靠图样一侧应标注大写拉丁字母表示连接编号。两个被连接的图样应用相同的字母编号［图3-60（a）］。

（4）指北针符号。其圆的直径为20～24mm，用细实线绘制；指针尾部的宽度为2～3mm，指针头部应注“北”或“N”字。需用较大直径绘制指北针时，指针尾部宽度值为直径的1／8［图3-60（b）］。

（5）箭头指示符号。应用细实线绘制，中间用黑色实体填充，箭头所指方向为入户门处［图3-60（c）］。

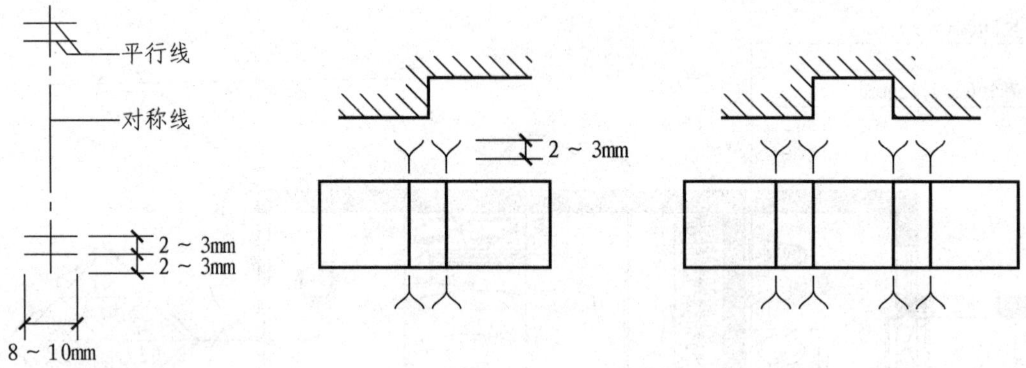

（a）对称符号　　（b）单角转折　　（c）双单角转折

图3-59　对称符号、转角符号

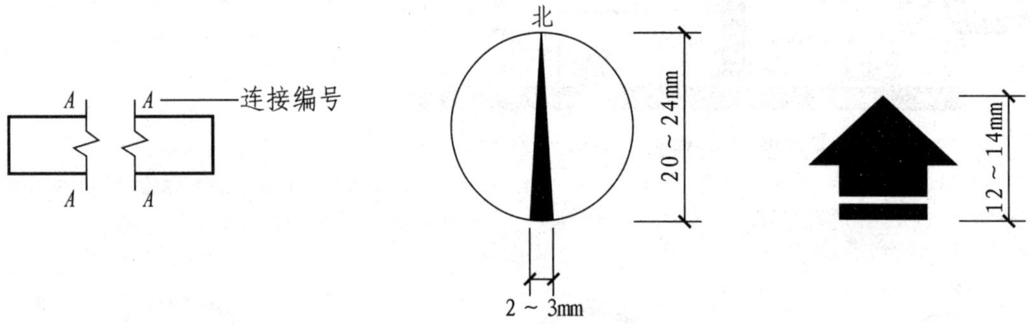

（a）连接符号　　（b）指北针符号　　（c）箭头指示符号

图3-60　连接符号、指北针符号、箭头指示符号

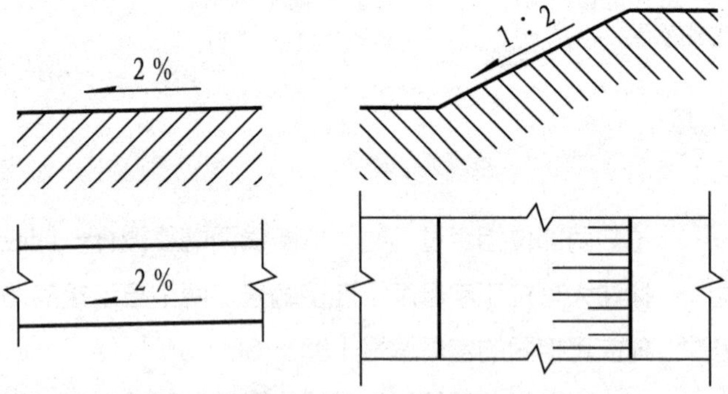

图3-61　单边箭头坡度符号

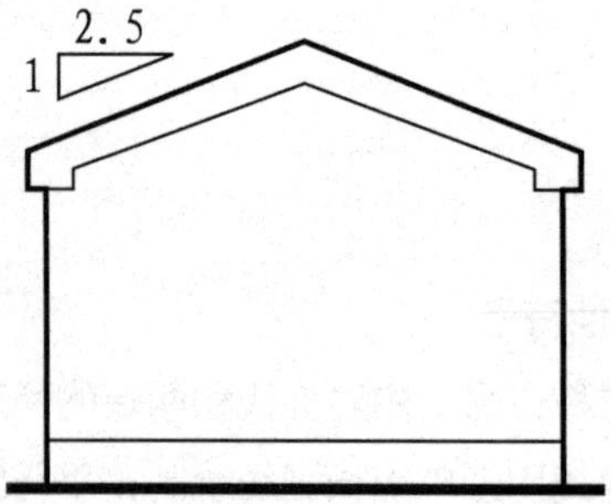

图3-62　三角形坡度符号

（6）坡度符号。在坡度数字下应加注坡度符号，坡度符号应为指向下坡方向的单边箭头。坡度有时也可用直角三角形表示，即用直角三角形的两个直角边来表示坡度的大小，在室内绘图中可用来表示卫生间地面或露台等存在坡度要求的设计绘制（图3-61、图3-62）。

四、图例的绘制标准

1. 建筑标准图例

为了方便识别，任何设计制图都有相应的图例，在图中也需要用到建筑制图中的部分图例，这些图例来自国家制图标准，本节节选了GB／T 50001—2017《房屋建筑制图统一标准》和GB／T 50104—2010《建筑制图标准》中的部分图例，它们的适用性很广，能满足环境艺术设计制图的大多数需要。关于其他种类的制图，如总平面图、给排水图、电气图、暖通图中的图例，见后面相关章节。

GB／T 50001—2017《房屋建筑制图统一标准》中只规定常用建筑材料的图例画法，对其尺度比例无具体规定。使用时，应根据图样大小而定。图例线应间隔均匀，疏密适度，做到图例正确，表示清楚。不同品种的同类材料使用同一图例时，如某些特定部位的石膏板应注明是防水石膏板时，应在图上附加必要的说明。两个相同的图例相接时，图例线宜错开或使倾斜方向相反。两个相邻的涂黑图例之间，如混凝土构件、金属件，应留有空隙，其宽度不得小于0.7mm［图3-63（a）、图3-63（b）］。

一张图纸内的图样只用一种图例时，或图形较小无法绘制出建筑材料图例时，可不加图例，但应加文字说明。需绘制出的建筑材料图例面积过大时，可在断面轮廓线内，沿轮廓线进行局部标示［图3-63（c）］。

图纸中使用的图例要与图例表中的图例完全一致，比例适当、间隔均匀、疏密有致，线条细淡、图示正确、不同图例应清晰可辨，不得混淆不清。一套图纸中的每张图纸应根据实际情况，只需绘制所需图例及说明，并依照下述表格正确绘制在每张图纸右下角位置（表3-11、表3-12）。

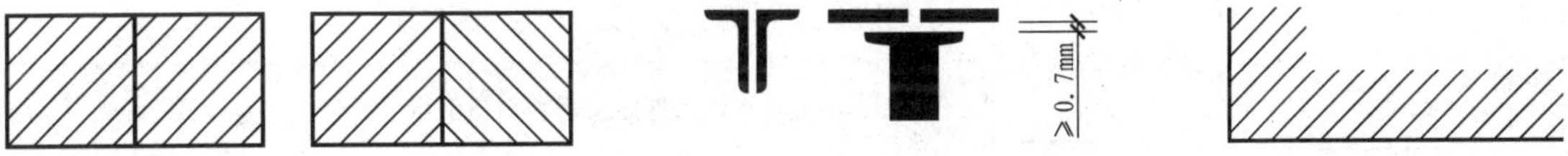

（a）相同图例相接时的画法　（b）相邻涂黑图例的画法　（c）局部表现图例

图3-63　图例的绘制

表3-11　常用建筑材料图例

序号	名称	图例	备注
1	自然土壤		包括各种自然土壤
2	夯实土壤	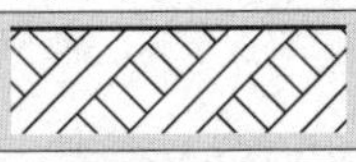	一般指有密实度的回填土，用于较大型建筑图样中
3	砂、灰土	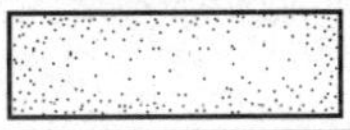	靠近轮廓线部位绘制较密的点
4	砂砾石、碎砖三合土	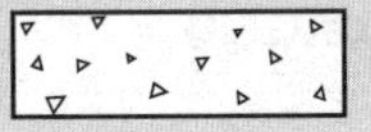	内部填充小三角，依据实际情况调节比例
5	石材	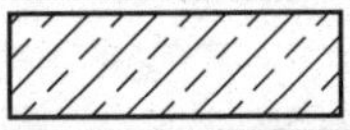	包括大理石、花岗岩、水磨石和合成石
6	毛石	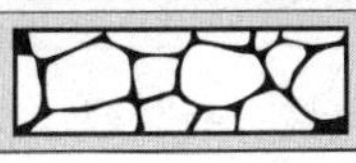	一般指不成形的石料，主要用于砌筑基础、勒脚、墙身、堤坝

续表

序号	名称	图例	备注
7	普通砖	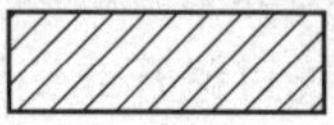	包括实心砖、多孔砖、砌块等砌体；断面较窄不易绘出图例线时，可涂红
8	耐火砖	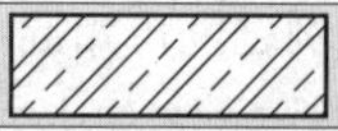	包括耐酸砖等砌体
9	空心砖	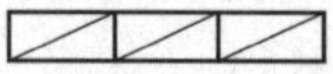	指非承重砖砌体
10	饰面砖	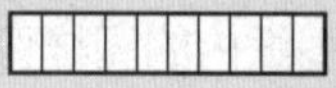	包括铺地砖、马赛克、陶瓷锦砖、人造大理石等
11	焦渣、矿渣	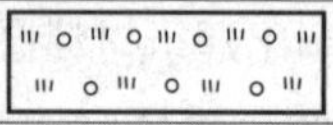	包括与水泥、石灰等混合而制成的材料
12	混凝土	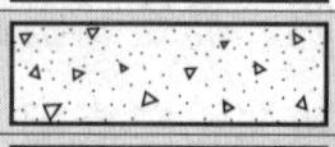	（1）本图例指能承重的混凝土及钢筋混凝土； （2）包括各种强度等级、骨料、添加剂的混凝土； （3）断面图形小，不易绘制出图例线时，可涂黑
13	钢筋混凝土		
14	多孔材料	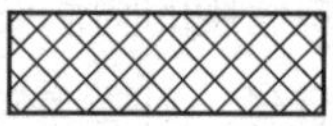	包括水泥珍珠岩、沥青珍珠岩、泡沫混凝土、非承重加气混凝土、软木、蛭石制品等
15	纤维材料	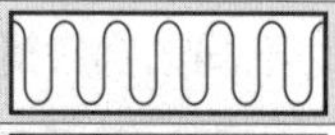	包括矿棉、岩棉、玻璃棉、麻丝、木丝板、纤维板等
16	泡沫塑料材料	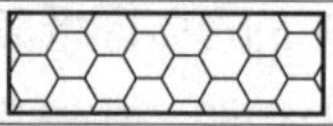	包括聚苯乙烯、聚乙烯、聚氨酯等多孔聚合物类材料
17	木材	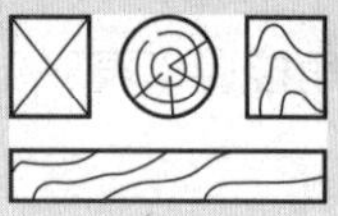	（1）上图为横断面图例，其中上左图为木龙骨材料图例，上中图为圆木材料图例，上右图为方木材料图例； （2）下图为木质板材纵断面图例
18	胶合板	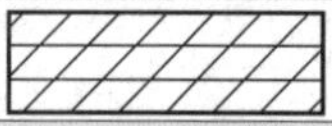	应注明为 × 层胶合板及特种胶合板名称
19	石膏板	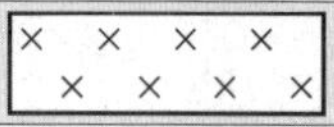	包括圆孔、方孔石膏板及防水石膏板等
20	金属	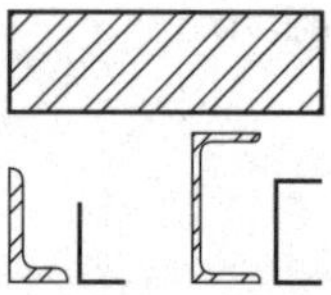	（1）包括各种金属； （2）图形小时，可涂黑
21	网状材料	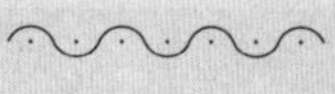	（1）包括金属、塑料网状材料； （2）应注明具体材料名称
22	液体	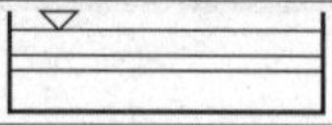	应注明具体液体名称
23	玻璃		包括平板玻璃、磨砂玻璃、夹丝玻璃、钢化玻璃、中空玻璃、加层玻璃、镀膜玻璃等
24	橡胶		应注明其种类和具体特性
25	塑料		包括各种软、硬塑料及有机玻璃等
26	防水材料		构造层次多或比例大时，采用上面图例
27	粉刷	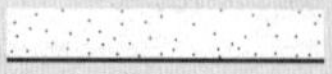	本图例采用较稀疏的点

注：序号1、2、5、7、8、13、14、18、19、20、24、25图例中的斜线、短斜线、交叉斜线等，一律为45°。

表3-12 构造及配件图例

序号	名称	图例	备注
1	墙体	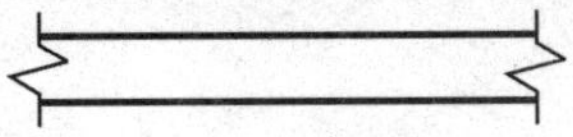	应加注文字或填充图例表示墙体材料，在项目设计图纸说明中列材料图例给予说明
2	隔断	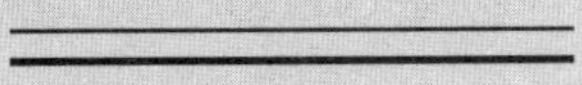	（1）包括板条抹灰、木制、石膏板、金属材料等隔断； （2）适用于到顶与不到顶隔断
3	栏杆		
4	楼梯	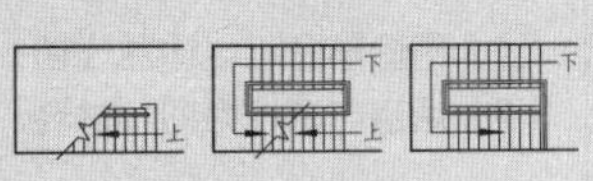	（1）左图为底层楼梯平面，中图为中间层楼梯平面，右图为顶层楼梯平面； （2）楼梯及栏杆扶手的形式和梯段步数应按实际情况绘制
5	自动扶梯	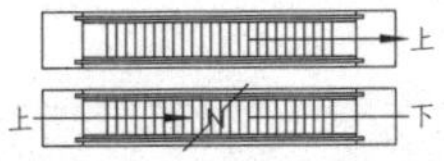	（1）自动扶梯和自动人行道、自动人行坡道可正逆向运行，箭头方向为设计运行方向； （2）自动人行坡道应在箭头线段尾部加注“上”或“下”
6	自动人行道及 自动人行坡道	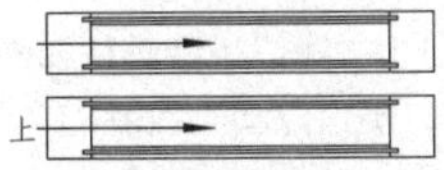	
7	电梯		（1）电梯应注明类型，并绘制出门和平衡锤的实际位置； （2）观景电梯等特殊类型电梯应参照本图例实际情况绘制
8	坡道	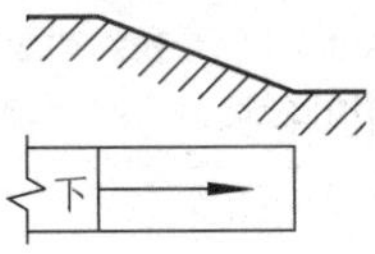	长坡道
		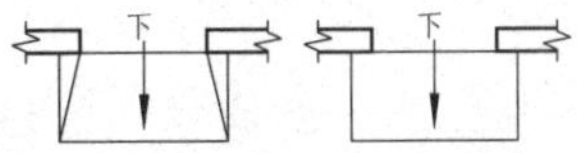	门口坡道
9	平面高差	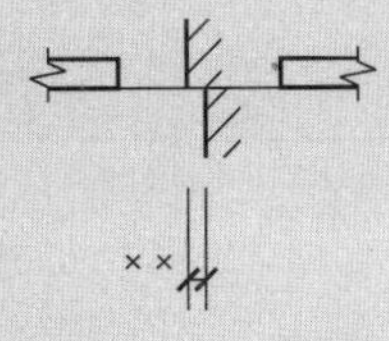	适用于高差小于 100mm 的两个地面或楼面相接处
10	检查孔		左图为可见检查孔，右图为不可见检查孔
11	孔洞		阴影部分可以涂色代替
12	坑槽		

续表

序号	名称	图例	备注
13	墙预留洞	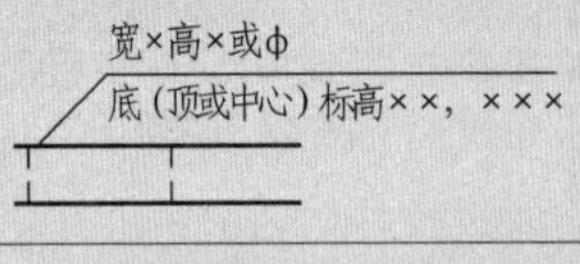	（1）以洞中心或洞边定位； （2）宜以涂色区别墙体和留洞位置
14	墙预留槽	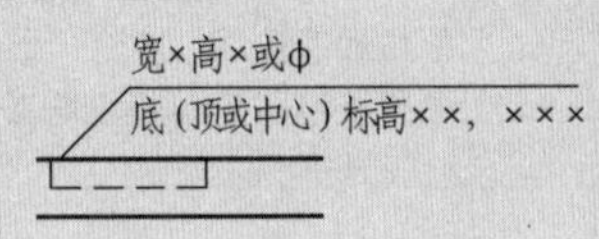	
15	烟道	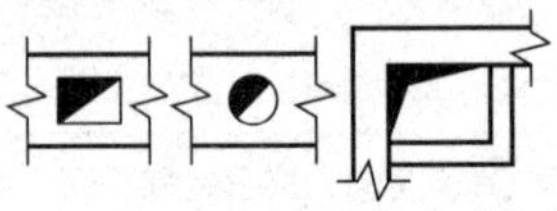	（1）阴影部分可以涂色代替； （2）烟道与墙体为同一材料，其相接处墙身线应断开
16	通风道	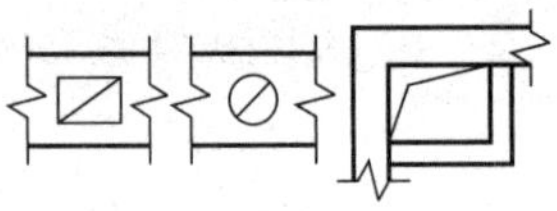	
17	新建的墙和窗	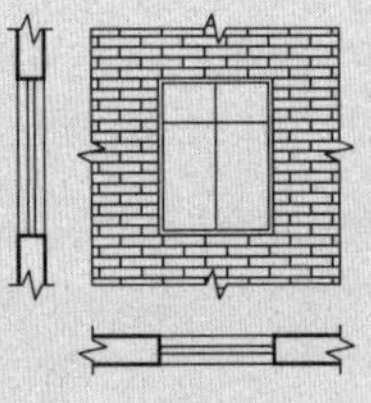	（1）本图以小型砌块为图例，绘图时应按所用材料的图例绘制；不宜以图例绘制的，可在墙面上以文字或代号注明； （2）小比例绘图时，平、剖面窗线可用单粗实线表示
18	改建时保留的原有墙和窗	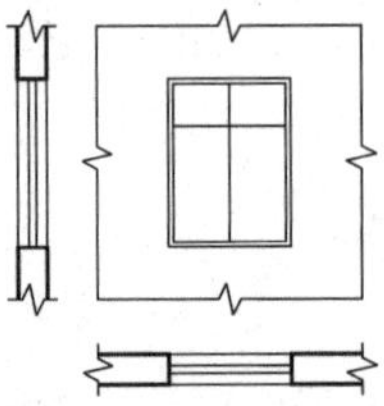	在 Auto CAD 中绘制墙体和窗时，线宽需不同，线型颜色也要有所区分
19	应拆除的墙	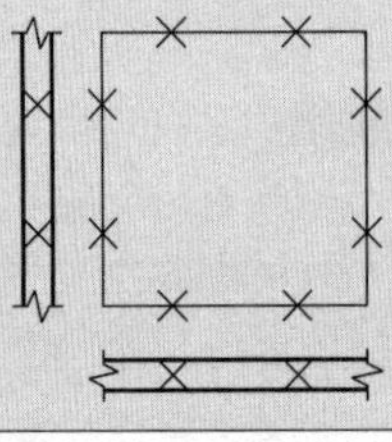	
20	在原有墙或楼板上新开的窗	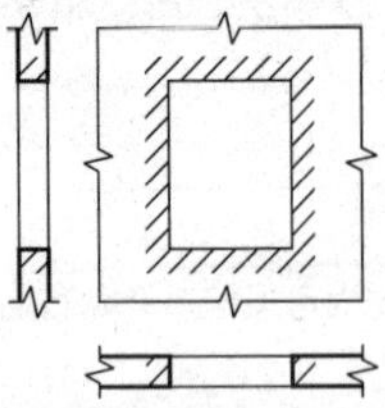	
21	在原有洞旁扩大的洞	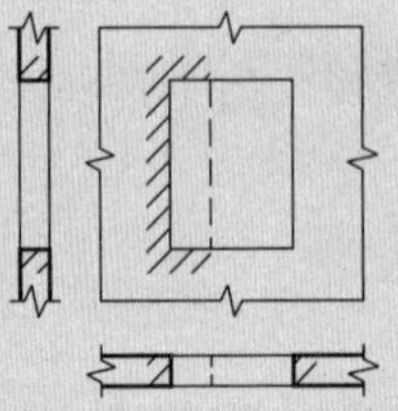	

续表

序号	名称	图例	备注
22	在原有墙或楼板上全部填塞的洞	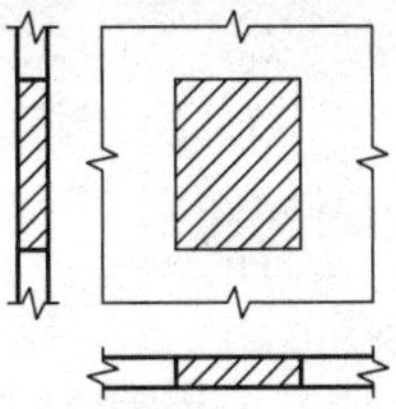	
23	在原有墙或楼板上局部填塞的洞	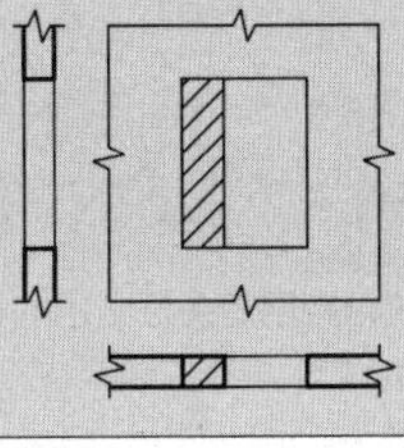	
24	空门洞	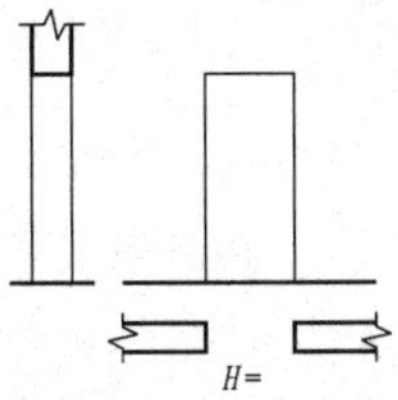	*H* 为门洞高度
25	单扇门（包括平开或单面弹簧门）		（1）门的名称代号用 M； （2）图例中剖面图左为外、右为内，平面图下为外、上为内； （3）立面图上开启方向线交角的一侧为安装合页的一侧，实线为外开、虚线为内开； （4）平面图上门线应 90° 或 45° 开启，开启弧线宜绘出； （5）立面图上的开启线在一般设计图中可不标示，在详图及室内设计图上应标示； （6）立面形式应按实际情况绘制
26	双扇门（包括平开或单面弹簧门）	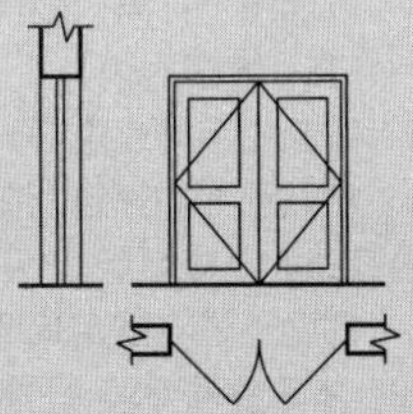	
27	对开折叠门	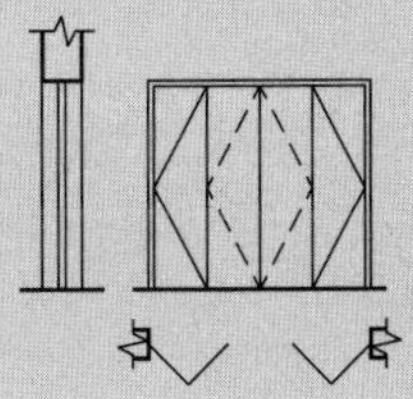	
28	推拉门	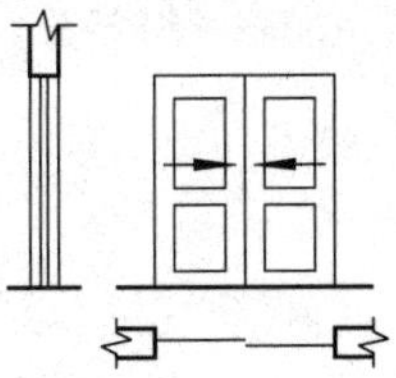	（1）门的名称代号用 M； （2）图例中剖面图左为外、右为内，平面图下为外、上为内； （3）立面形式应按实际情况绘制 （注：本表序号 28 ~ 32 均同此说明）

续表

序号	名称	图例	备注
29	墙外单扇推拉门	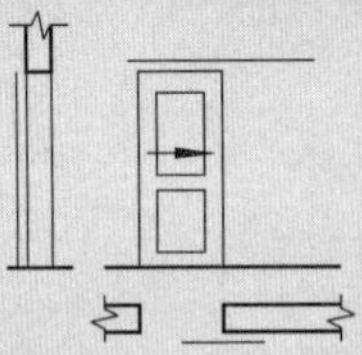	绘制时需用箭头标出门的推拉方向
30	墙外双扇推拉门		
31	墙中单扇推拉门	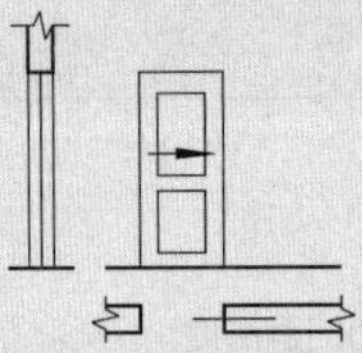	
32	墙中双扇推拉门	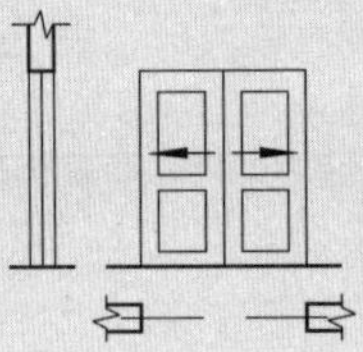	
33	单扇双面弹簧门	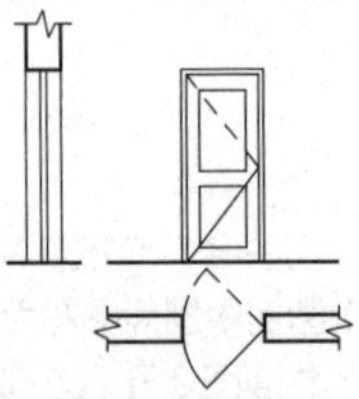	（1）门的名称代号用 M； （2）图例中剖面图左为外、右为内，平面图下为外、上为内； （3）立面图上开启方向线交角的一侧为安装合页的一侧，实线为外开、虚线为内开； （4）平面图上门线应 90° 或 45° 开启，开启弧线宜绘出； （5）立面图上的开启线在一般设计图中可不标示，在详图及室内设计图上应标示； （6）立面形式应按实际情况绘制 （注：本表序号 33 ~ 36 均同此说明）
34	双扇双面弹簧门	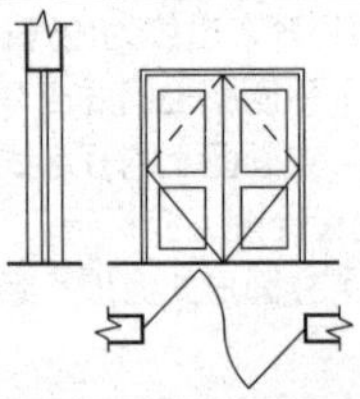	
35	单扇内外开双层门（包括平开或单面弹簧门）	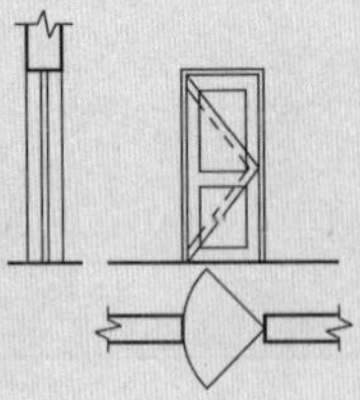	绘制时用弧线表示开关门的行走路径，以确定门外走道空间是否充足，确保行走畅通
36	双扇内外开双层门（包括平开或单面弹簧门）	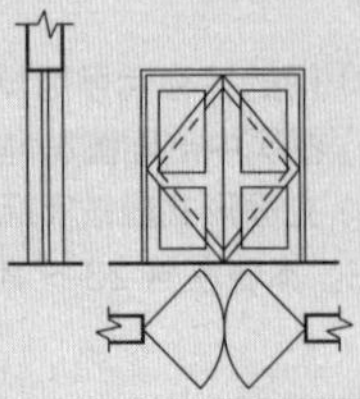	

续表

序号	名称	图例	备注
37	转门	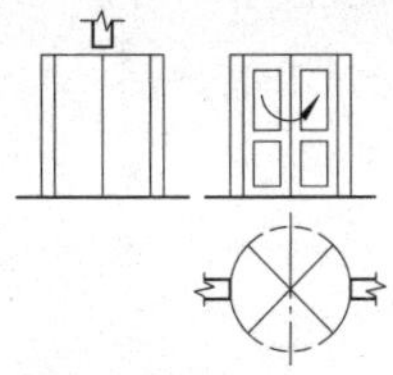	（1）门的名称代号用 M； （2）图例中剖面图左为外、右为内，平面图下为外、上为内； （3）平面图上门线应 90° 或 45° 开启，开启弧线宜绘出； （4）立面图上的开启线在一般设计图中可不标示，在详图及室内设计图上应标示； （5）立面形式应按实际情况绘制
38	自动门	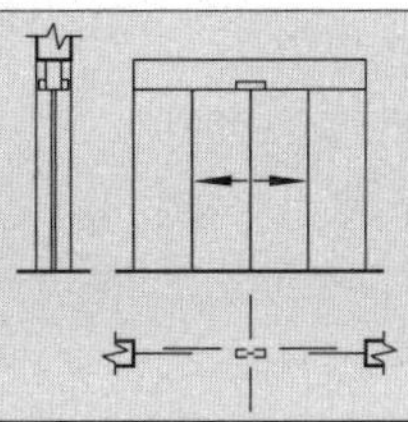	（1）门的名称代号用 M； （2）图例中剖面图左为外、右为内，平面图下为外、上为内； （3）立面形式应按实际情况绘制
39	折叠上翻门	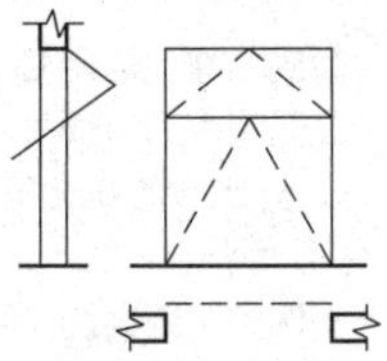	（1）门的名称代号用 M； （2）图例中剖面图左为外、右为内，平面图下为外、上为内； （3）立面图上的开启线在一般设计图中可不标示，在详图及室内设计图上应标示； （4）立面形式应按实际情况绘制； （5）立面图上的开启线在设计图中应标示
40	竖向卷帘门	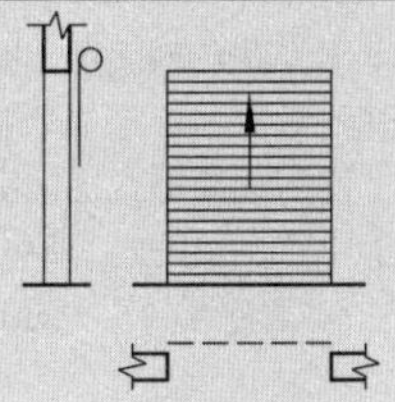	（1）门的名称代号用 M； （2）图例中剖面图左为外、右为内，平面图下为外、上为内； （3）立面形式应按实际情况绘制
41	横向卷帘门	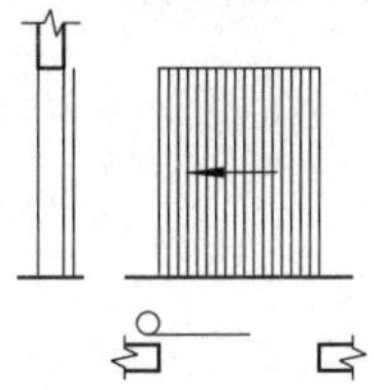	（1）门的名称代号用 M； （2）图例中剖面图左为外、右为内，平面图下为外、上为内； （3）立面形式应按实际情况绘制
42	提升门	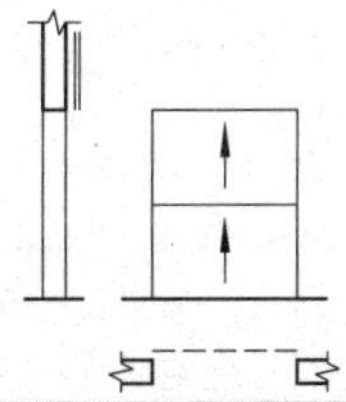	
43	单层固定窗	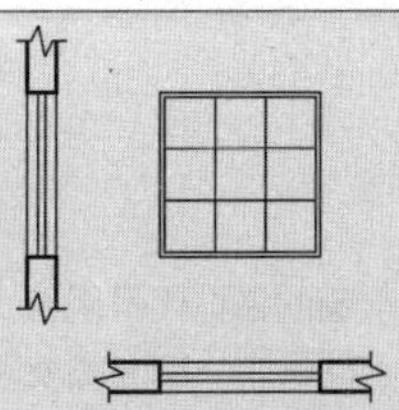	
44	单层外开上悬窗	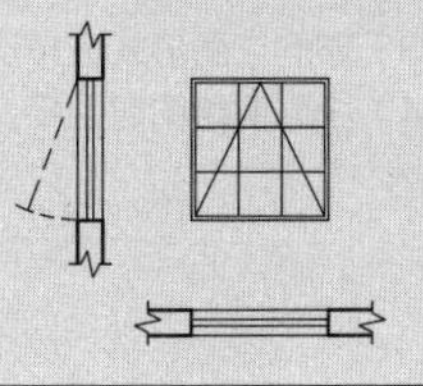	

续表

序号	名称	图例	备注
45	单层中悬窗	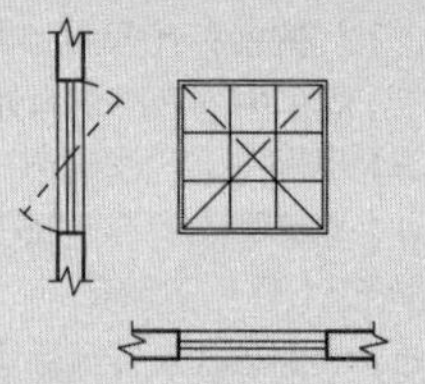	（1）窗的名称代号用 C 表示； （2）立面图中的斜线表示窗的开启方向，实线为外开、虚线为内开；开启方向线交角的一侧为安装合页的一侧，一般设计图中可不标示； （3）图例中，剖面图所示左为外、右为内，平面图下为外，上为内； （4）平面图和剖面图上的虚线仅说明开关方式，在设计图中不需标示； （5）窗的立面形式应按实际绘制； （6）小比例绘图时，平、剖面的窗线可用单粗实线表示 （注：本表序号 43 ~ 50 均同此说明）
46	单层内开下悬窗	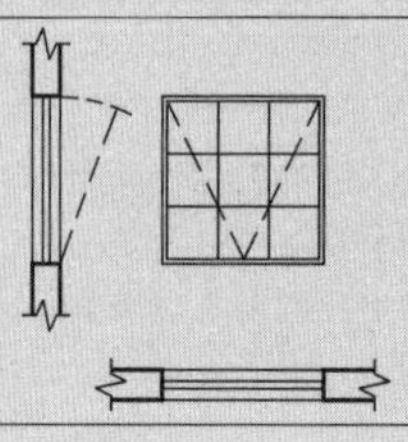	
47	立转窗	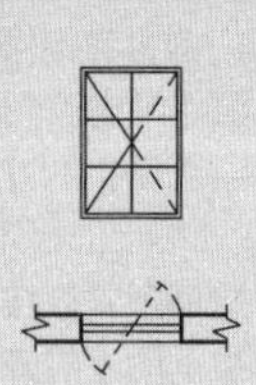	
48	单层外开平开窗	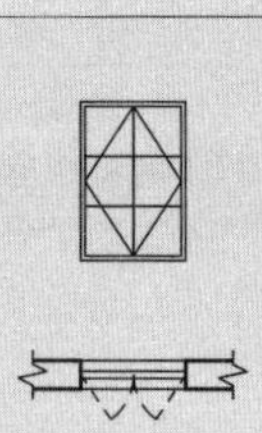	
49	单层内开平开窗	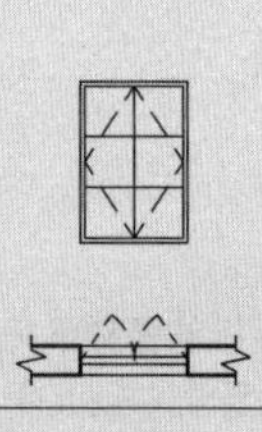	
50	双层内外开平开窗		
51	推拉窗	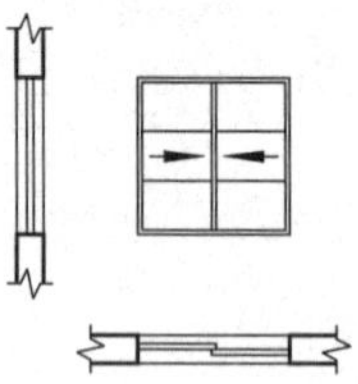	（1）窗的名称代号用 C 表示； （2）图例中，剖面图所示左为外、右为内，平面图下为外，上为内； （3）窗的立面形式应按实际绘制； （4）小比例绘图时，平、剖面的窗线可用单粗实线表示
52	上推窗	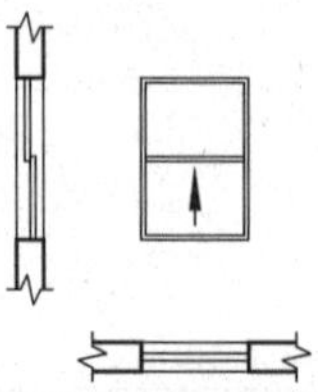	

续表

序号	名称	图例	备注
53	百叶窗	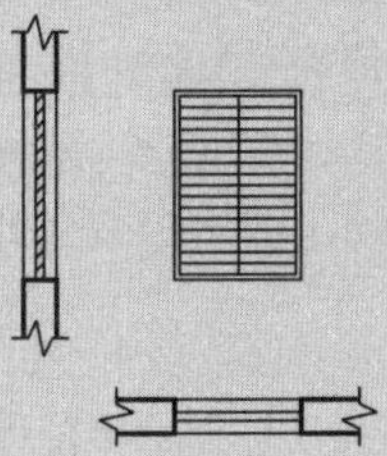	（1）窗的名称代号用 C 表示； （2）立面图中的斜线表示窗的开启方向，实线为外开、虚线为内开；开启方向线交角的一侧为安装合页的一侧，一般设计图中可不标示； （3）图例中，剖面图所示左为外、右为内，平面图下为外，上为内； （4）平面图和剖面图上的虚线仅说明开关方式，在设计图中不需标示； （5）窗的立面形式应按实际绘制
54	高窗	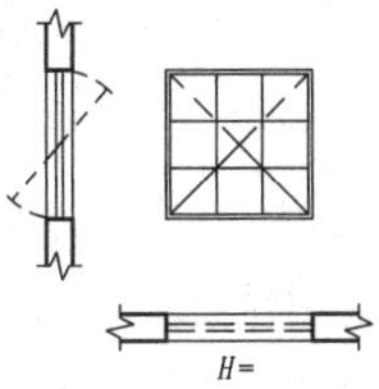	（1）窗的名称代号用 C 表示； （2）立面图中的斜线表示窗的开启方向，实线为外开、虚线为内开；开启方向线交角的一侧为安装合页的一侧，一般设计图中可不标示； （3）图例中，剖面图所示左为外、右为内，平面图下为外，上为内； （4）平面图和剖面图上的虚线仅说明开关方式，在设计图中不需标示； （5）窗的立面形式应按实际绘制； （6）H 为窗底距本层楼地面的高度

2. 家具图例与尺寸标注标准

为了有效辨识各类尺寸及说明目的，平面家具布置图中的家具、电器、设备等都应标注其自身的名称、尺寸，标注方式可采用表3-13中的任何一种。

表3-13　家具图例尺寸标准

标注方式 A	标注方式 B	标注方式 C
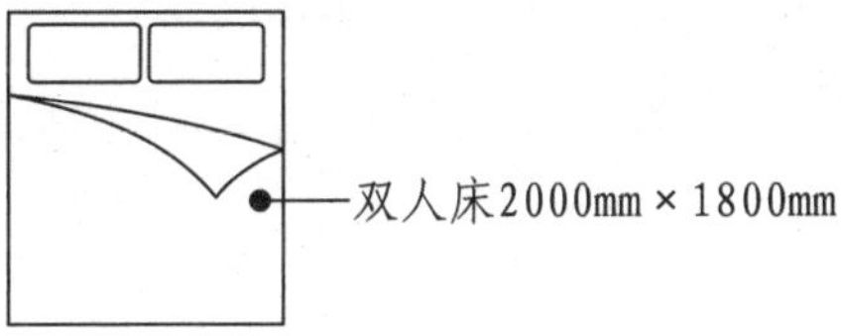		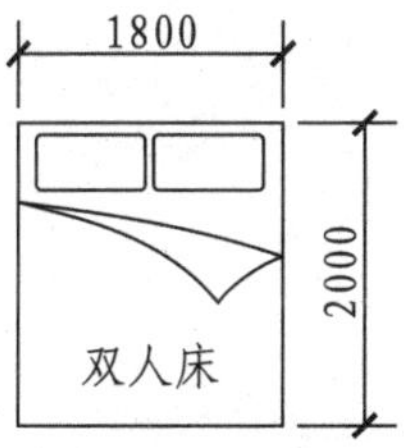
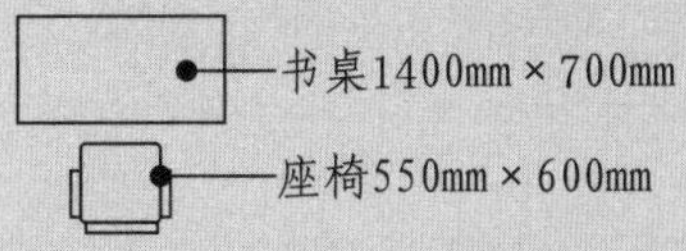	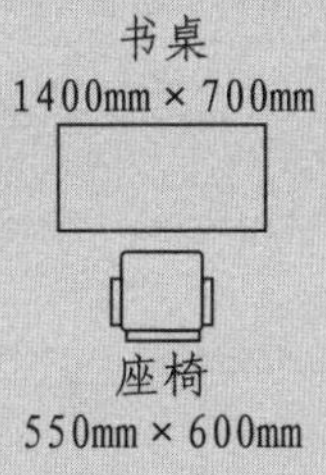	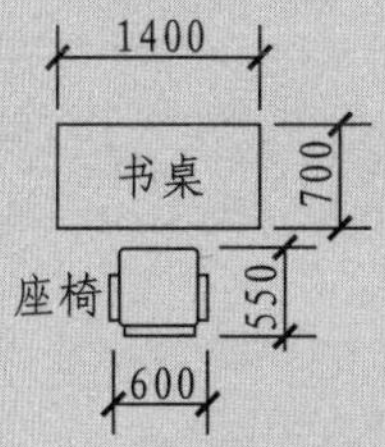

补充要点

正确执行国家制图标准

目前，我国正在执行的制图标准有很多，如GB／T 50001—2017《房屋建筑制图统一标准》、GB／T 50103—2010《总图制图标准》、GB／T 50104—2010《建筑制图标准》，这三套标准为环境艺术设计制图常用标准，它们的内容基本相同，但也有一些细节存在不统一的情况。我们在日常学习、工作中一般应该以GB／T 50001—2017《房屋建筑制图统一标准》为基本标准，认真分析所绘图纸的特点，在国家标准没有涉及的方面进行灵活、合理地自由发挥。

为了方便学习和工作，应将上述三套国家标准时常带在身边，遇到难题或遗忘时可以随时查阅，保证制图的规范性和正确性。

本章小结

本章从多方位、多角度向读者展示制图的标准，如从线宽到比例，从字体到标注等内容。采用表格以及示例图片的方式讲述标准制图的规范，让读者能够将建筑装饰设计制图的标准牢记在心，在以后的绘制中少犯或不犯错误。下载最新国家制图标准，结合党的二十大报告精神，了解党和政府对建筑装饰行业的规范要求。

课后练习

1. 测量自己的课桌并根据绘图比例的要求将其绘制成CAD图。
2. 课桌的图纸绘制完成后，根据出图比例对其进行设置。
3. 对课桌图纸进行整理，并根据布局空间所学相关内容，打印出图。
4. 图纸中文字的字高应按几的比值递增?
5. 根据所学内容绘制座椅的三视图并根据绘制标准对其进行整合。
6. 反复研读党的二十大报告，从中提取关于建筑装饰设计行业的规范要求与发展规划。

第四章

拆除与新建基础图

图纸素材　　教学视频　　PPT 课件

» 识读难度：★☆☆☆☆

» 核心概念：性能、构造、材料

» 章节导读：施工图的目的是解决在施工过程中所出现的具体问题，需要说明的部位应该绘制图纸，若设计方、施工方与投资方等对某些问题能达成一致和共识，就无须绘制图纸了。建筑装饰要表明创意和实施细节，一般需要绘制多种图纸，针对具体设计构造的繁简程度，可能会强化某一种图纸，也可能会简化或省略某一种图纸，这不影响图纸的完整性。

第一节 建筑装饰效果图

在制图过程中，了解相关图纸种类等理论知识至关重要，应先对图纸种类做到大体了解，学习过程中也需多加练习，可临摹一些具有代表性的图纸。当然，要准确且熟练地绘制各种图纸，还需要了解建筑装饰过程中所选用的材料和施工构造，这些才是制图的根源。

建筑装饰参考效果图是建筑装饰师表达创意构思，并通过3D软件或手绘制作的效果图，它是将创意构思进行形象化再现的形式，通过对物体的造型、结构、色彩、质感等诸多因素的真实表现，真实再现设计师的创意，使施工方能清晰了解设计的各项性能、构造、材料。

第二节 原始测量尺寸图

原始测量尺寸图是指对待设计空间中的墙体、净高、门窗等尺寸进行实际测绘的图纸，明确表述各处的具体尺寸。

一、外轮廓尺寸标注

外轮廓尺寸标注三级尺寸线，从内至外依次为：第一级为门窗洞口细部尺寸线；第二级为各房间墙体总尺寸线；第三级为建筑墙体总尺寸线，标注间距要合理。根据对建筑改造的程度选择标注建筑外墙或内墙（图4-1）。

三级尺寸线符合上述内容则标注，如墙体没有窗或连接隔墙，则标注二级尺寸线（图4-2）。

二、内轮廓尺寸标注

内轮廓尺寸应当分空间标注可见墙各部分尺寸，包括长度、宽度。如果轮廓墙体高度不到

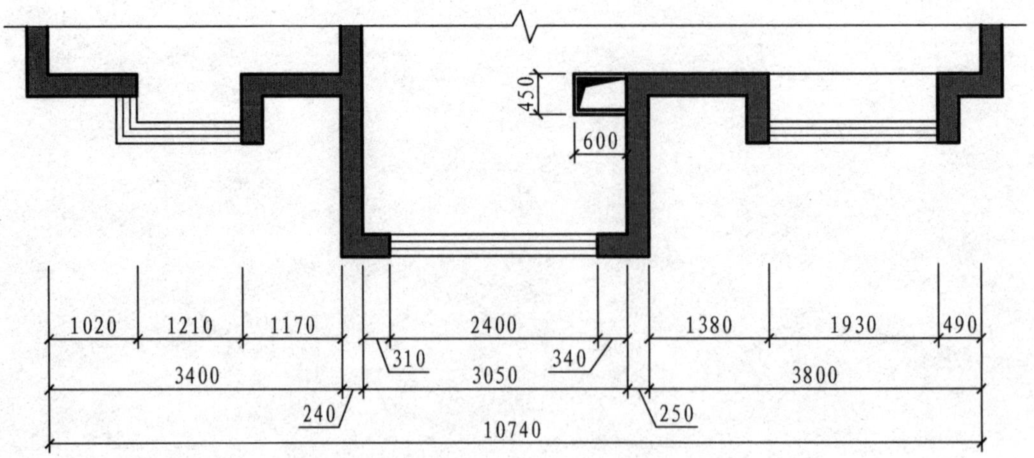

图4-1 标注三级尺寸线

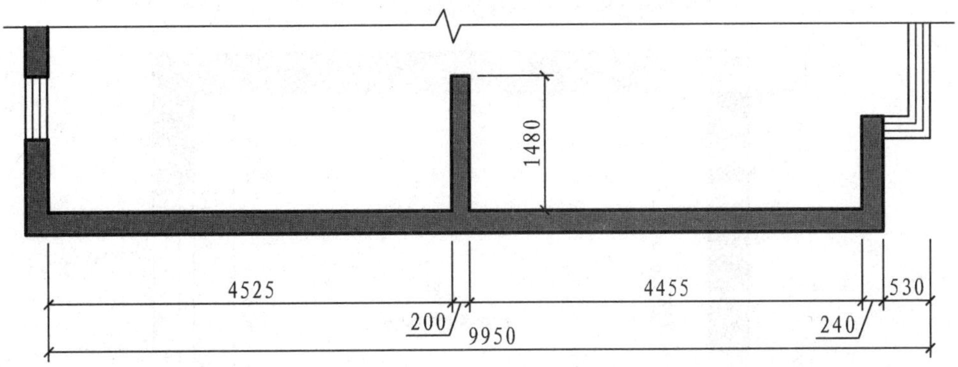

图4-2 标注二级尺寸线

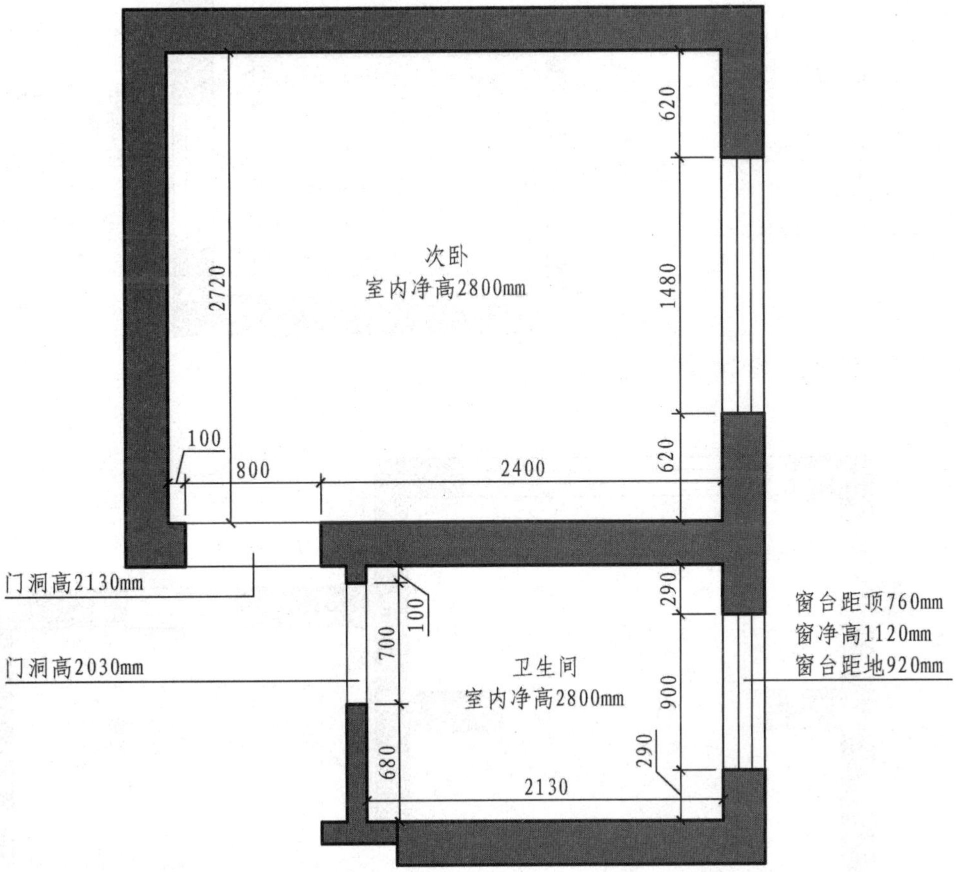

图4-3 应当标注的内轮廓尺寸

顶，则需单独标注，不应标注不可见的轮廓尺寸（图4-3、图4-4）。

对于门、窗尺寸，应当完整标注门洞口与窗户尺寸。因量房图为地面平面图，门上框为不可见面，应用虚线表现。标注房间名称及各房间测量净高。标注横梁的高、长、宽尺寸，使用虚线绘制（图4-5）。

楼梯、地面细部应当标注宽、长、净高等尺寸，地面如果存在台阶或洞口，也应当标注高、宽

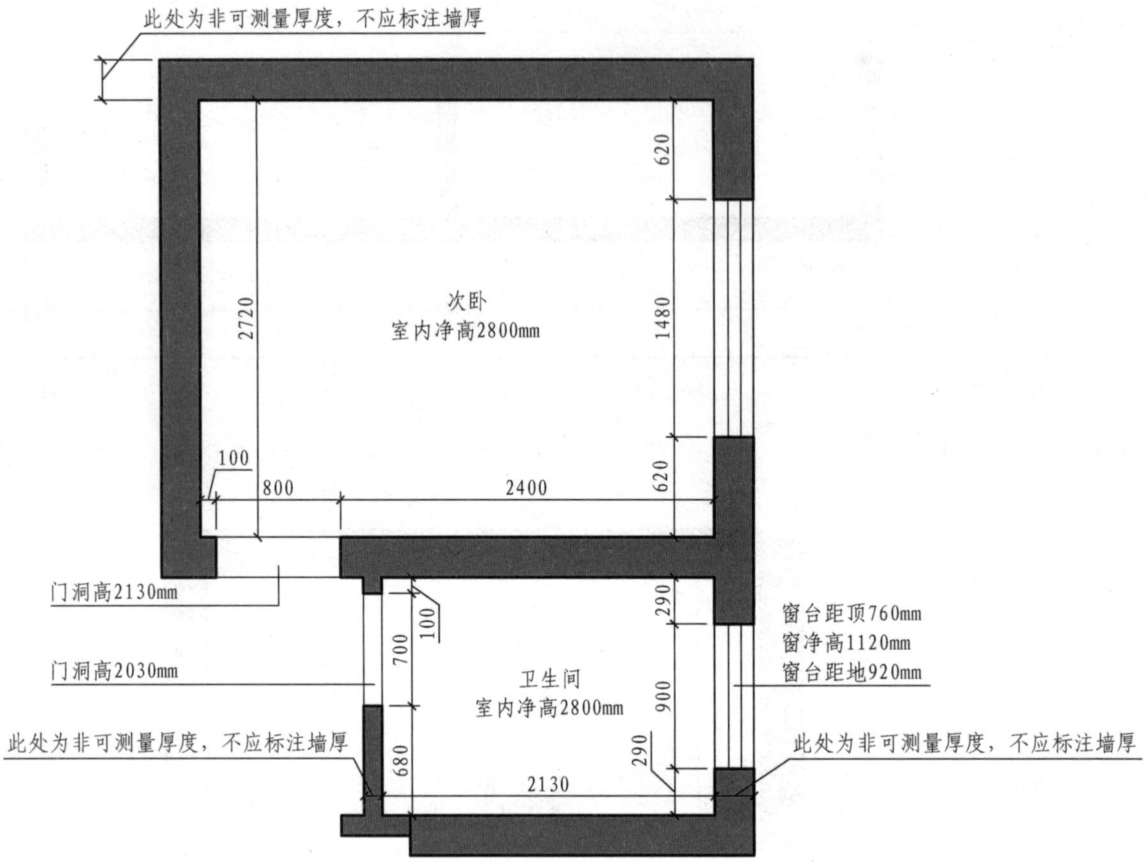

图4-4　不应标注的内轮廓尺寸

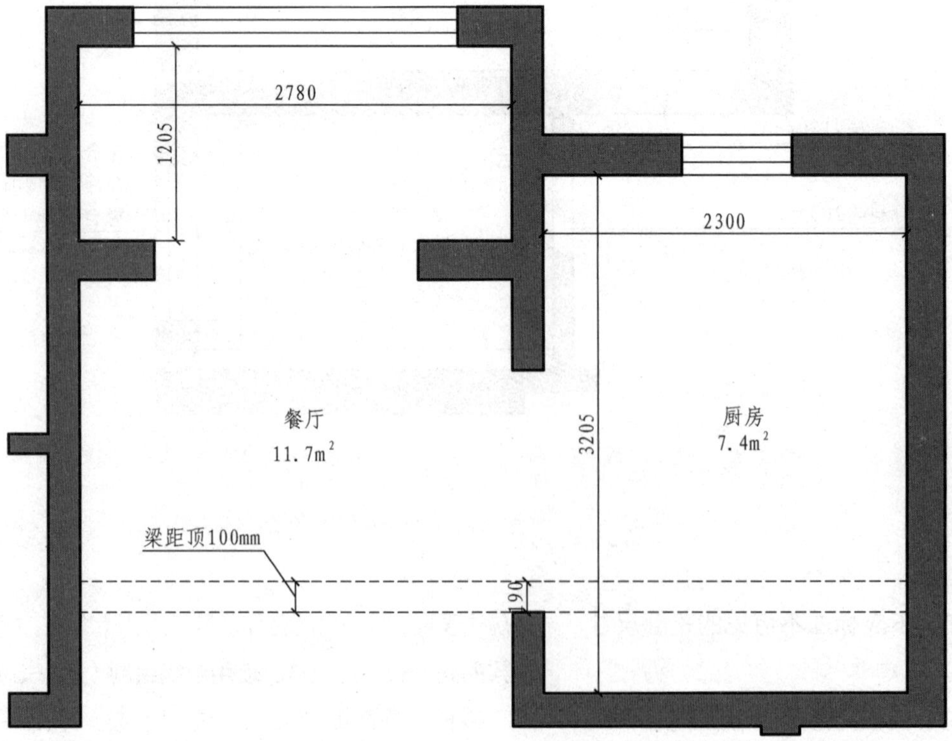

图4-5　下返梁尺寸标注

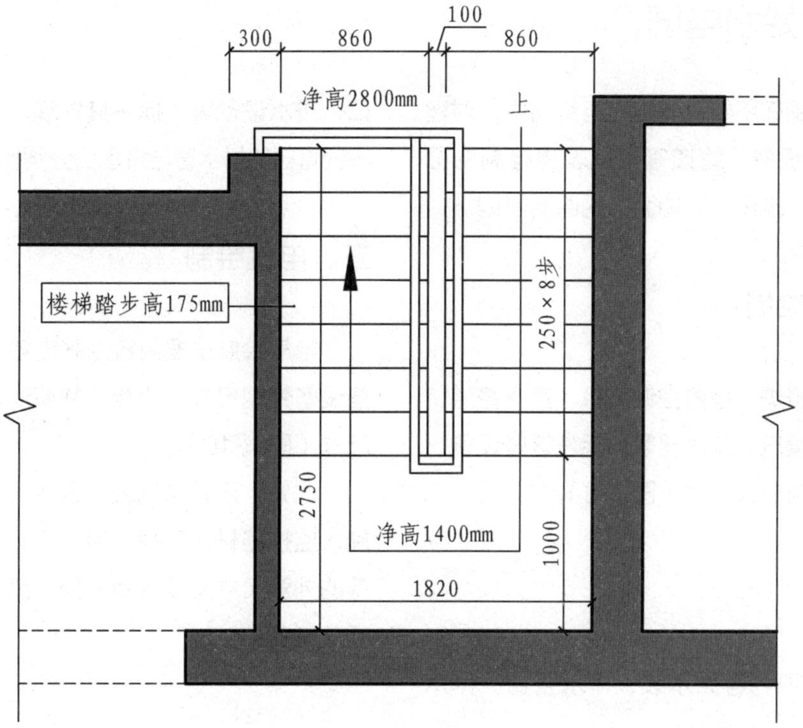

图4-6　楼梯、地面细部尺寸标注

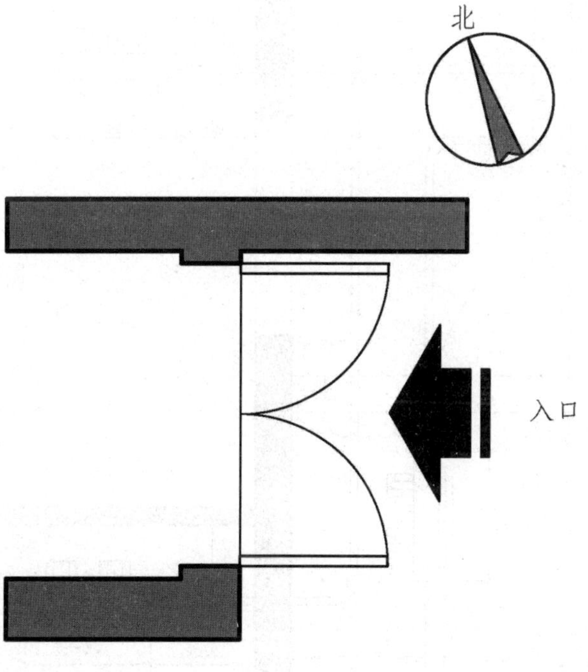

图4-7　建筑主入口标识

尺寸与台阶踏步数量（图4-6）。

此外，室内外空间还应当标注空间的原有名称。绘制并标注指北针，明确建筑空间的整体朝向，指北针应绘制在图纸右上方处。采用标注箭头等指示符号，明确建筑空间的主入口位置与入口方向，箭头方向应指向设计方案的大门处（图4-7）。

第三节　原始水电图

原始水电图是在所要设计的建筑空间中，对建筑原有的水电、设备、管道等构造表述绘制的图纸，是平面设计、改造、后期装饰的原始依据。

一、暖通设备绘制

主要包括采暖炉、室内空调风机、空调管道、通风管道、立式暖气、分水器等，标注这些设备、构造的自身尺寸与位置尺寸（图4-8）。

二、排水绘制

排水绘制主要内容为水表、排水管道、排水口、排水设备等，标注其外观尺寸与位置尺寸，对不同管径的排水管与排水口分别标注说明（图4-9）。

三、电气绘制

电气绘制主要内容为强电箱、弱电箱，标注这些设备外观尺寸、功能，并标注设备距离墙、地的尺寸（图4-10）。

此外，还有煤气表、设备井、烟感器、消防设施、监控器材、可视电话等设施，应当标注这些设备的外观尺寸及设备距离顶、墙、地的尺寸，同时标注其名称。

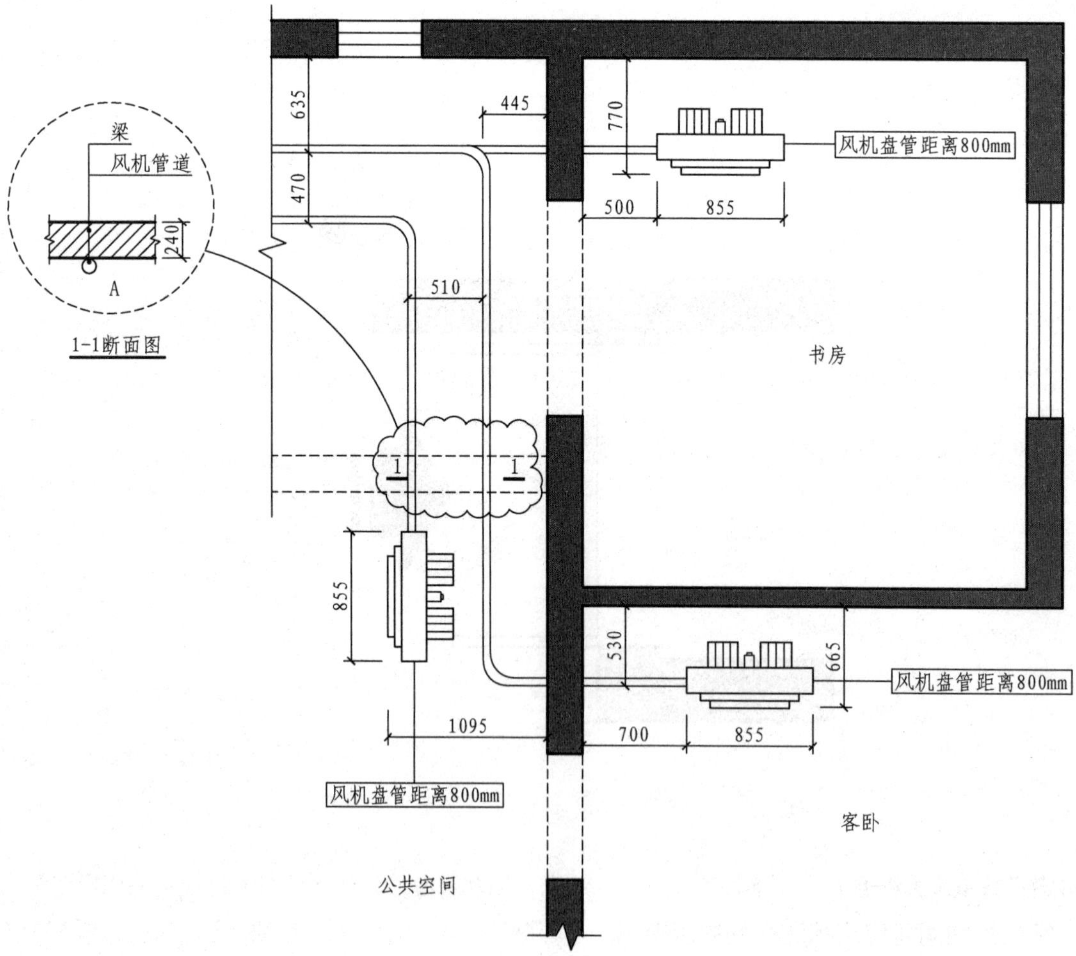

图4-8　暖通设备绘制

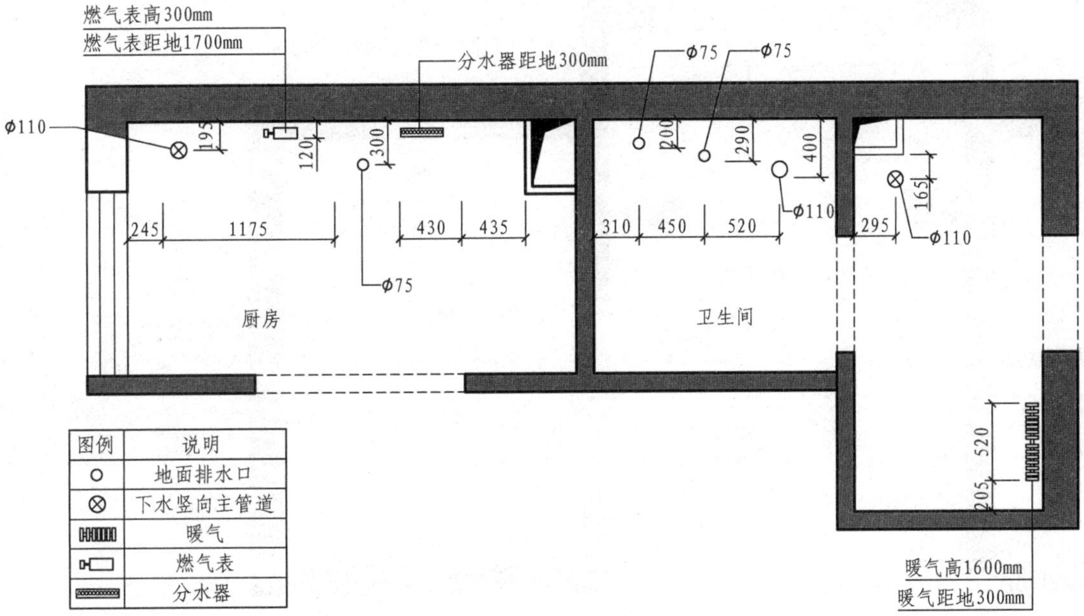

图4-9　排水绘制

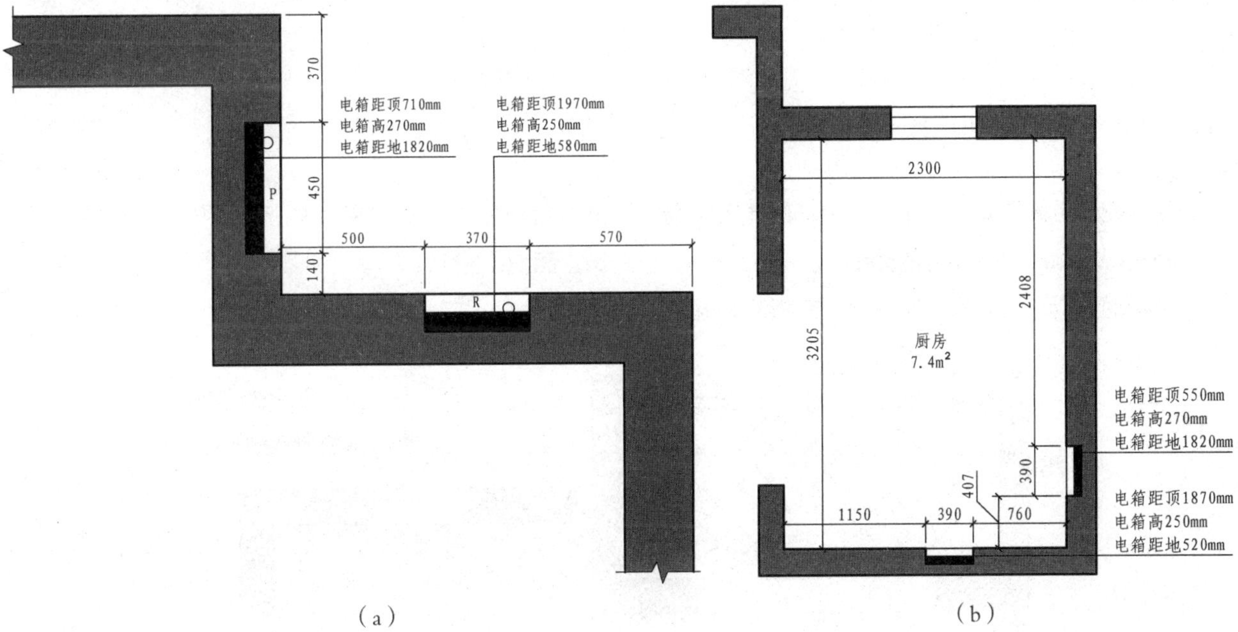

图4-10　电气绘制

第四节　原始顶面拆除图

原始顶面拆除图是指对于二次装饰的建筑空间的顶面进行拆除所需要绘制的图纸。

原始顶面拆除图要标注空间内所拆除顶面的材料名称，标注房间内拆除顶面的具体尺寸，标注空间净高尺寸等（图4-11）。

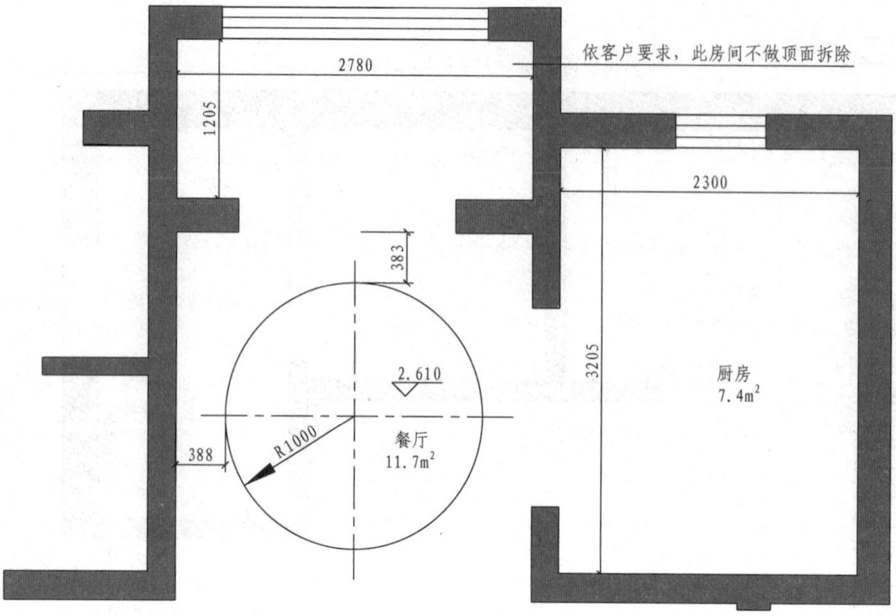

图4-11　原始顶面拆除图

第五节　原始地面拆除图

原始地面拆除图是指对于二次装饰的建筑空间的地面进行拆除所需要绘制的图纸。

原始地面拆除图须标注空间内所有拆除地面的具体材料名称，标注空间内拆除的位置尺寸、周长、面积（图4-12）。

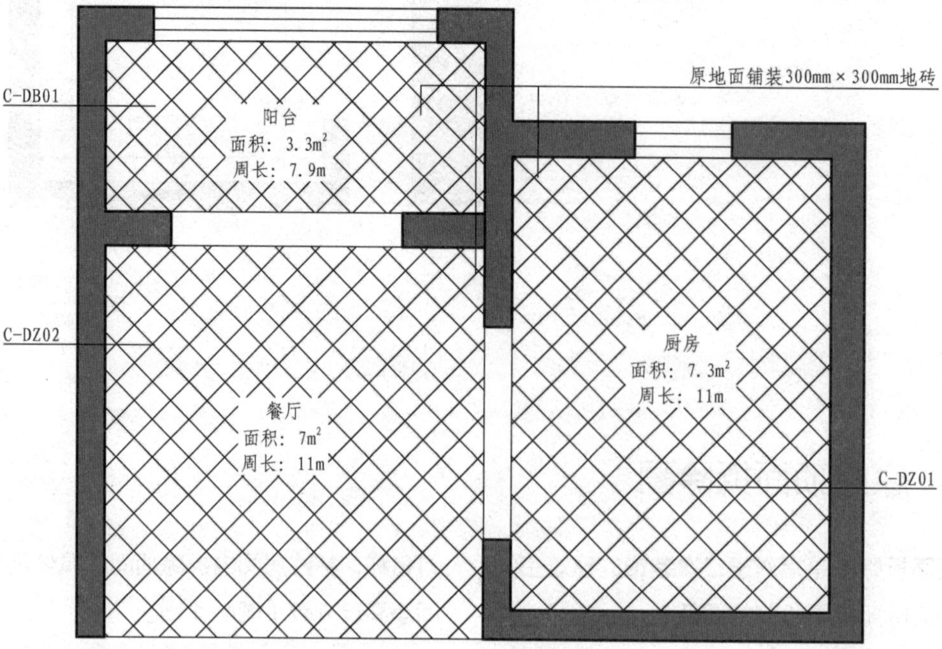

图4-12　原始地面拆除图

第六节 原始墙面装饰拆除图

原始墙面装饰拆除图是指对于二次装饰的建筑空间的墙面装饰进行拆除所需要绘制的图纸。

在原始墙面装饰拆除图中，外墙一般不可拆除，保温材料、室内隔墙可拆除，但必须得到物业管理部门同意。

原始墙面装饰拆除图须标注房间内所有拆除墙面的具体材料名称。墙体装饰面用细实线绘制，并且与墙体离开一定的间距，两种不同材质相邻的墙体应在材质的转变处用细实线断开。应当标注房间内拆除墙面的具体长、宽尺寸（图4-13）。

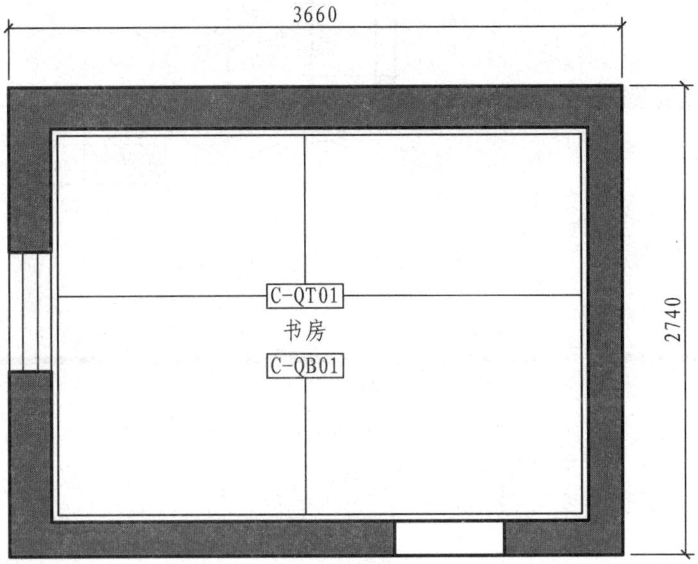

图例	说明
C-QT01	墙壁涂料拆除
C-QB01	墙壁壁纸拆除

图4-13 原始墙面装饰拆除图

第七节 原始墙体拆除图

原始墙体拆除图是指对于建筑空间的墙体进行拆除所需要绘制的图纸。

应当重点明确的是严禁拆除承重墙。墙体厚度≥100mm的墙体必须要有物业管理部门开具的拆除证明。墙体厚度≥240mm的非轻质砌块墙体，应当严禁拆除或开洞口。

对于混凝土墙体，也是严禁拆除的，如果要拆除，施工方必须持有“特种施工（加固）资质”，同时要有物业管理部门开具的拆除证明。

内保温墙原则上是不允许拆除的，如果要拆除应当重新绘制设计图，补充安装内墙保温层。

砌块墙体如果要开门洞口，必须由下到上全部拆除，重新在门洞口上方增加搁置预制混凝土板或槽型钢等支撑件，在支撑件上方继续砌筑墙体。严禁随意开凿门窗洞口而不增加洞口支撑件，楼板不允许开洞口。

在绘制原始墙体拆除图时，应当标注拆除墙体材质，标注拆除墙体部分的长、厚、高度（图4-14）。

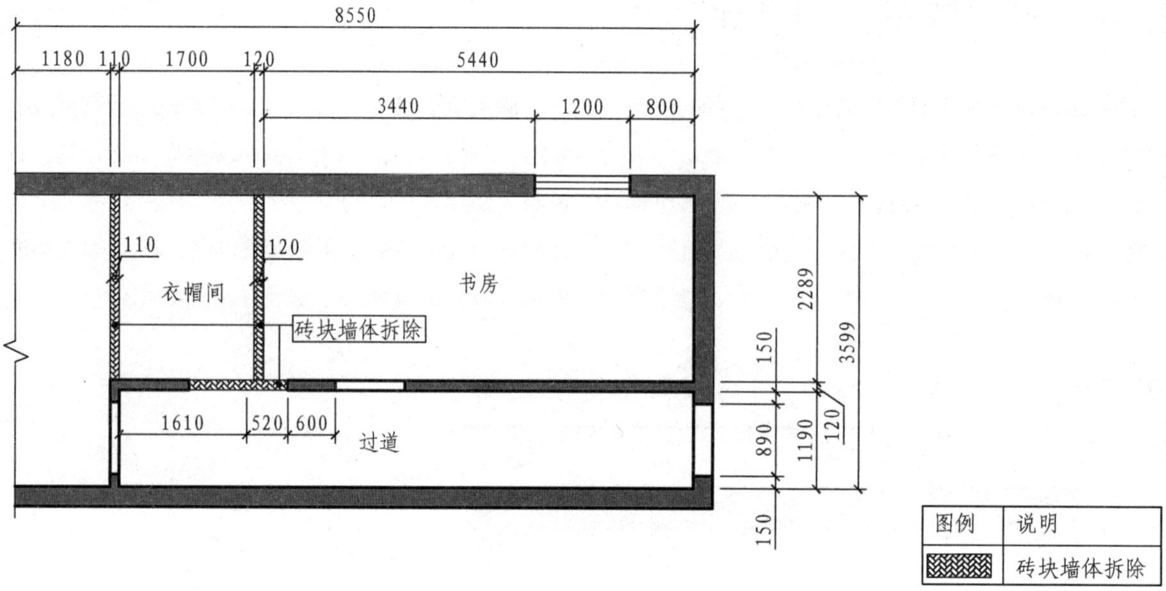

图4-14 原始墙体拆除图

补充要点

如何制图美观

1. 如果绘制平行且距离不大的两条线，应当一粗一细。
2. 多行文字标注要展开，文字标注与尺寸标注也需各自展开些。
3. 在整张图纸中，索引线应当平行。
4. 字体大小为10.5号，文字标注必须在图外，图纸编号字体为5号。
5. 同一张图中的标注必须全部统一。

第八节 新建墙体图

新建墙体图是指建筑空间中新建墙体的平面尺寸与构造图。

在构造设计规范上，建筑各楼层砌筑的填充隔墙或柱均不得建造在楼板上，砌筑填充隔墙必须安装于下方有梁、柱承载的墙体。如现浇或框架结构，新建隔墙如果不正对下部结构，可在下部结构左右150mm范围内砌筑。如果是砖混构造预制板结构，严禁在板上砌筑。悬挑楼板端部有横梁也不可砌筑填充墙。新砌墙体高度不得超过原墙体高度。

轻质隔墙一般为轻钢龙骨框架结构、石膏板或水泥板罩面，如果需要挂重物，则必须单独加固，应当为卫生间等湿空间制作混凝土地枕（图4-15、图4-16）。

室内填充砌块墙应采用轻质砌块材料，常规填充墙体砌筑使用80mm≤厚度＜120mm的砌块。

单侧连接砌筑具体配筋与构造见图4-17。

门洞口砌筑具体配筋与构造见图4-18。

砌筑墙体长度在3000mm以内时可直接砌筑，超过3000mm时，中间加设一根加强柱，如墙体较长，可每隔2500mm加设一根加强柱，起防侧倾作用（图4-19）。

砌筑墙体高度达到3000mm，需增加过梁起加强及防摆动作用。如果高度在3000～3600mm时，可按图4-20所示加一道横梁，如果高度超过3600mm，必须进行单独设计。

现场砌筑U形墙，都应当设计围梁（图4-21）。

如果现场砌筑L形墙，都应当设计围梁（图4-22）。

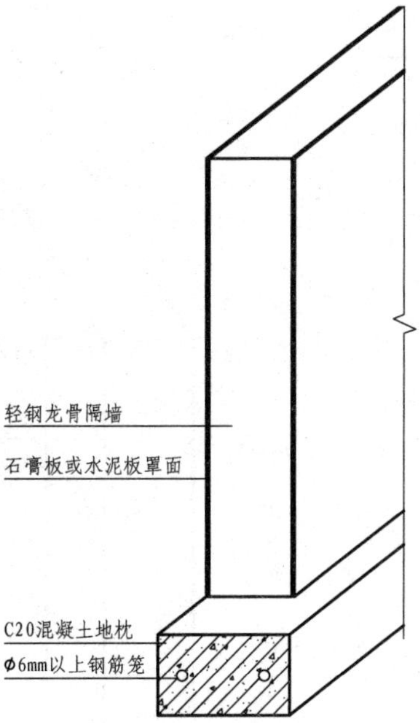

图4-15　轻质隔墙地枕

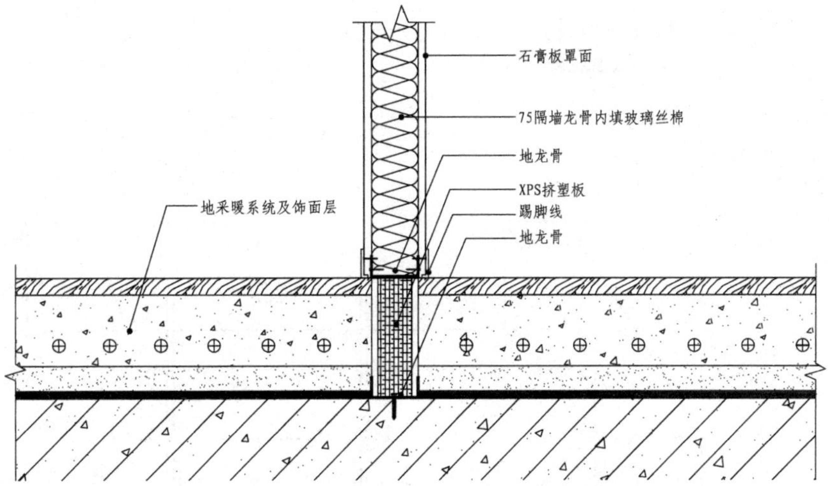

（a）

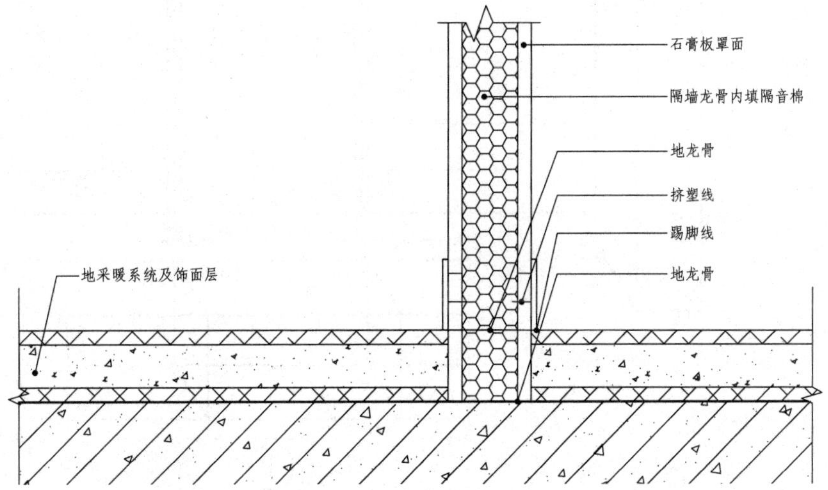

（b）

图4-16　轻质隔墙构造图

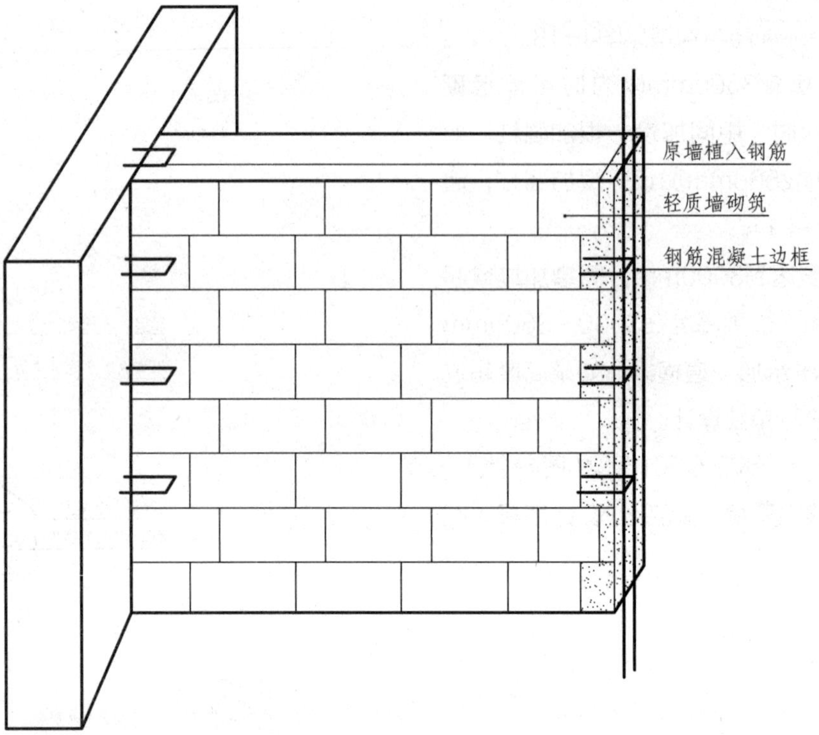

图4-17 室内砌筑隔墙

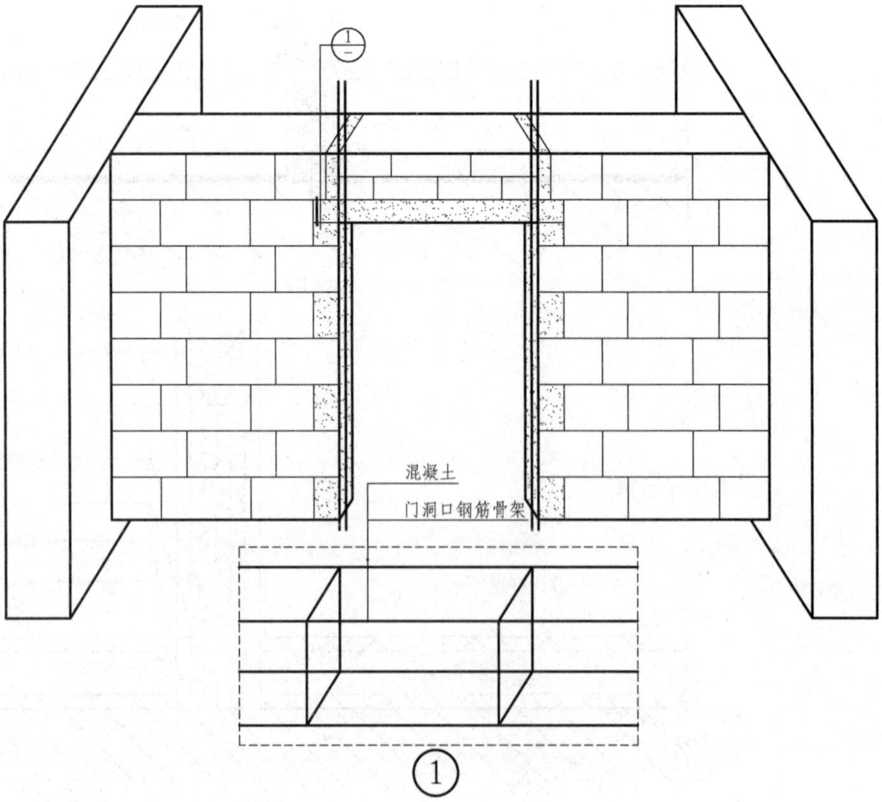

图4-18 室内砌筑隔墙与门洞设计

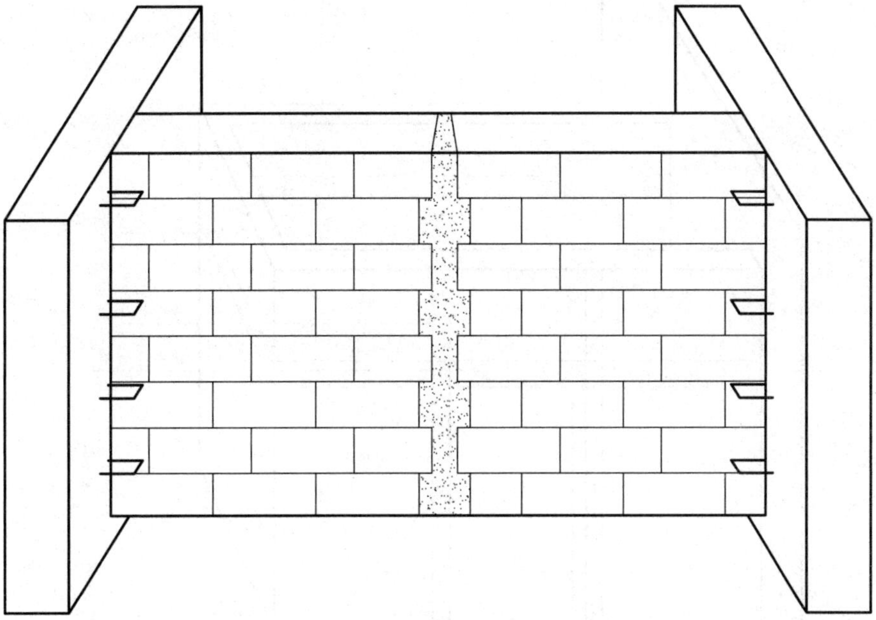

图4-19　室内砌筑隔墙与加强柱设计

注：墙体长度超过3000mm时，中间加设一根加强柱。

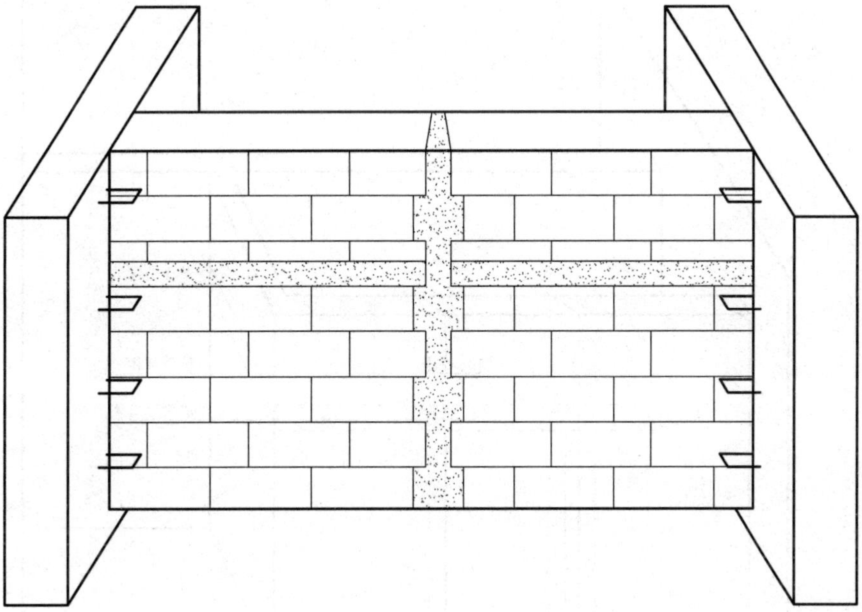

图4-20　室内砌筑隔墙与超高过梁设计

注：墙体高度超过3000～3600mm时，增加一道加强梁。

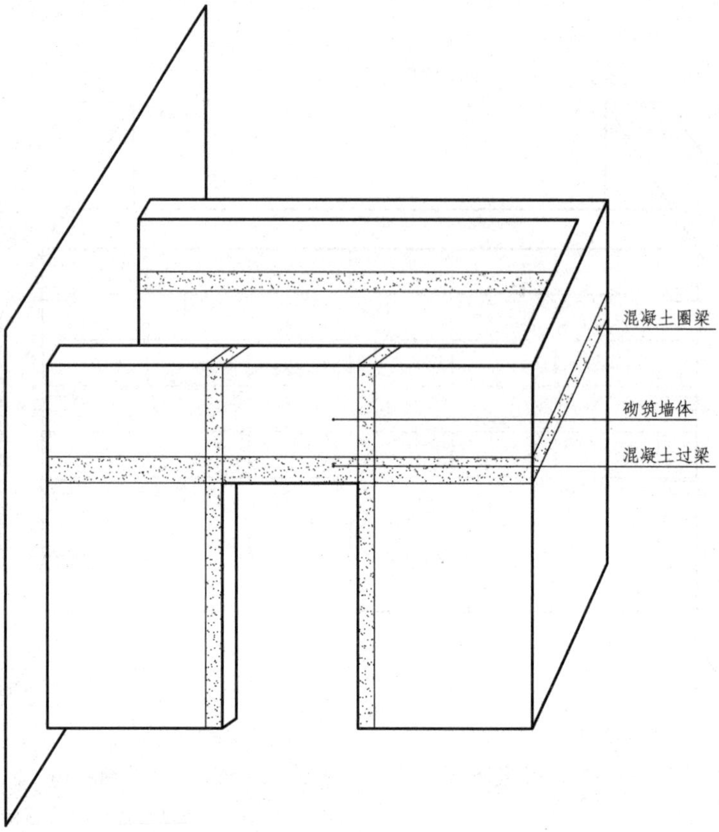

图4-21 U形墙的围梁

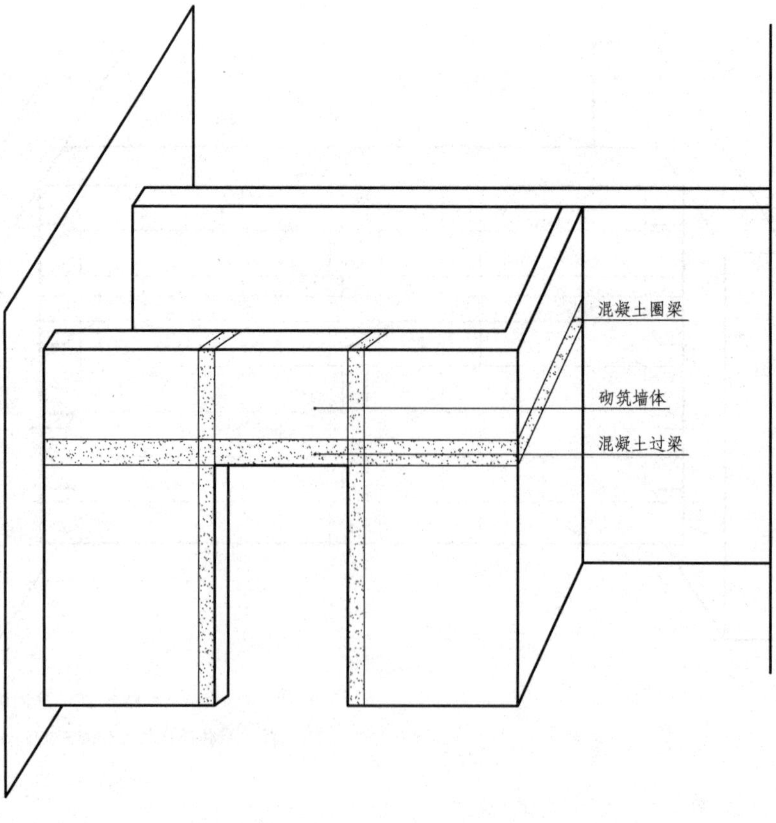

图4-22 L形墙的围梁

墙面保温应选用BI或以上级别的防火材料，宜采用聚苯乙烯板保温，厚度不低于25mm。地下室应进行保温及防潮设计，防潮层可参照地下室墙面防潮设计，保温应采用聚苯乙烯板，厚度不低于40mm（图4-23）。

墙面装饰后要考虑增厚设计，在新建墙体时考虑新划分空间的饰面厚度（表4-1）。

拆除、新建墙体会影响整体建筑装饰空间的外轮廓尺寸线，应当重新标注尺寸（图4-24）。

正确标注新建墙体材质（图4-25）。正确标注包立管的尺寸（图4-26）。

表4-1　墙面贴砖厚度选择

项目名称	地下室用防潮保湿	墙面贴砖	墙面抹灰（砂浆／石膏）
厚度 /mm	50 ~ 60	12 ~ 18	15 ~ 20

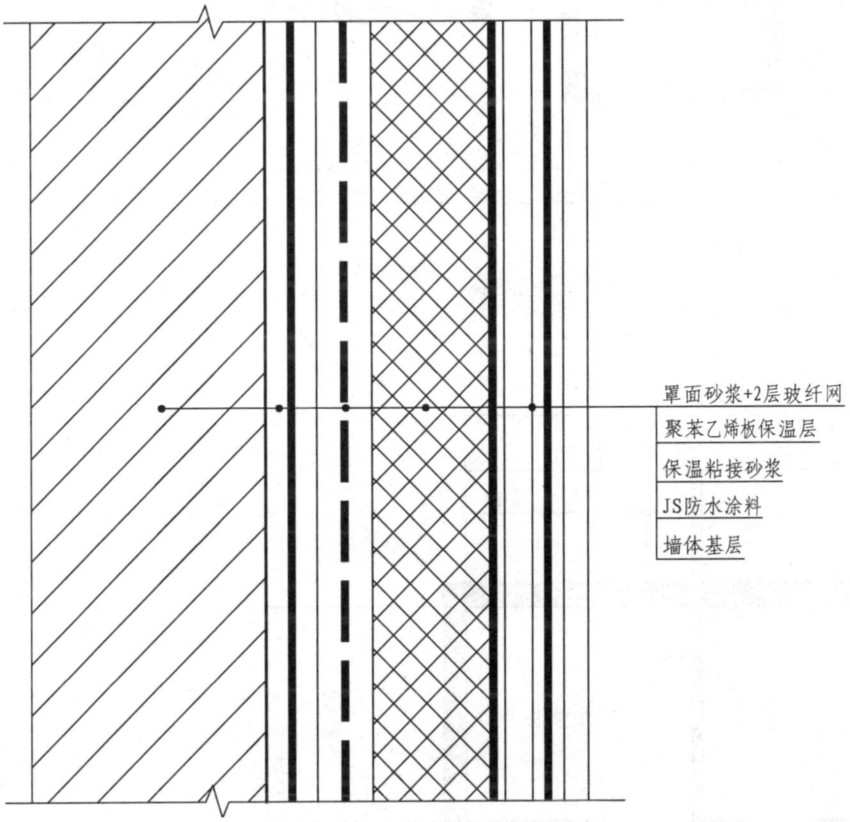

图4-23　地下室防潮保温构造

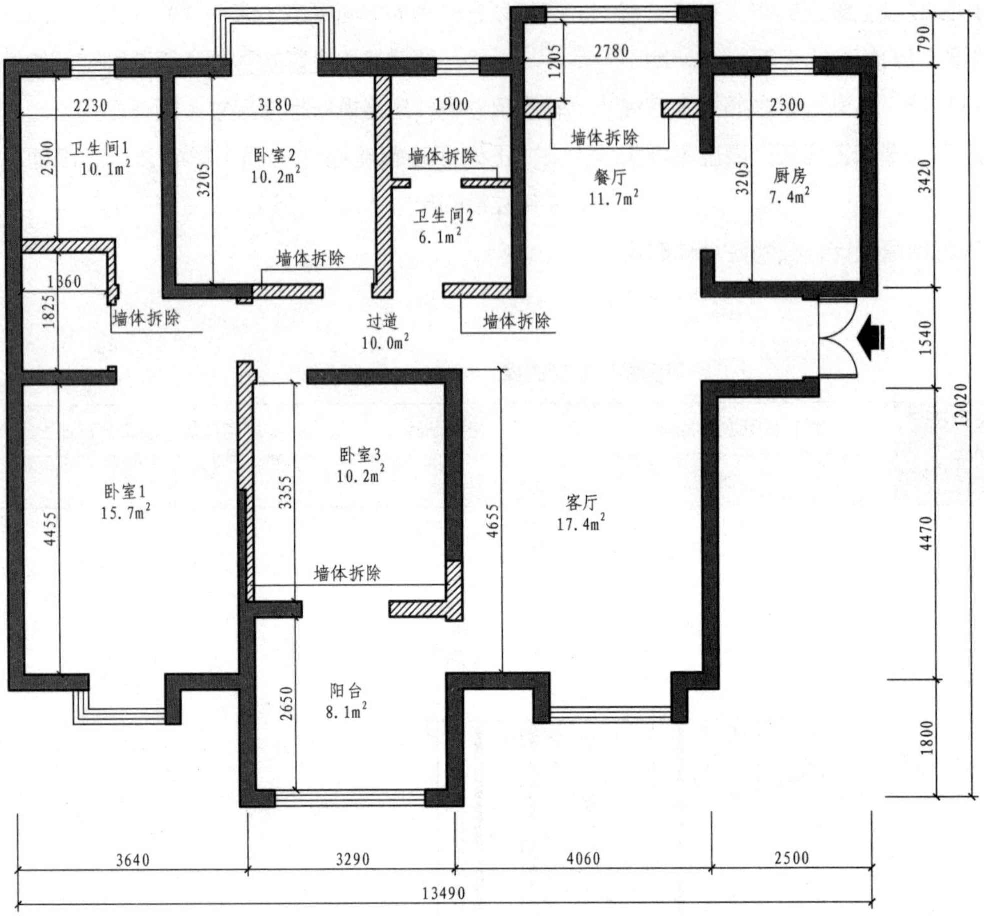

图4-24 拆除、新建墙体轮廓标注

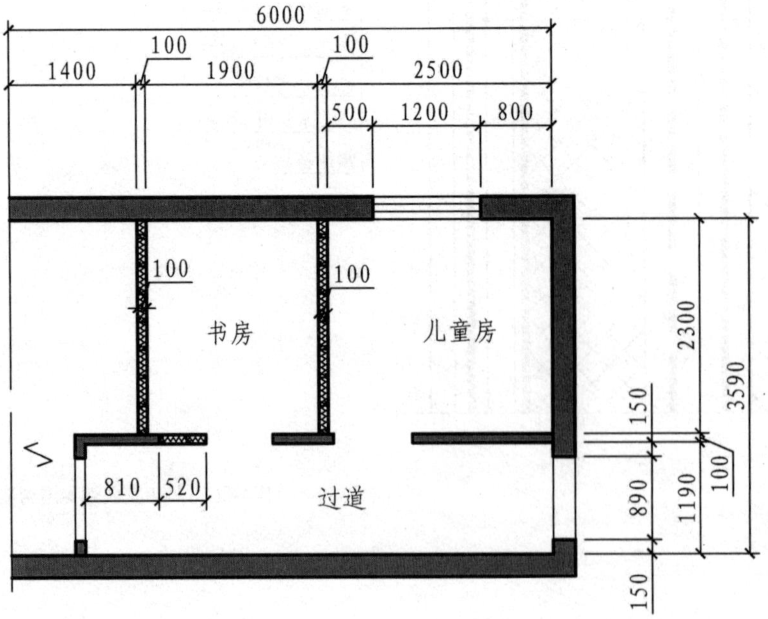

图例	说明
(交叉填充图例)	新建轻钢龙骨石膏板墙体

图4-25 新建墙体标注

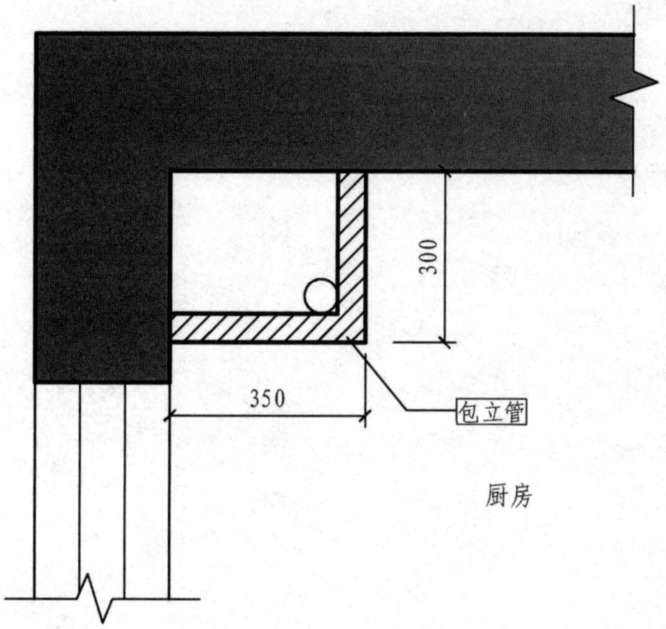

图4-26 包立管的尺寸标注

本章小结

本章所述内容为制图的重点事项，通过学习不仅能让读者看懂图纸，更能够让读者绘制出标准图纸。从轮廓的尺寸标注到空间内的尺寸标注，从给排水的位置标注到电气的标注，从顶面拆除的表示到地面拆除的标注等都进行了详细叙述，加上图例示范，让读者真正学到如何绘制一份合格的建筑装饰图纸。深入基层农村，实地学习村镇住宅建筑拆改工艺，让建筑装饰设计制图更好地服务于人民群众。

课后练习

1. 原始量房图的外轮廓尺寸标注应遵循什么标准?
2. 随机搜集一张原始测量图的电子文件，判断它是否遵循了外轮廓尺寸的标准，对不正确的部位精修。
3. 以小组为单位，测量教室的尺寸并对其进行标注。
4. 测量教学楼楼梯尺寸并对其进行绘制。
5. 选择一处在党的二十大召开以来新建的公共建筑，并对其进行绘制，同时分析这些空间功能的时代特征。

第五章

平面图

图纸素材　　教学视频　　PPT 课件

» 识读难度：★★★☆☆

» 核心概念：基础平面图、平面布置图、地面铺装平面图、顶棚平面图

» 章节导读：平面图是建筑物、构筑物等在水平投影上所得到的图形，它运用图像、线条、数字、符号和图例等有关图示语言，遵循国家标准，既表示建筑物在水平方向各部分之间的组合关系，又反映各建筑空间与围合它们的垂直构件之间的相互关系。

第一节 基础平面布置图

对建筑装饰空间进行平面布置，包括家具摆放，门、窗、洁具位置，装饰构造等内容，全面反映平面布局情况，是一套建筑装饰设计图纸的重点。

一、设计要求

在空间布置上，设计应掌握各类现场家具、电器、门窗、窗帘等尺寸，充分考虑其占用空间尺寸及使用需求尺寸，避免出现空间拥挤、开阔等设计问题（表5-1）。

二、图线标准

平面图是建筑施工中比较重要的基础图，绘制好平面图对后期施工也有很大帮助。在绘制平面图之前要测量好需要的尺寸，梁、柱、管道等的位置，测量时要注意拍照，以便后期参考。

基础平面图又称为原始平面图，是指设计对象现有的布局状态图，包括现有建筑与构造的实际尺寸，墙体分隔、门窗、烟道、楼梯、给排水管道位置等信息，并且要在图上标明能够拆除或改动的部位，为后期设计奠定基础。平面图又分为基础平面图、平面布置图、地面铺装平面图和顶棚平面图。绘制平面图时，可以根据GB／T 50001-2017《房屋建筑制图统一标准》和实际情况来定制图线的使用（表5-2）。

施工方要求了解各个空间的面积数据，以便后期计算材料的用量和施工的工程量，还须在上面标注相关的文字信息。基础平面图可以是房产证上的结构图或地产商提供的原始设计图，这些资料都可以作为后期设计的基础。绘制基础平面图之前要对设计现场进行细致测量，并将测量信息记录在测量草图上。

三、室内基础平面图

1. 绘制基础框架

（1）根据建筑施工图所标注的数据绘制出墙体中轴线，中轴线采用细点画线，如果设计对象面积较小，且位于建筑中某一局部，相对独立，可以不用标注轴标。

（2）根据中轴线定位绘制出墙体宽度，绘制墙体时注意保留门、窗等特殊构造的洞口，最后根据墙线标注尺寸。

表5-1 家具布置合理性参照表

空间名称	家具间尺寸
起居室（客厅）	1. 沙发距前面茶几的直线距离应为 350 ~ 400mm 2. 茶几距电视柜之间的距离应为≥ 1000mm
卧室	1. 床与墙的直线距离应为≥ 300mm 2. 床与床的直线距离应为≥ 400mm 3. 床与衣柜的直线距离应为≥ 500mm 4. 衣柜与床头柜的直线距离应为≥ 200mm
餐厅	餐桌与墙的直线距离应为≥ 800mm
卫生间	1. 淋浴房单边直线距离应为≥ 850mm 2. 坐便器两侧直线距离应为≥ 200mm 3. 坐便器前方的直线距离应为≥ 600mm 4. 洗手盆侧边沿与侧墙的直线距离应为≥ 150mm 5. 洗手盆前面的直线距离应为≥ 900mm

表5-2 图线

名称		线型	线宽	用途
实线	粗	━━━━━━━━	b	室内外建筑物、构筑物主要轮廓线、墙体线、剖切符号等
	中	————————	$0.5b$	主要设计构造的轮廓线，门窗、家具轮廓线、一般轮廓线等
	细	————————	$0.25b$	设计构造内部结构轮廓线，图案填充，文字、尺度标注线、引出线等
细虚线		— — — — — — —	$0.25b$	不可见的内部结构轮廓线
细单点长画线		——— - ——— - ———	$0.25b$	中心线、对称线等
折断线		————⌇————	$0.25b$	断开界线

（3）注意不同材料的墙体相接时，需要绘制边界线来区分，即需要断开区分，墙体线相交的部位不宜出头，对柱体和剪力墙应进行相关填充。

（4）墙体绘制完成后要注意检查，及时更正出现的错误，尤其要认真复核尺寸，以免导致大批量返工（图5-1）。

补充要点

轴线起稿

从轴线开始绘制平面图，大多是借用建筑图纸开始绘制的，这样绘制的尺寸比较精确，但是对墙体厚度的理解各不相同，理论上的墙体厚度为240mm，这指的是传统的砌筑红砖墙体厚度，如今砌筑砖块规格多样，因此，从轴线开始绘制平面图的尺寸与实际施工尺寸有很大差距，但是从轴线开始绘制能准确把握好建筑结构之间的关系。

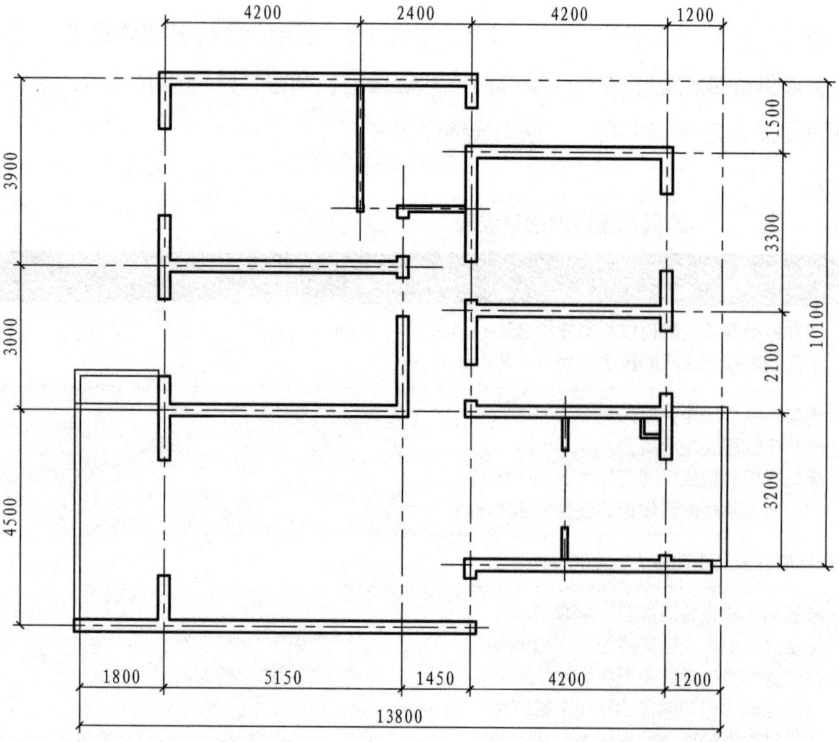

图5-1 住宅室内基础平面图绘制步骤一

2. 标注基础信息

（1）墙体确认无误后就可以添加门、窗等原始固定构造了，边绘制边标注门窗尺寸，绘制在设计中需要拆除或添加的墙体隔断，记录顶棚横梁，并标明尺寸和记号。

（2）记录水电管线及特殊构造的位置，方便后期继续绘制给排水图和电路图，标注室内外细节尺寸，越详细越好，方便后期绘制各种施工图。

（3）当设计者无法获得原始建筑平面图时，只能到设计现场去考察测量了，测量的尺寸一般是室内或室外的成型尺寸，而无法测量到轴线尺寸。为此，在绘制基础平面图时，也可以不绘制轴线，直接从墙线开始，并且只标注墙体和构造的净宽数据，具体尺寸精确到厘米（cm）。

（4）绘制基础平面图的目的是为后期设计提供原始记录，当一个设计项目需要提供多种设计方案时，基础平面图就是修改和变更的原始依据，所绘制的图线应当准确无误，标注的文字和数据应翔实可靠（图5-2）。

补充要点

标注详细

在室内空间中标注尺寸应尽量详细，全面覆盖各墙面的宽度与高度，但所标注数据之间不要相互压制，以免造成混乱不清。对拆除与新砌筑的墙体要标明，此外，还要标出门窗宽度，方便后期设计细节与工程预算。

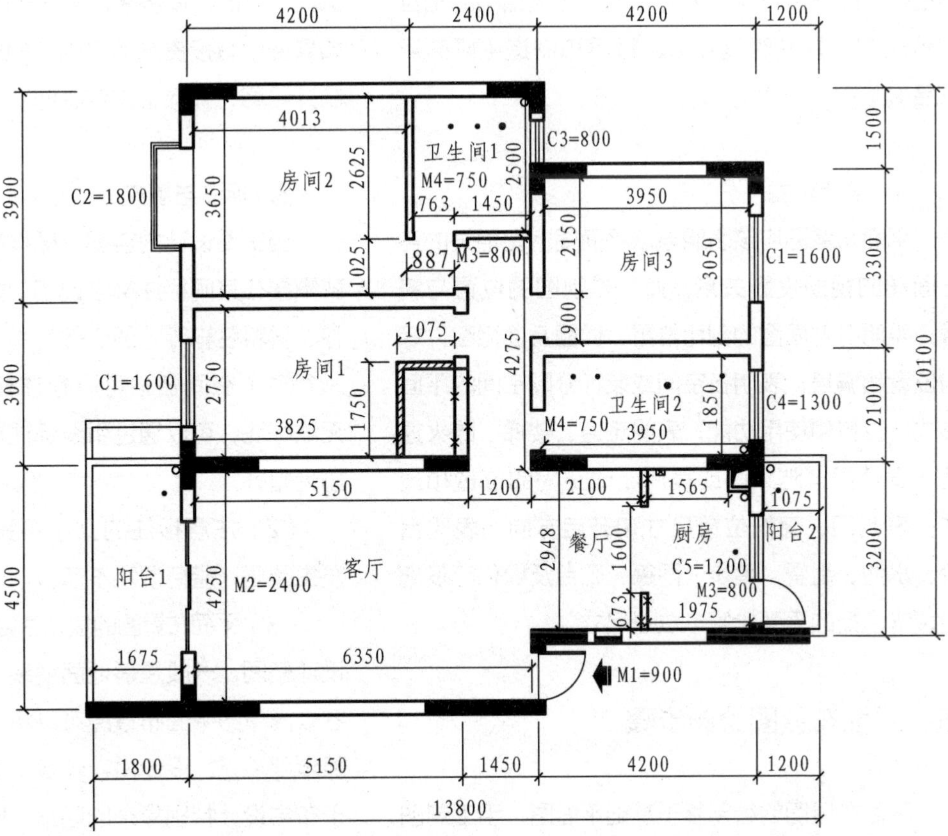

图5-2　住宅室内基础平面图绘制步骤二

四、基本绘制内容

1. 形状与尺寸

平面布置图须表明设计空间的平面形状和尺寸，建筑物在图中的平面尺寸分三个层次，即工程所涉及的主体结构或建筑空间的外包尺寸、各空间或各分隔空间的设计平面尺寸、局部细节及工程增设装置的相应设计平面尺寸。

（1）对于较大规模的平面布置图，为了与主体结构明确对照以利于审图和识读，需标出建筑物的轴线编号及其尺寸关系，甚至标出建筑柱位编号。

（2）平面布置图还应该标明设计项目在建筑空间内的平面位置，及其与建筑结构的相互尺寸关系，表明设计项目的具体平面轮廓和设计尺寸。

2. 细节图示

平面布置图须表明楼地面装饰材料、拼花图案、装修做法和工艺要求；表明各种设施、设备、固定家具的安装位置；表明它们与建筑结构的相互关系尺寸，并说明其数量、材质和制造（或商用成品）。

3. 设计功能

平面布置图应该表明与该平面图密切相关的各立面图的视图投影关系，尤其是视图的位置与编号；表明各剖面图的剖切位置、详图及通用配件等的位置和编号；表明各空间或装饰分隔空间的平面形式、位置和使用功能；表明走道、楼梯、防火通道、安全门、防火门或其他流动空间的位置和尺寸；表明门、窗的位置尺寸和开启方向；表明台阶、水池、组景、踏步、雨篷、阳台及绿化等设施和装饰小品的平面轮廓与位置尺寸。

五、平面布置图绘制步骤

平面布置图的绘制基于基础平面图，手工制图可以将基础平面图的框架结构重新描绘一遍，计算机制图可以将基础平面图复制保存后，继续绘制。

1. 修整基础平面图

根据设计要求去除基础平面图上的细节尺寸和标注，对于较简单的设计方案，也可以无须绘制基础平面图，直接从平面布置图开始绘制，具体方法与绘制基础平面图相同。此外，要将墙体构造和门、窗的开启方向根据设计要求重新调整，尽量简化图面内容，为后期绘制奠定基础，并对图面进行二次核对（图5-3）。

2. 绘制构造与家具

在墙体轮廓上绘制需要设计的各种装饰形态，如各种凸出或内凹的装饰墙体、隔断；其后再绘制家具，家具绘制比较复杂，可以调用、参考各种图库或资料集中所提供的家具模块，尤其是各种时尚家具、电器、设备等，最好能直接调用（图5-4）。如果图中有投资方即将购买的成品家具，可以只绘制外轮廓，并标上文字说明。

3. 标注与填充

当主要设计内容都以图样的形式绘制完毕后，就需要在其间标注文字说明，如空间名称、构造名称、材料名称等（图5-5）。

（1）空间名称可以标注在图中，其他文字如无法标注，可以通过引线标注在图外，但是要注意排列整齐。

（2）注意标注的文字不宜与图中的主要结构发生矛盾，避免混乱不清。

（3）平面布置图的填充主要针对图面面积较大的设计空间，一般是指地面铺装材料的填充，设计内容较简单的平面布置图可以将家具和构造的布局间隙全部填充，设计内容较复杂的可以局部填充，对于布局设计特别复杂的图纸，则不能填充，避免干扰主要图样，此时就需要另外绘制地面铺装平面图。

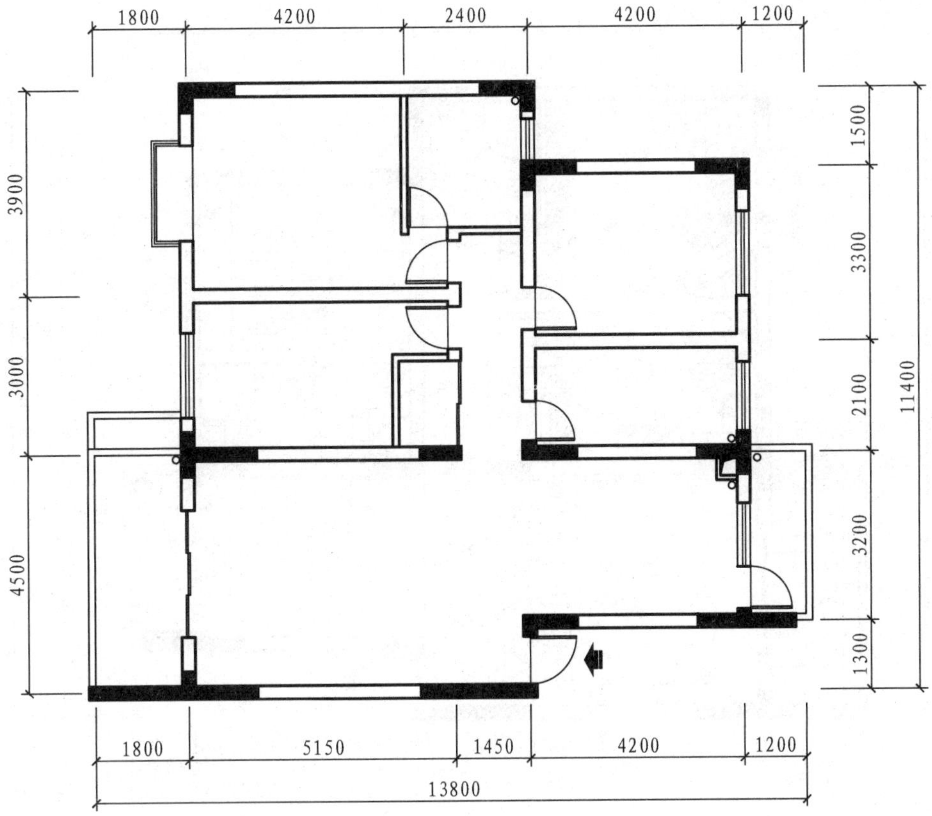

图5-3　住宅平面布置图绘制步骤一

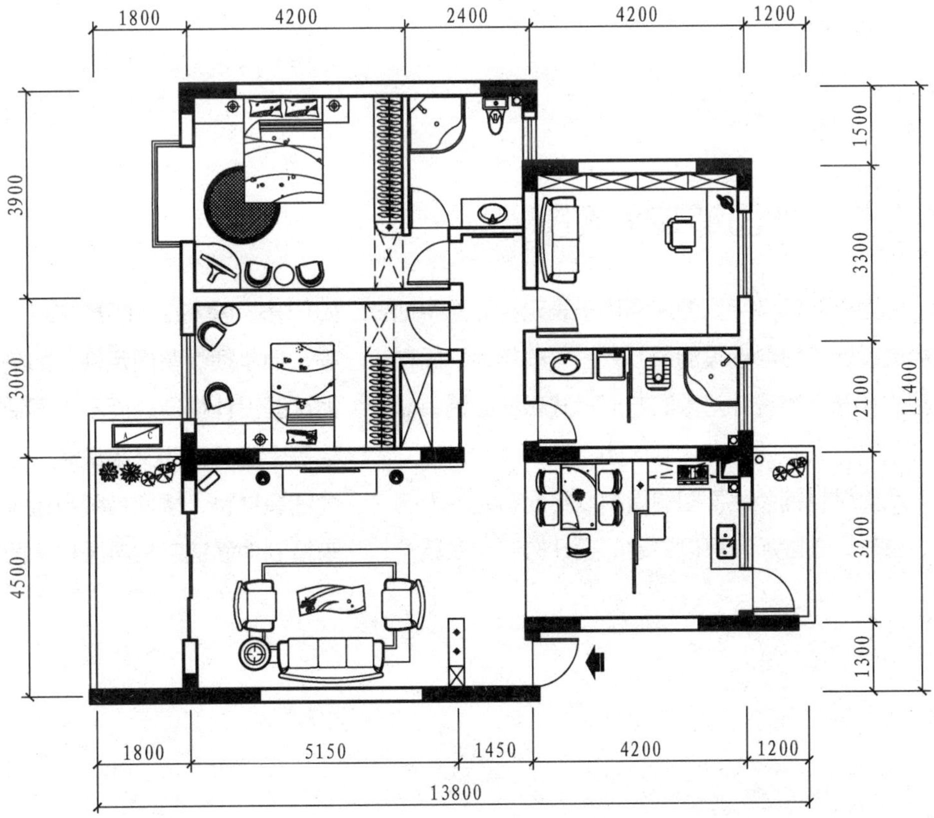

图5-4　住宅平面布置图绘制步骤二

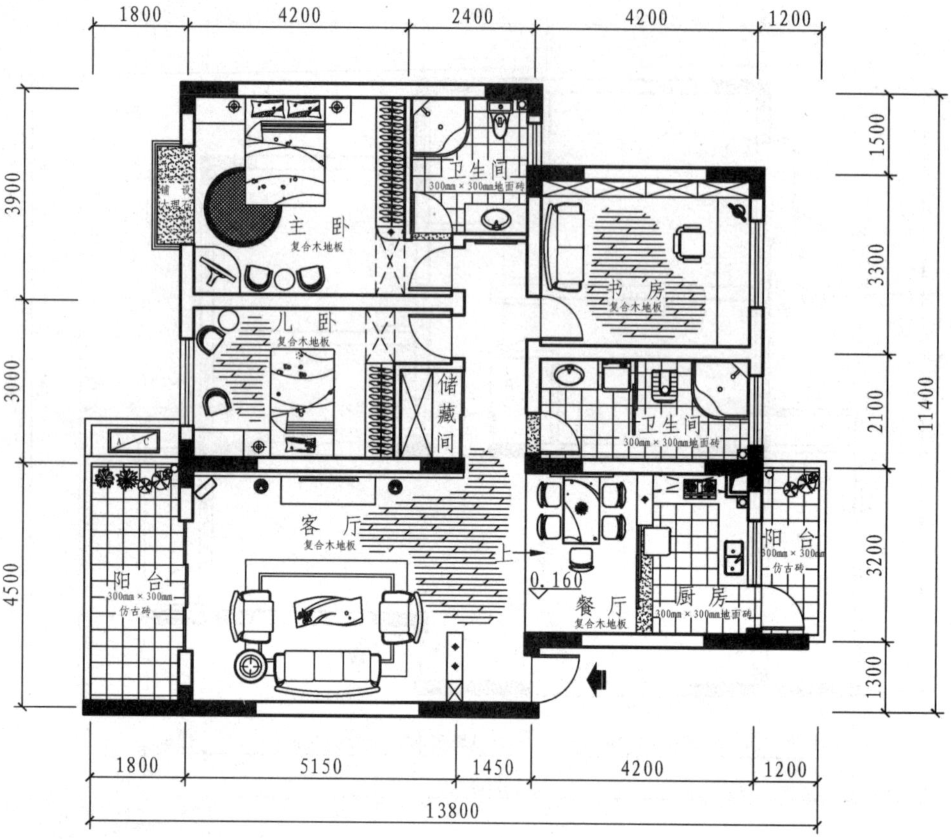

图5-5 住宅平面布置图绘制步骤三

第二节 地面铺装平面图

地面材料铺装平面图主要用于表现平面图中地面构造设计和材料铺设的细节，它一般作为平面布置图的补充，当设计对象的布局形式和地面铺装非常复杂时，就需要单独绘制该图。

地面材料铺装平面图的绘制以平面布置图为基础。首先，去除所有可以移动的设计构造与家具，如门扇、桌椅、沙发、茶几、电器、设备、饰品等，但是须保留固定件，如隔墙、入墙柜体等，因为这些设计构造表面不需要铺设地面材料。然后，给每个空间标明文字说明，主要包括空间名称、地面铺装材料、楼梯台阶数量等。最后，环绕着文字来绘制地面铺装材料图样（图5-6）。

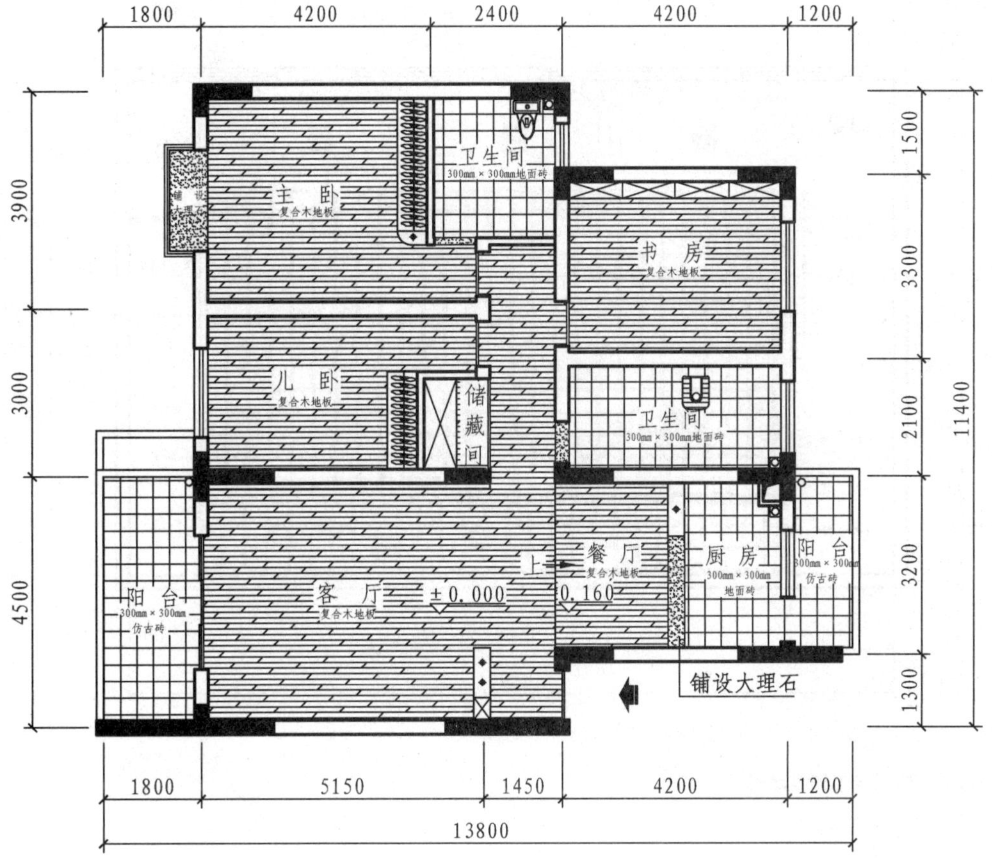

图5-6 住宅地面铺装平面图

第三节 顶棚平面图

顶棚平面图又称为天花平面图，按规范的定义应是以镜像投影法绘制的顶棚平面图，用来表现设计者对设计空间顶棚的平面布置状况与构造形态。顶棚平面图一般在平面布置图之后绘制，也属于常规图纸之一，它与平面布置图的功能一样，除了反映顶棚设计形式外，主要为绘制后期图纸奠定基础（图5-7）。

一、识读要点

1. 尺寸构造

了解既定空间内顶棚的设置类型和尺寸关系，明确平顶处理及悬吊顶棚的分布区域和位置尺寸，了解顶棚设计项目与建筑主体结构的衔接关系。

2. 材料与工艺

熟悉顶棚设计的构造特点、各部位吊顶的龙骨种类、罩面板材质、安装施工方法等。通过查阅相应的剖面图及节点详图，明确主、次龙骨的布置方向和悬吊构造，明确吊顶板的安装方式。如果有需要，还要标明所用龙骨主配件、罩面装饰板、填充材料、增强材料、饰面材料以及连接紧固材料的品种、规格、安装面积、设置数量，以确定加工定制及购货计划。

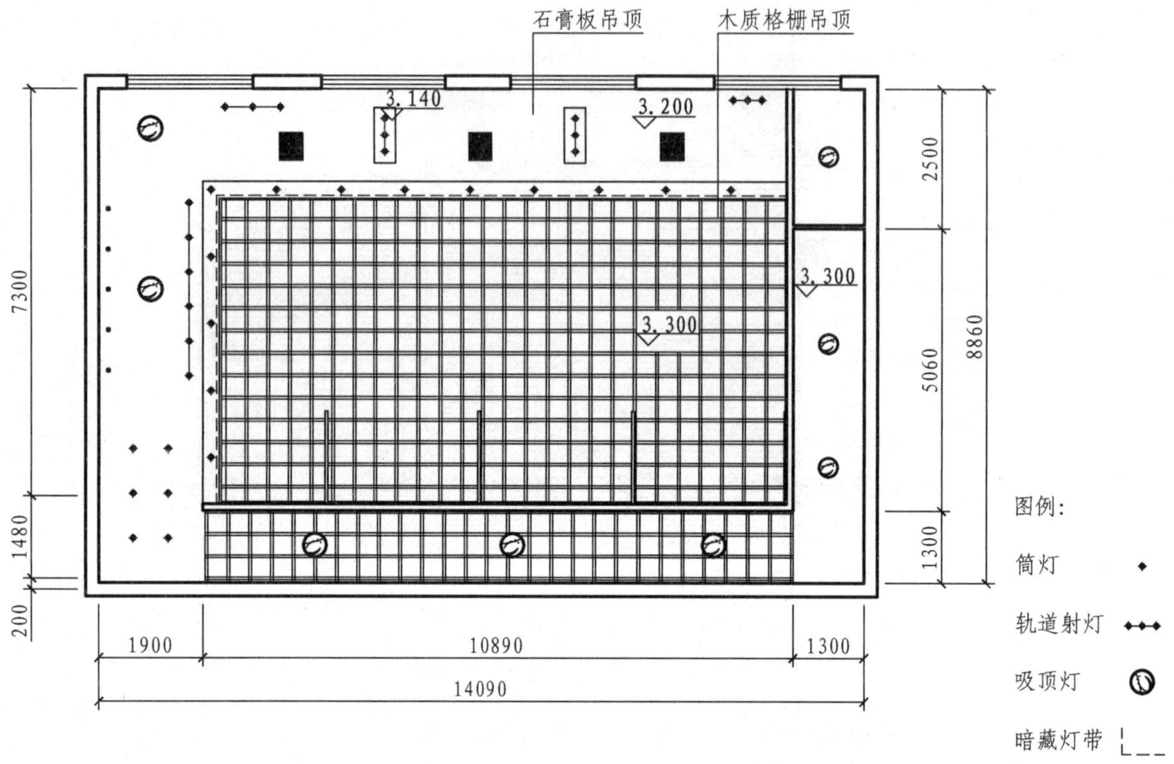

图5-7 咖啡厅顶棚平面图

3. 设备

了解吊顶内的设备、管道和布线情况，明确吊顶标高、造型形式和收边封口处理。通过顶棚其他系统的配套图纸，确定吊顶空间构造层及吊顶面所设音响、空调送风、灯具、烟感器和喷淋头等设备的位置，明确隐蔽或明露要求以及各自的安装方法，明确工种分工、工序安排和施工步骤。

二、基本绘制内容

顶棚平面图需要表明顶棚平面形态及其设计构造的布置形式和各部位的尺寸关系；表明顶棚施工所选用的材料种类与规格；表明灯具的种类、布置形式与安装位置；表明空调送风、消防自动报警、喷淋灭火系统以及与吊顶有关的音响等设施的布置形式和安装位置。对于需要另设剖面图或构造详图的顶棚平面图，应标明剖切位置、剖切符号和剖切面编号。

三、顶棚平面图绘制步骤

顶棚平面图是指将建筑空间距离地面1.5m的高度水平剖切后向上看到的顶棚布置状态，可以将平面布置图的基本结构描绘或复制一份，去除中间的家具、构造和地面铺装图形，保留墙体、门窗位置（去除门扇），在上面继续绘制顶棚平面图。

1. 绘制构造与设备

首先，根据设计要求绘制出吊顶造型的形态轮廓，区分不同高度上的吊顶层面；其次，绘制灯具和各种设备，注意具体位置应该与平面布置图中的功能分区相对应，灯具与设备的样式也可以从图库中调用，尽量具体细致，这样就无须另附图例说明，经过再次核对后才能进行下一步（图5-8）。

2. 标注与填充

当主要设计内容都以图样的形式绘制完毕后，

也需要在其间标注文字说明，这主要包括标高和材料名称。注意标高三角符号的直角端点应放置在被标注的层面上，相距较远或被墙体分隔的相同层面需要重复标注。对于特殊电器、设备，可采用引线引到图外标注，但要注意排列整齐，其他要点同平面布置图（图5-9）。

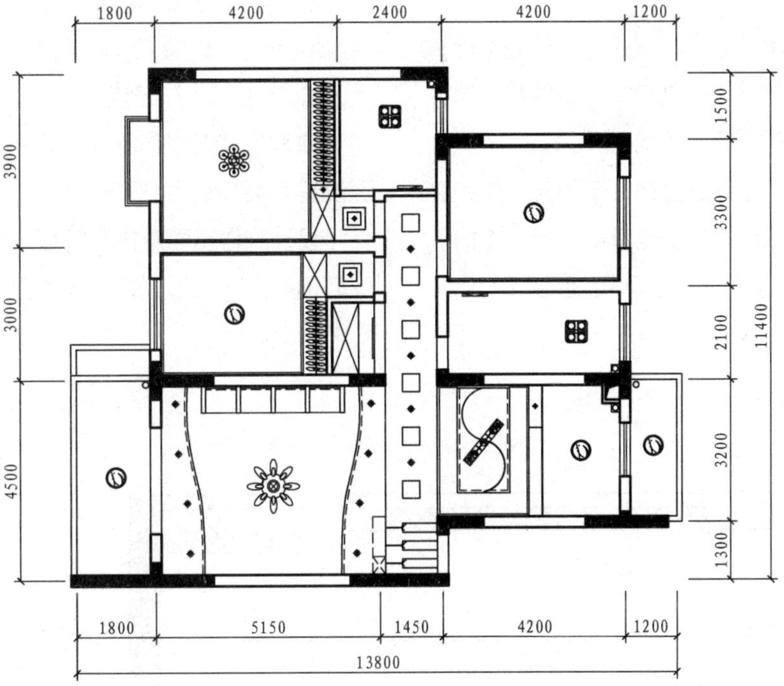

图5-8 住宅顶棚平面图绘制步骤一

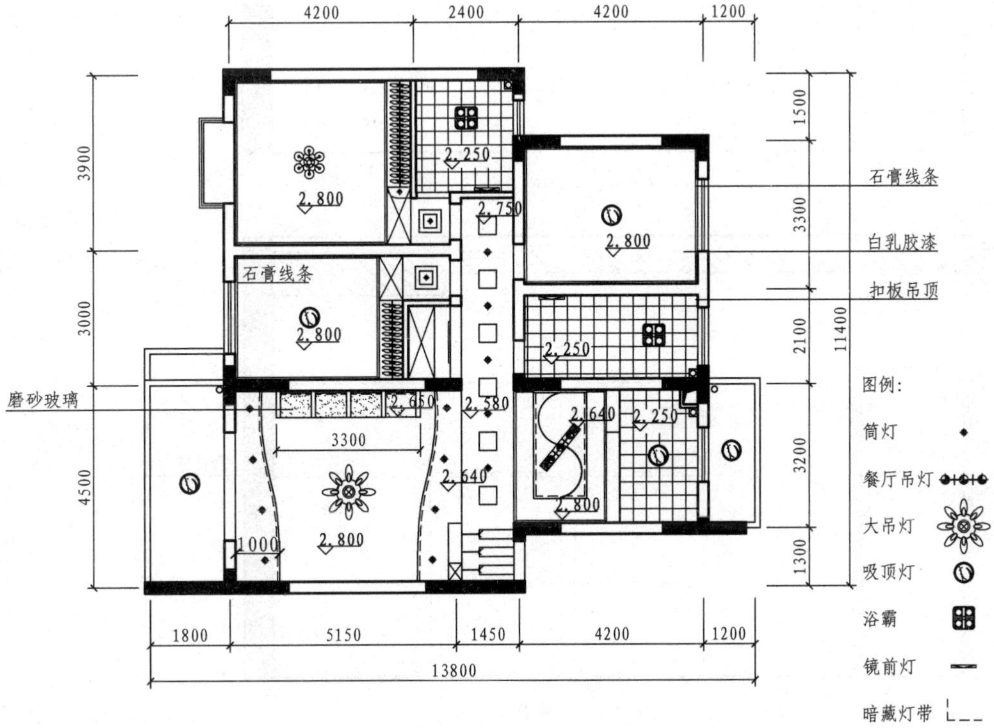

图5-9 住宅顶棚平面图绘制步骤二

第四节 装饰构造设计图

一、平面家具布置图

1. 构造设计

（1）墙面装饰木护墙。注意板材接缝处设计，不能设计整体平板护墙，应当预留伸缩缝并遮挡，伸缩缝宽度不宜大于15mm（图5-10）。

（2）储物柜体。柜体悬空时，下部无支架则必须墙内安装钢筋，从而形成安全承载（图5-11）。

固定式储物柜不能出现弯曲变形现象（图5-12）。

制作柜门高度应≤1600mm，宽度应≤400mm。不能设计高度＞2000mm或宽度＜300mm的柜门，否则容易变形（图5-13）。

抽屉宽度宜为600mm，高度宜为200mm，深度宜为450mm（图5-14）。

设计制作墙面悬挑装饰板或格架时，须在墙内安装钢筋，从而形成有效承载力（图5-15）。

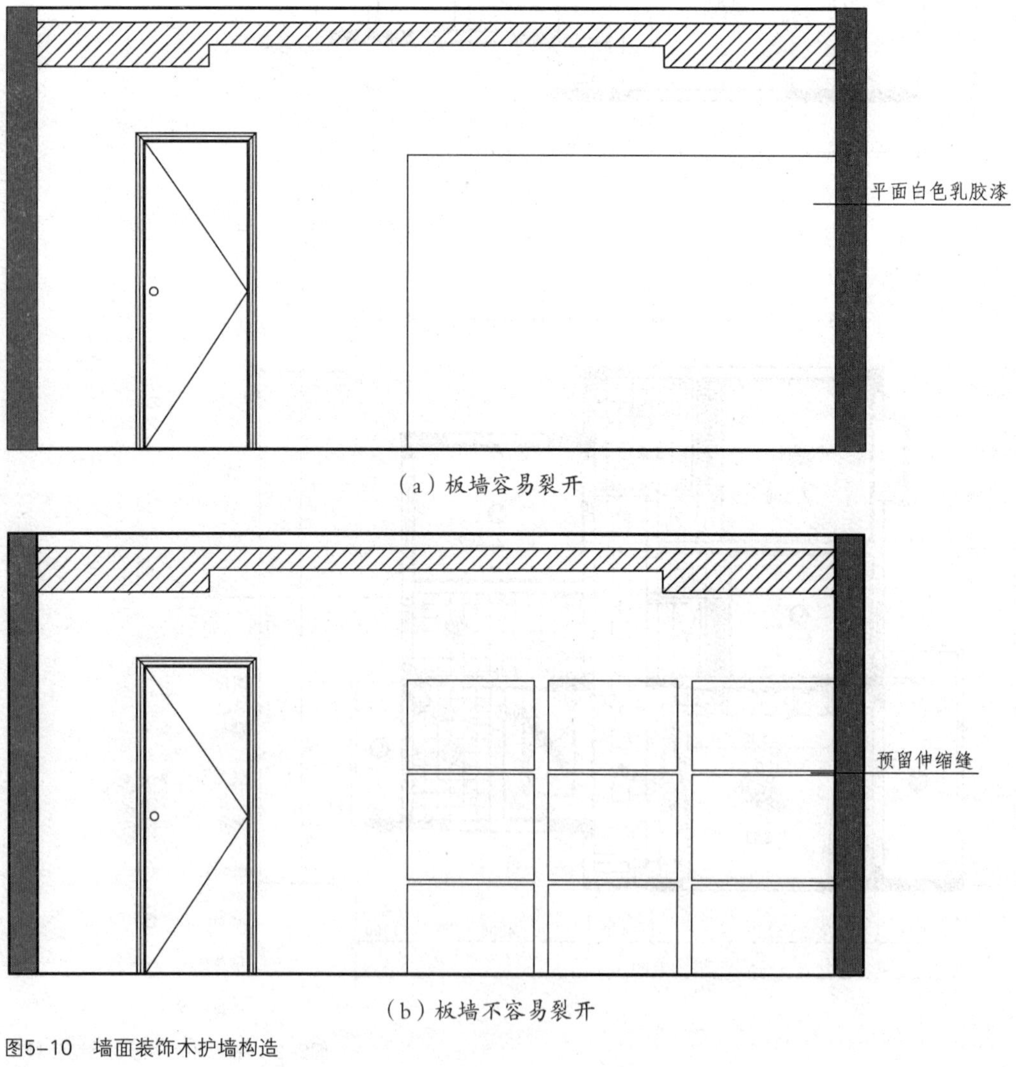

图5-10 墙面装饰木护墙构造

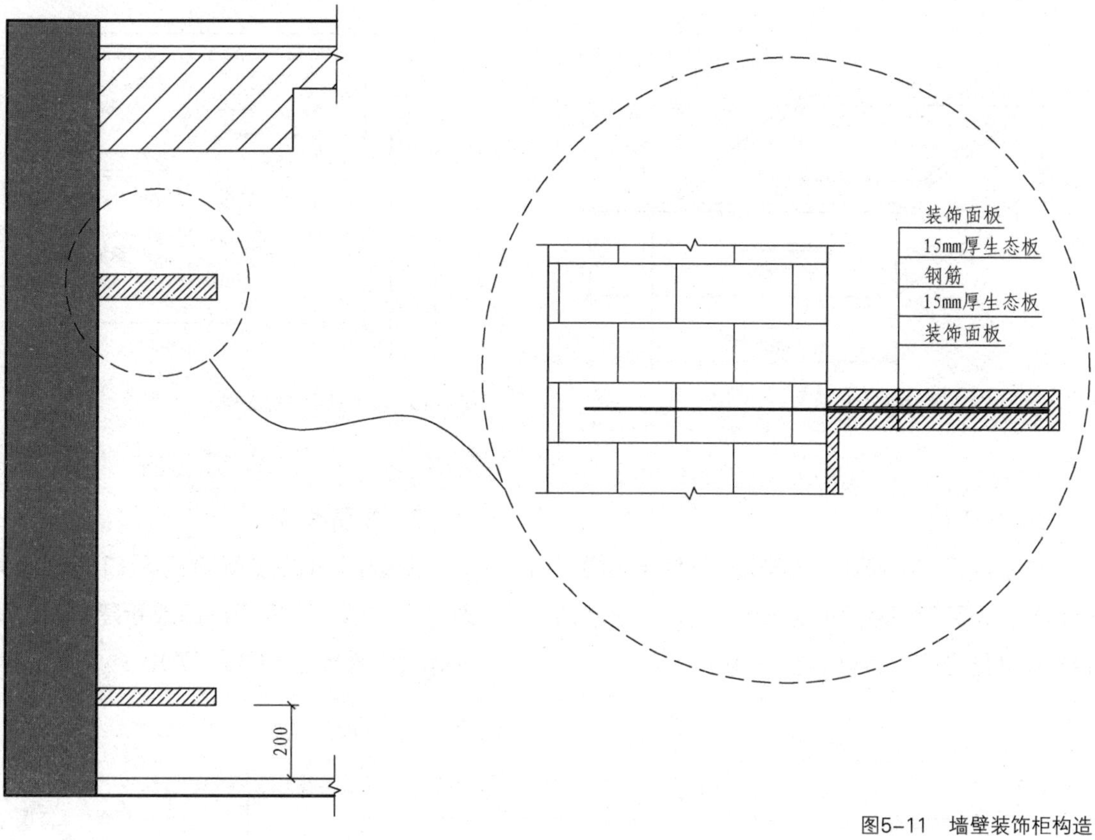

图5-11　墙壁装饰柜构造

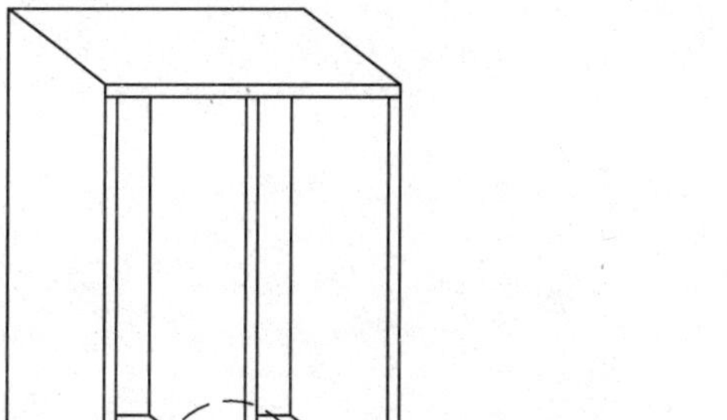

图5-12　固定式储物柜构造

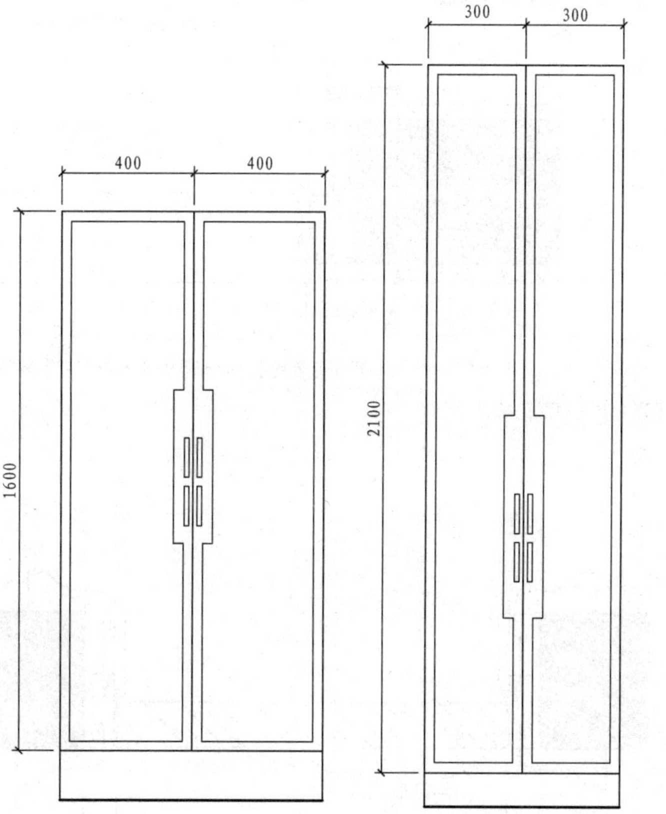

（a）柜门长宽尺寸正常　（b）柜门长度尺寸过大，容易变形

图5-13　柜门制作尺寸

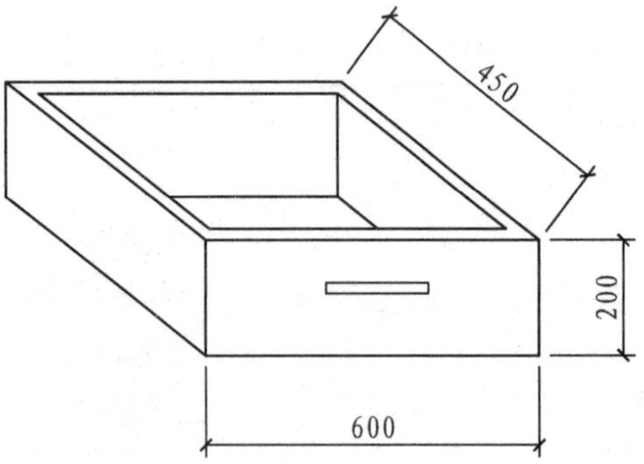

图5-14 现场制作抽屉尺寸

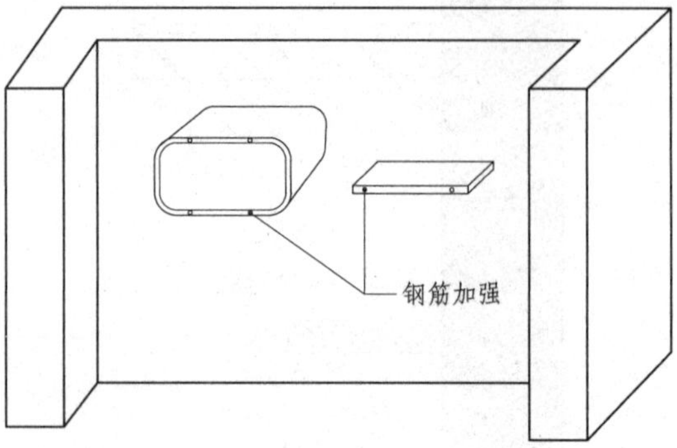

图5-15 墙面悬挑装饰板构造

2. 隐形门

随着成品门的普及，大部分门已经不再由现场制作了，但隐形门必须由现场制作完成，设计师应合理设计隐形门的结构（图5-16）。

3. 成品木门

量房门洞口或新建门洞口两侧减除40mm为门扇尺寸，量房门洞口或新建门洞口两侧减除50m为门套尺寸（图5-17）。

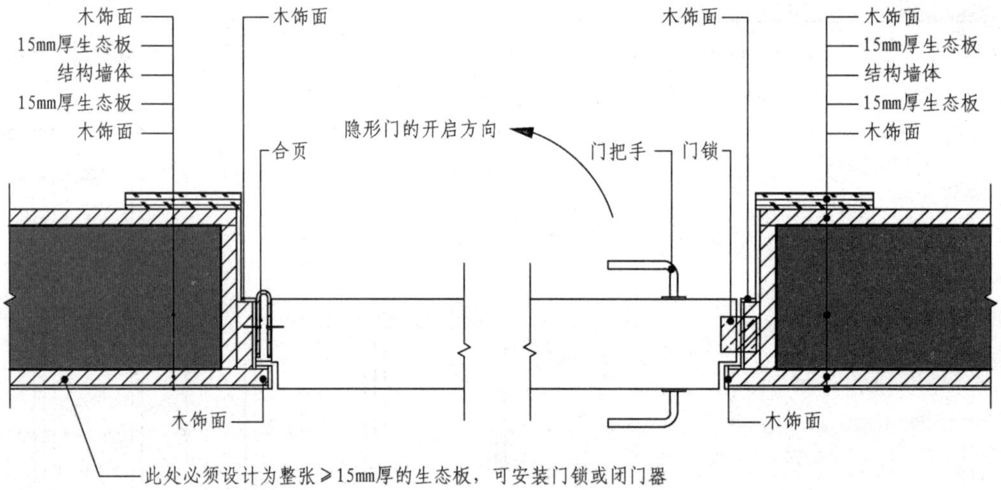

图5-16 隐形门构造

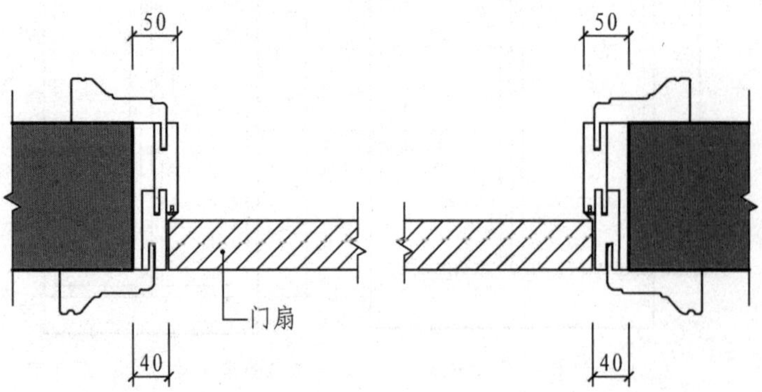

图5-17 成品木门构造

门扇最小宽度不应小于600mm。门开启应遵循基本原则，即向单侧墙体开启标准（图5-18）。

4．排水管道设计

排水管道应设计为管径$\phi \geq 75$mm的排水管道（图5-19）。

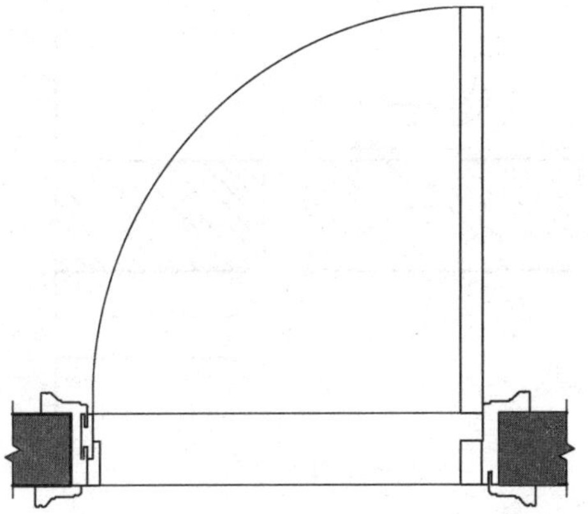

图5-18　门的开启方向

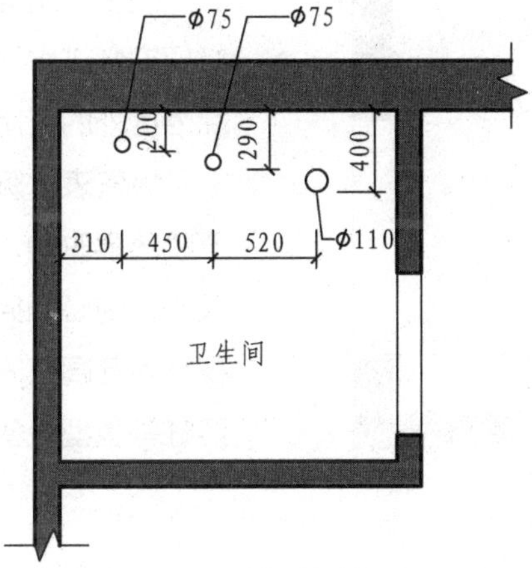

（a）原卫生间管道

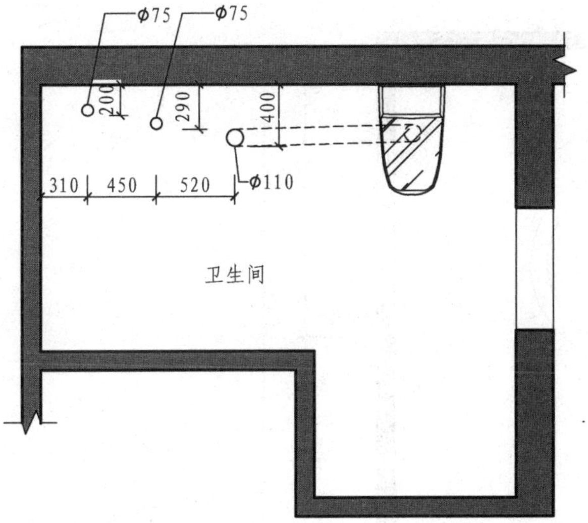

（b）改造后的坐便器位于非下沉区域，无法布置排水管

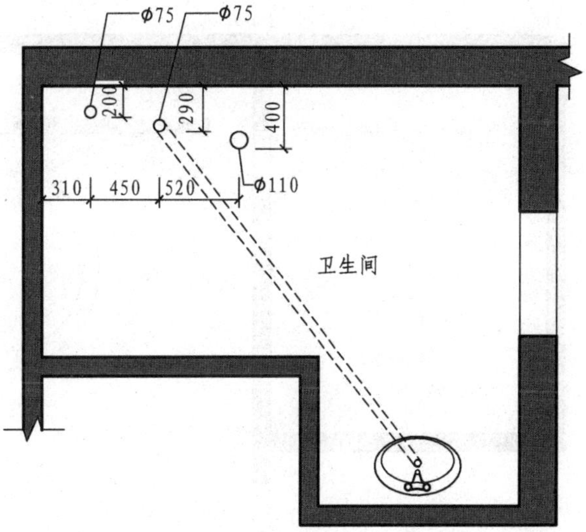

（c）将洗面台布置在非下沉区域，能在瓷砖下布置排水管

图5-19　排水管道设计

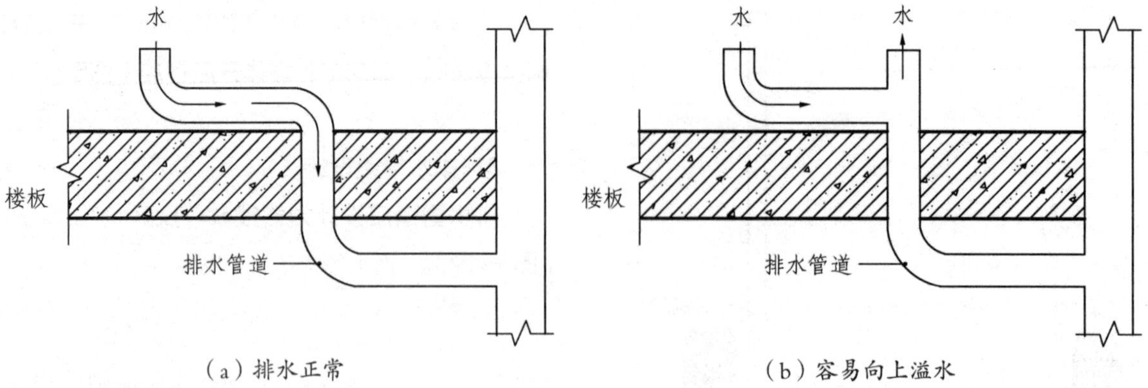

图5-20 排水管道构造对比

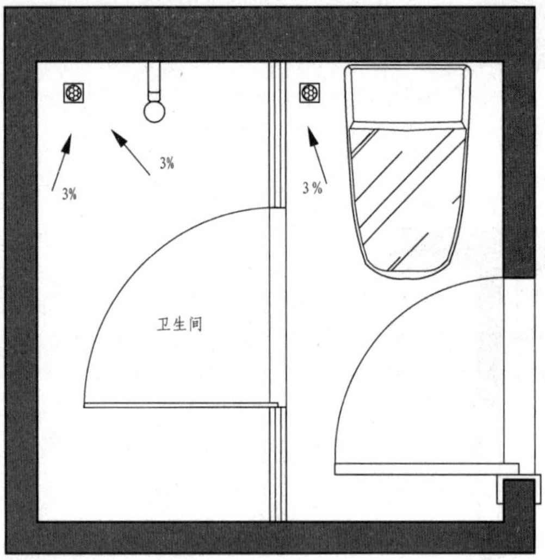

图5-21 排水地漏位置

洗衣机、浴缸等大型用水设备需要单独使用排水管道，不得进行多点并联设计，易造成泛水（图5-20）。

阳台、厨房、卫生间、设备间、采光井等空间必须安装排水地漏，卫生间有淋浴房的，必须装有除浴房外的备用排水地漏（图5-21）。

燃气表、暖气表、水表、暖气管道、煤气管道严禁随意改动，强弱电箱原则上禁止改动，如必须改动，则必须拥有物业管理部门开具的证明。禁止在室内开阔空间处，采用砌块设计现场制作水景、浴缸等重型设备构筑（图5-22）。

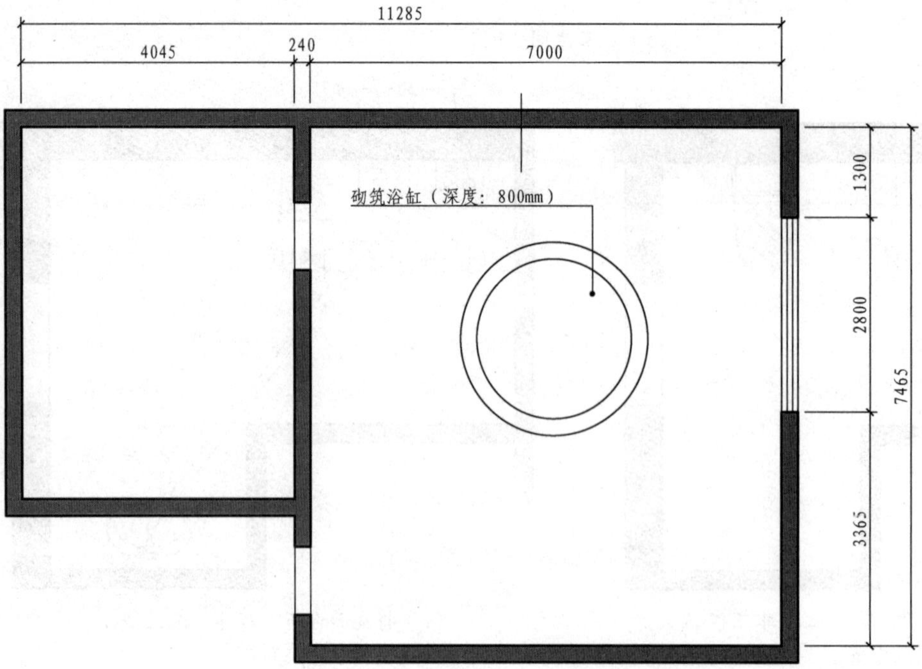

图5-22 水景、浴缸设计错误

二、顶面布置图

明确建筑装饰设计各功能空间的顶面装饰材料、造型等内容，以图纸形式说明。

如果原建筑结构为水泥预制空心板，则顶面不能设计吊顶，因为顶面无法固定膨胀螺栓。卫、厨、地下室等潮湿环境应先用耐水石膏板吊顶。顶面保温应选用BI或以上级别防火材料，绝对不能使用聚氨酯材料，宜采用聚苯乙烯板保温（图5-23）。

地下室顶面高度，无论是在±0.00mm以下或以上，室内空间顶面都必须进行保温层设计（图5-24、图5-25）。

在整体户型中，地暖一般厚度70mm（含回填）+铺地板地坪厚度20mm+地板厚度按20mm＝整体厚度可控制在100～110mm，当铺砖高度一致时，大理石高出约10mm（图5-26）。

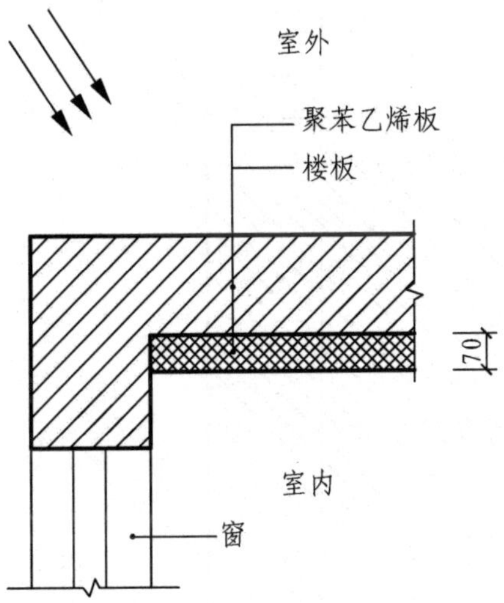

（a）保温使用

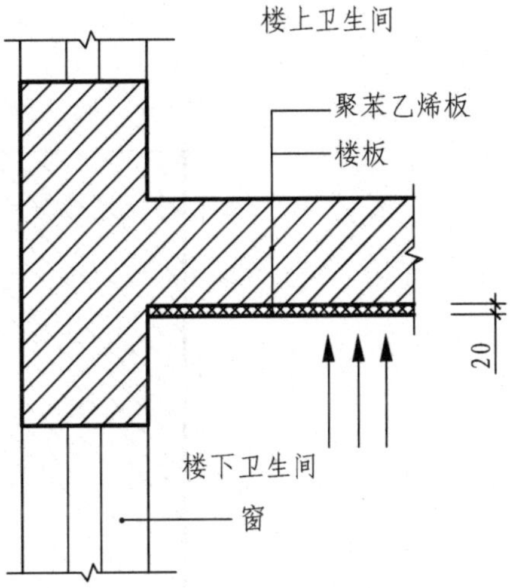

（b）防蒸汽冷凝使用

图5-23 空间顶面（天花）构造

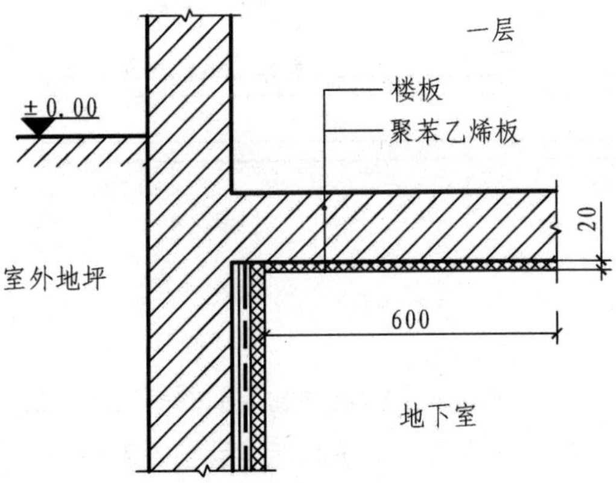

图5-24 地下室顶面保温构造（±0.00mm以下）

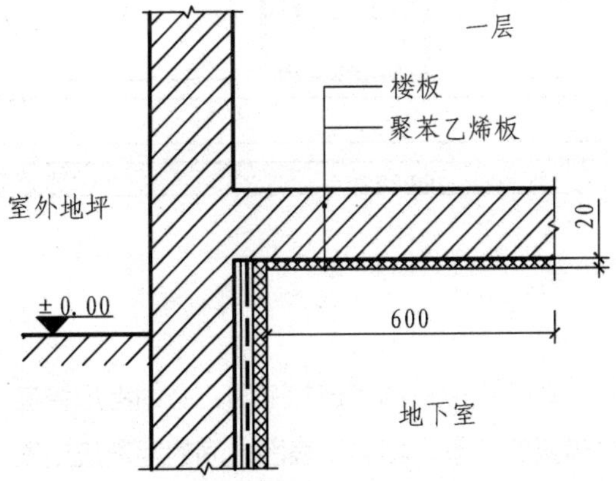

图5-25 地下室顶面保温（户外地平面±0.00mm以上）

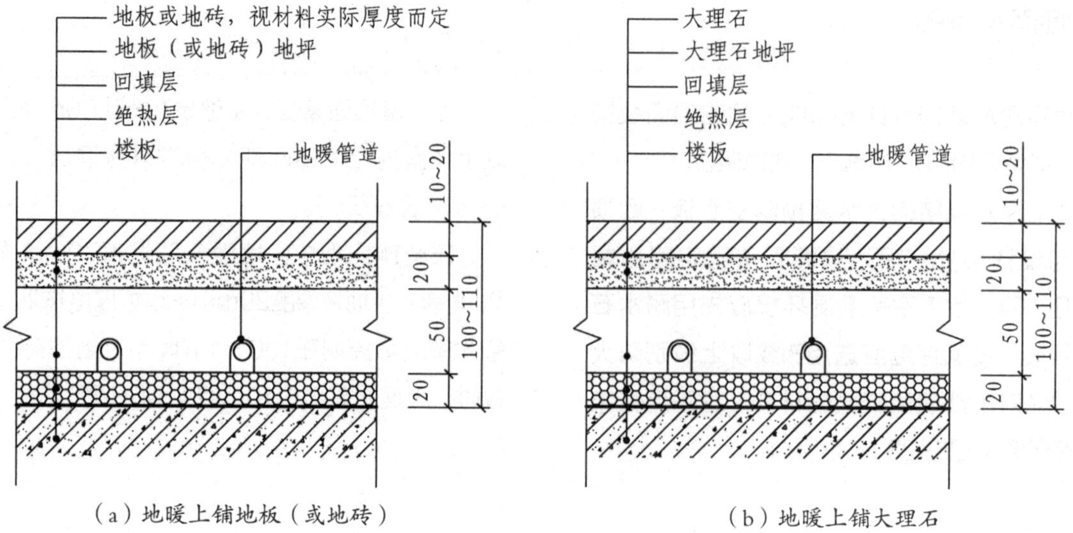

图5-26　地暖管道构造

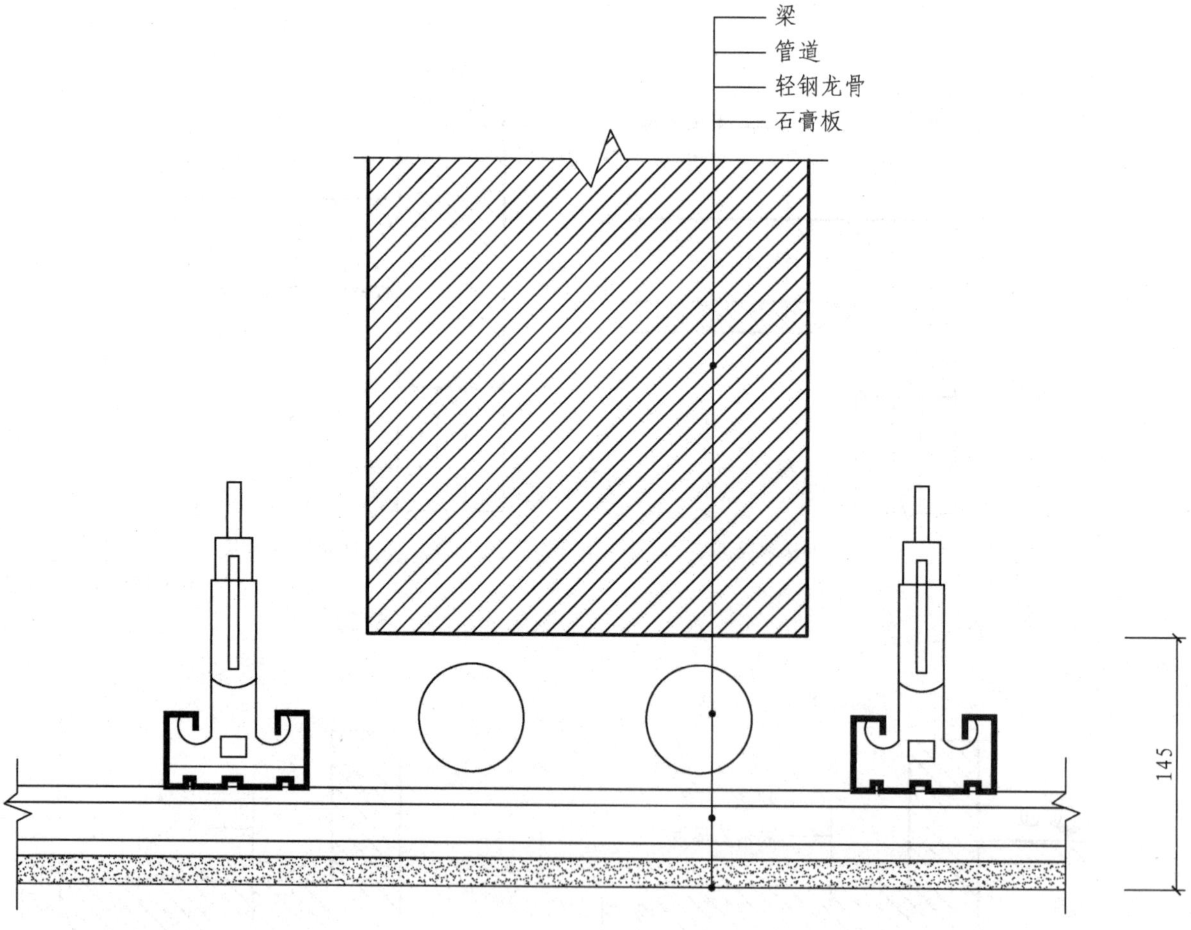

图5-27　中央空调管道构造

对有中央空调管道的空间，必须考虑管道布设与横梁的关系，横梁下表面之间的距离应当不小于140mm（图5-27）。

在明确了影响地面与顶面高度尺寸后，应参照建筑实际情况，按此标准绘制（表5-3）。

表5-3　　设计标高

地面装饰要求	新房地面装修	原地面有地砖（或地板）等装饰
铺地板（砖）	净高增加 30mm 厚	如拆除净高减 20mm 后加 30mm 厚
铺地板（砖）／有地暖	净高增加 50mm 厚	如拆除净高 30mm 后加 50mm 厚

三、地面装饰布置图

明确各空间地面装饰材料及铺设方式，充分考虑装饰性及使用性（表5-4）。

表5-4　　地面材料选择

材料／功能房	客厅	餐厅	厨房	卫生间	卧室	书房	阳台	地下室	影音间	设备间	健身房
大理石	★★★	★★	★	★	▲	★	★	★	★	▲	★
瓷砖	★★	★★★	★★★	★★★	▲	★	★★★	★★★	★★	★★★	▲
橡塑地板	▲	▲	▲	▲	▲	▲	▲	★	▲	▲	★★
碳化木	▲	▲	▲	▲	▲	▲	★★★	▲	▲	▲	★
木地板	★	★	▲	▲	★★	★★	▲	▲	★★	▲	★
地毯	★	▲	▲	▲	★★★	★★★	▲	★	★	▲	★

注：★★★非常合适　★★比较合适　★合适　▲不适合。

卫生间或露天及半露天阳台必须设计防水，其中，卫生间地面防水厚度不应低于1.2mm、露天及半露天阳台耐候要求高，应选用SBS或丙纶卷材。卫生间门口处应设计防水挡，如有淋浴房应进行地面二次防水设计（图5-28）。

在空间交界的门洞下方如果要安装过门石，过门石设计时，卫生间、厨房地面应下沉5~10mm。卫生间、厨房过门石应按标准设计，可有效防止浸水及受潮（图5-29）。

在有地漏的卫生间、厨房、阳台地面必须设计

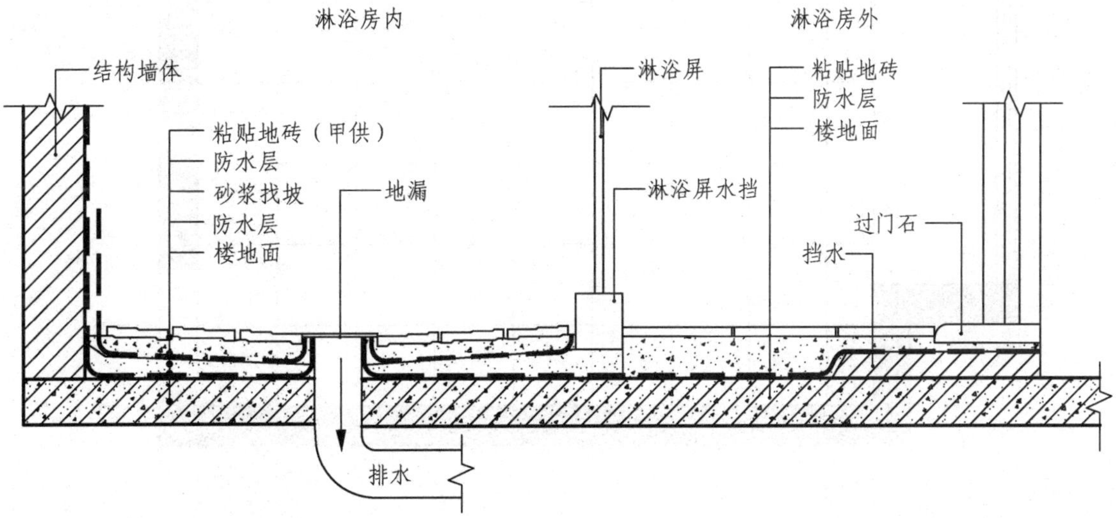

图5-28　地面防水构造

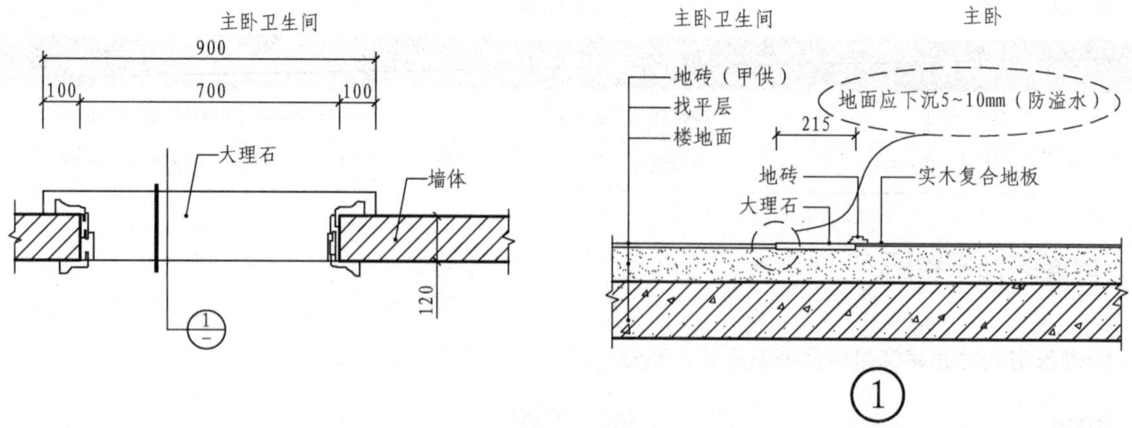

图5-29 过门石构造

坡度，坡度根据环境空间而定，当坡度设计为2%时，饰面砖、石材必须留有伸缩缝。有排水需要的地面瓷砖需切割保证下水畅通无积水。应关注设计细节，把握以平均及单砖装饰面积为原则的选砖及排砖（图5-30）。

地面排砖要预先设计，按空间铺设排砖，从门口处向内排砖，但如果任意单边瓷砖长度小于整砖长度的1/2，应相应调整两端瓷砖，地漏一般安装在边角瓷砖中（图5-31）。

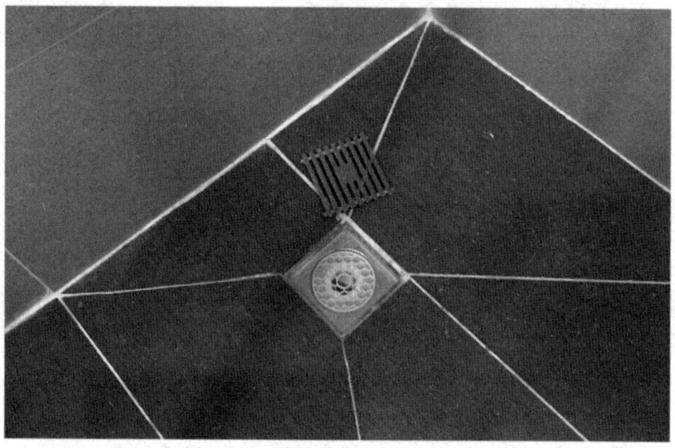

图5-30 卫生间中的地漏

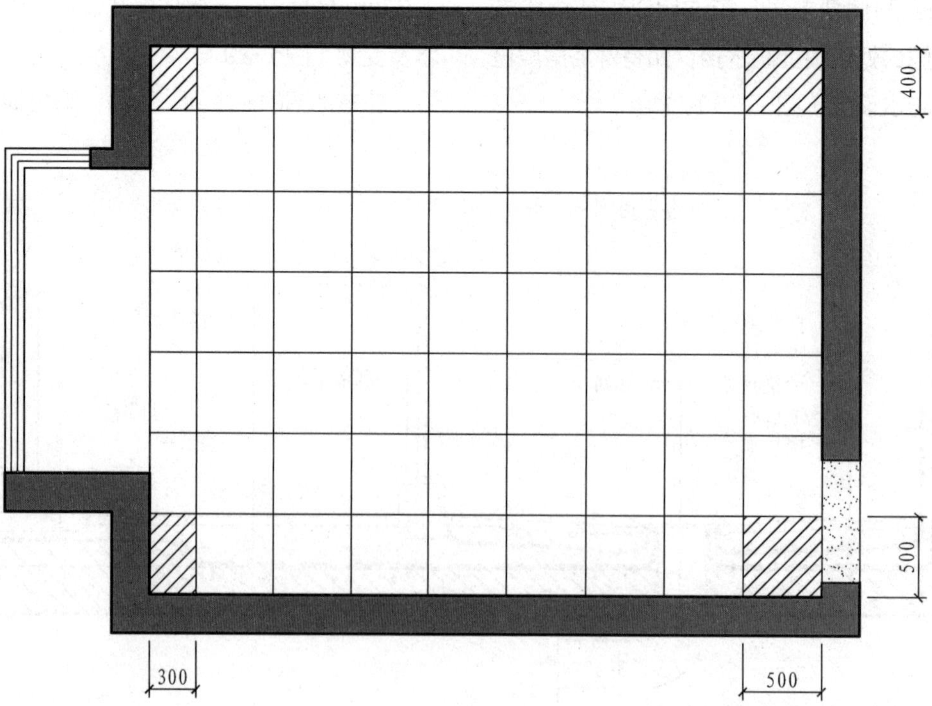

图5-31 卫生间与厨房的排砖方式

地砖也可按中分原则排列，但同时要保证任意单边瓷砖长度不小于整砖长度的1／2（图5-32）。

地下室应进行地面保温与防潮设计，防潮可参照地面防水设计，但防潮层不能替代防水层，因目的不同，因而在做过地下室防潮保温设计后，还要进行相应卫生间室内防水设计。地下室墙地面保温必须连接在一起（图5-33）。

重视标高数据的标注，一套方案中只有一个±0.00，一般定义在首层完成地面。别墅等跃层建筑标高应符合建筑标注原则，即首层完成地面为±0.00，二层为+3.00（图5-34）。

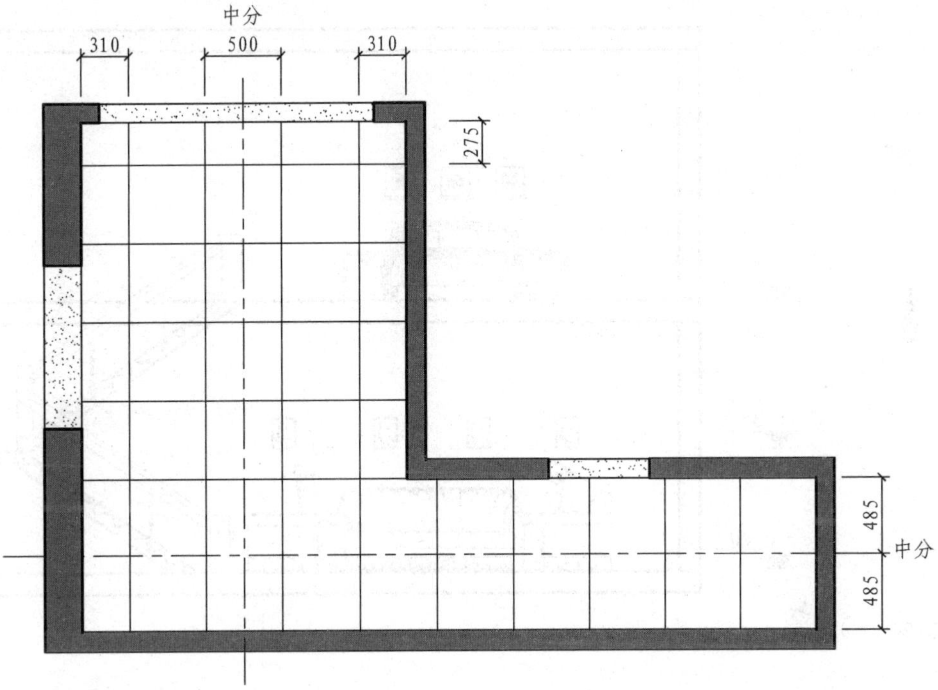

图5-32　地砖中分原则排列方式

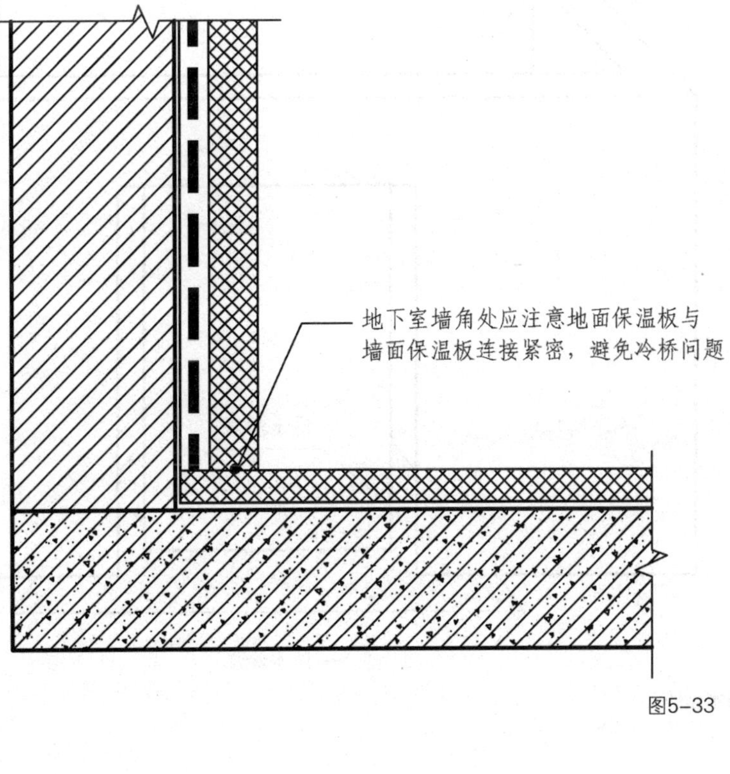

图5-33　地下室墙角设计

四、墙面装饰布置图

明确墙面装饰设计材料与构造，以图纸形式说明。

厨房、卫生间墙面应进行防水设计，墙面防水高度为1500mm，淋浴位置防水高度不低于2000mm，且宽度应大于功能区外400mm。隔墙材料为非混凝土墙材料，厚度小于100mm时，必须满涂防水涂料。门洞口内外侧设计防水层，地面向外延伸400mm（图5-35）。

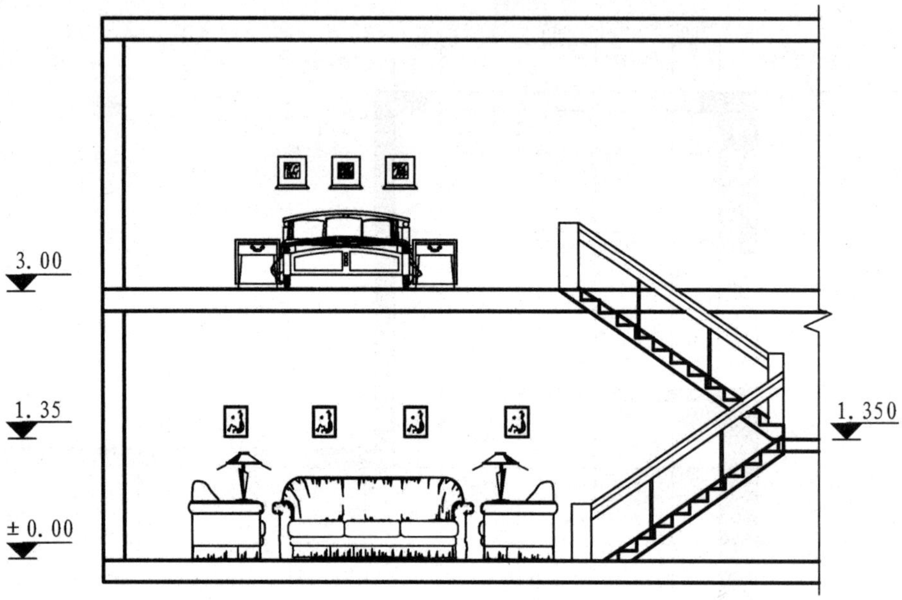

图5-34　户外标高

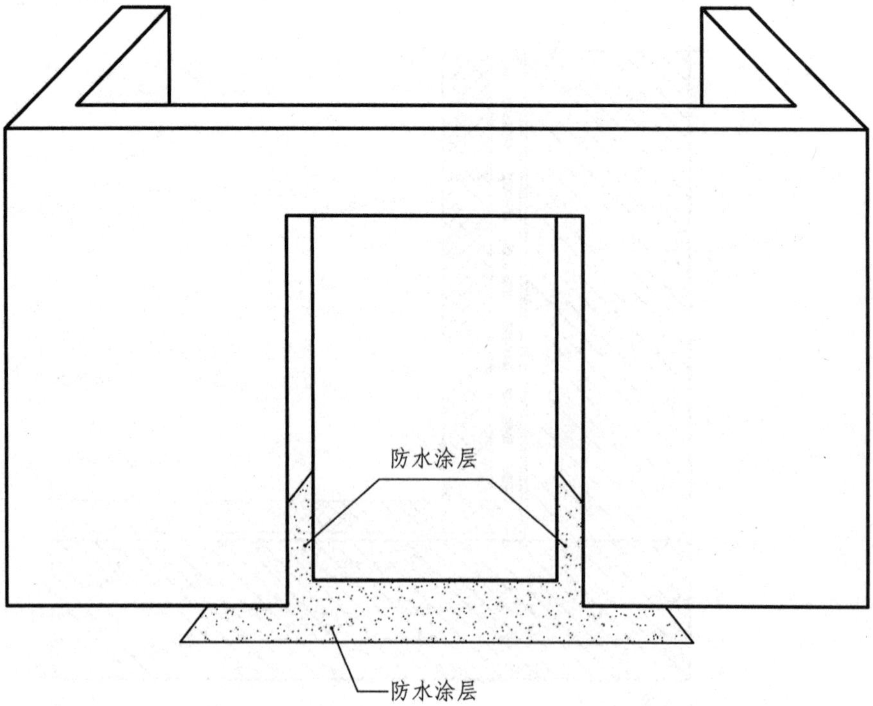

图5-35　地面防水延伸

卫生间墙面应进行砂浆找平层设计，厚度超过20mm，应设计钢丝网加强层（图5-36）。普通空间墙面应视误差情况采用石膏找平，每10mm厚应增加玻璃纤维布一层，表面刮腻子前应加贴一层，保障表面抗裂性能。如原墙面为砌筑抹灰或水泥空心板墙体均应设计满贴玻璃纤维布（图5-37）。

地下室外墙墙面应满涂防水材料，与外墙相连的隔墙，从墙边向室内隔墙延伸1800mm也应满涂防水材料。所有隔墙从地面开始均应向上延伸1600mm满涂防水材料（图5-38）。

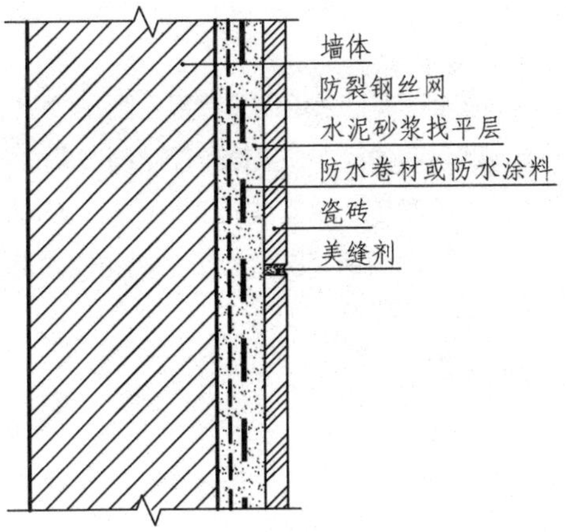

图5-36　卫生间墙面找平

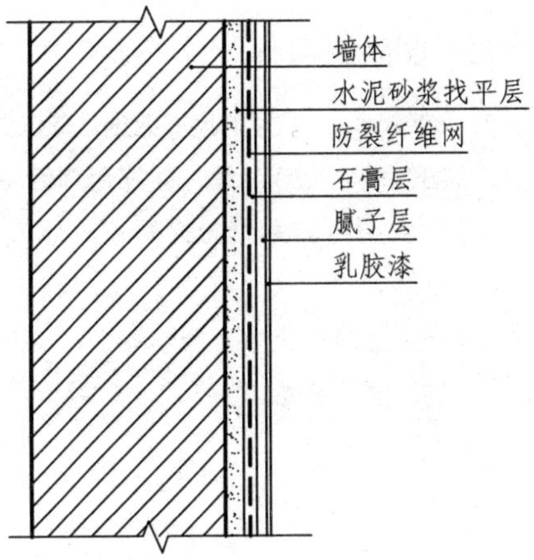

图5-37　普通空间墙面找平

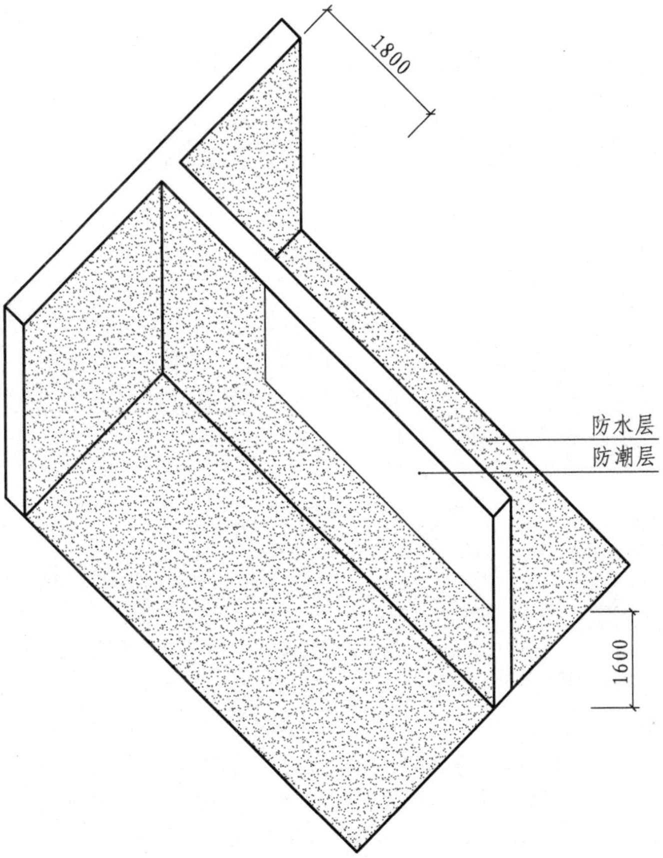

图5-38　地下室墙面防水防潮层

本章小结

本章讲述的是建筑装饰平面图的相关知识，要想绘制一份合格的平面布置图就必须掌握家具尺寸与图线绘制标准。建筑装饰平面图包括基础平面图、平面布置图、地面铺装平面图、顶棚平面图等，本章针对这几个平面图从前期规则讲解到后期绘制步骤说明，无不详尽。通过本章的讲述，指导读者考察多处当地党员群众服务中心室内办事大厅，分析平面布局功能，提升对党政行政空间的设计认知。

课后练习

1. 测量一间大教室的尺寸数据，并根据所学画图。
2. 墙体绘制完成之后，标注尺寸信息，并根据空间大小将教室划分为两室一厅或一室一厅的格局。
3. 在上述基础上根据所学知识，绘制家具布置图与地面铺装图。
4. 在上述基础上绘制顶棚平面图。
5. 测量宿舍尺寸，根据所需绘制书桌的设计图。
6. 考察学校会议室或礼堂地面材料的铺装形式，绘制地面铺装图，分析这类空间对地面材料铺装细节要求与规律。

第六章

给排水图、电气图和暖通空调图

图纸素材　　教学视频　　PPT 课件

» 识读难度：★★★★☆

» 核心概念：给排水平面图、管道轴测图、电气、强电、暖通、中央空调

» 章节导读：给排水图是建筑装饰设计制图中不可或缺的组成部分，它主要表现为设计空间中的给排水管布置、管道型号、配套设施布局、安装方法等内容，使整体设计功能更加齐备，保证后期给排水施工能顺利进行。电气图是一种特殊的专业技术图，涉及专业、门类较多，能被各行各业广泛采用。在绘制电气图时要特别严谨，相对其他图纸而言，绘制时思维也须更敏锐、更全面。暖通与空调系统可以控制空气的温度与湿度，可以提高室内的舒适度，这些设备是为改善现代生产、生活条件而设置的，主要包括采暖、通风、空调调节、照明等内容。

第一节 必要的给排水图

在绘制给排水图之前，要先关注一些给排水相关的必要资料，如空间的层高、建筑面积、管井位置、房型以及卫生器具的配备数量等，最好整理列表，方便后续计算材料数量。

给排水图主要表现为室内空间中的给排水管布置、管道型号、配套设施布局以及安装方法等内容，它使整体设计功能更加齐备，保证后期给排水施工能顺利进行。

一、图线和比例

1. 图线

给排水制图的主要绘制对象是管线，因此图线的宽度*b*应根据图纸的类别、比例和复杂程度，按GB/T 50001—2017《房屋建筑制图统一标准》中所规定的线宽系列2.0mm、1.4mm、1.0mm、0.7mm、0.5mm、0.35mm中选用，宜为0.7mm或1.0mm。由于管线复杂，在实线和虚线的粗、中、细三档线型的线宽中再增加了一档中粗线，因而，线宽组的线宽比也扩展为粗：中粗：中：细＝1：0.7：0.5：0.25（表6-1）。

2. 比例

给排水专业制图中，平面图常用的比例宜与相应建筑平面图一致，在给排水轴测图中，如果表达有困难，该处可不按比例绘制。

表6-1 图线

名称	线型	线宽	用途
粗实线		*b*	新设计的各种排水和其他重力流管线
粗虚线		*b*	新设计的各种排水和其他重力流管线的不可见轮廓线
中粗实线		0.7*b*	新设计的各种给水和其他压力流管线；原有的各种排水和其他重力流管线
中粗虚线		0.7*b*	新设计的各种给水和其他压力流管线及原有的各种排水和其他重力流管线的不可见轮廓线
中实线		0.5*b*	给水排水设备、零（附）件的可见轮廓线；总图中新建的建筑物和构筑物的可见轮廓线；原有的各种给水和其他压力流管线
中虚线		0.5*b*	给水排水设备、零（附）件的不可见轮廓线；总图中新建的建筑物和构筑物的不可见轮廓线；原有的各种给水和其他压力流管线的不可见轮廓线
细实线		0.25*b*	建筑的可见轮廓线；总图中原有的建筑物和构筑物的可见轮廓线；制图中的各种标注线
细虚线		0.25*b*	建筑的不可见轮廓线；总图中原有的建筑物和构筑物的不可见轮廓线
单点长画线		0.25*b*	中心线、定位轴线
折断线		0.25*b*	断开界线
波浪线		0.25*b*	平面图中水面线；局部构造层次范围线；保温范围示意线

二、其他标准

1. 标高

标高符号及一般标注方法应符合GB/T 50001—2017《房屋建筑制图统一标准》中的规定。室内工程应标注相对标高，标注应参考GB/T

50103—2010《总图制图标准》(图6-1、图6-2)。

压力管道应标注管中心标高；沟渠和重力流管道宜标注沟（管）内底标高。在实际工程中，管道也可以标注相对本层地面的标高，标注方法为H+x，如H+0.025。

（1）在沟渠和重力流管道的起始点、转角点、连接点、变坡点、变坡尺寸（管径）点及交叉点处应标注标高。

（2）在压力流管道中的标高控制点处应标注标高。

（3）在管道穿外墙、剪力墙和构筑物的壁及底板等处应标注标高。

（4）在不同水位线处应标注标高。

（5）构筑物和土建部分应标注标高。

2. 管径

管径应该以mm为单位。水煤气输送钢管（镀锌或非镀锌）、铸铁管等管材，管径宜以公称直径DN表示，如DN20、DN50等。无缝钢管、焊接钢管（直缝或螺旋缝）、铜管、不锈钢管等管材，管径宜以外径D×壁厚表示，如D108×4、D159×4.5等（图6-3、图6-4）。

钢筋混凝土或（混凝土）管、陶土管、耐酸陶瓷管、缸瓦管等管材，管径宜以内径D表示，如D230、D380等。塑料管材，管径宜按产品标准的表示方法表示。

3. 编号

当建筑物的给水引入管或排水排出管的数量超过1根时，宜进行编号；建筑物内穿过楼层的立管，其数量超过一根时宜进行编号（图6-5、图6-6）。

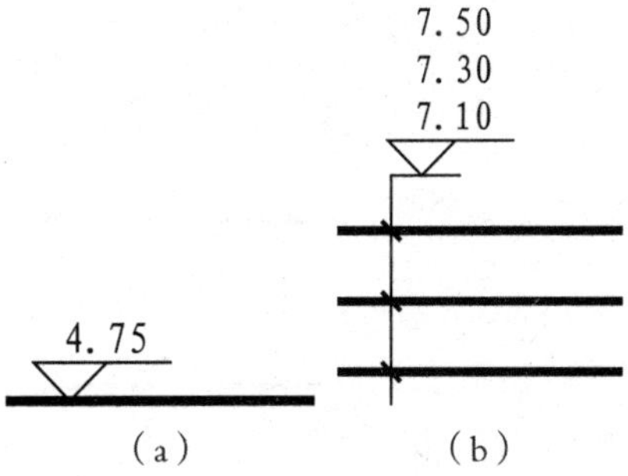

图6-1　平面图中标高

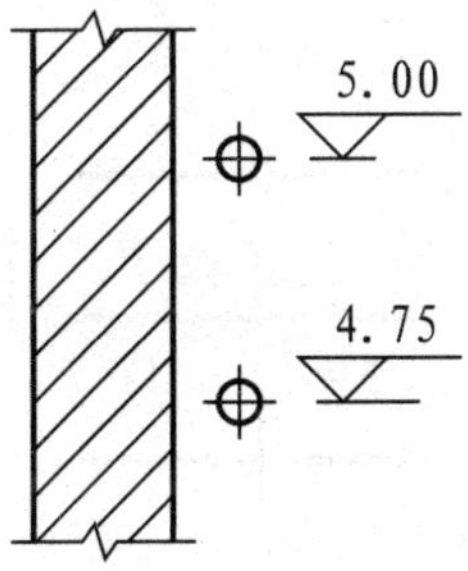

图6-2　剖面图中标高

图6-3　单管管径表示法

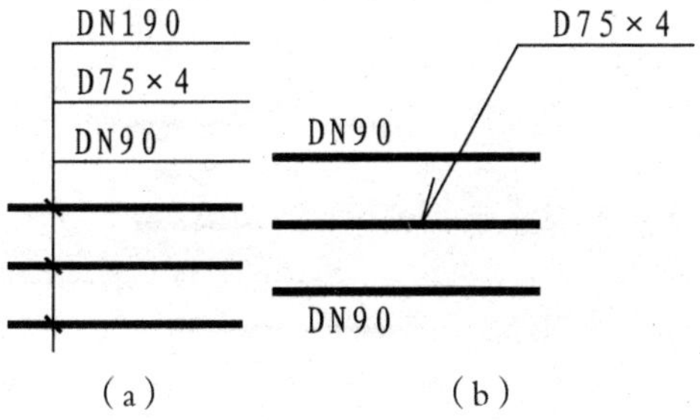

图6-4　多管管径表示法

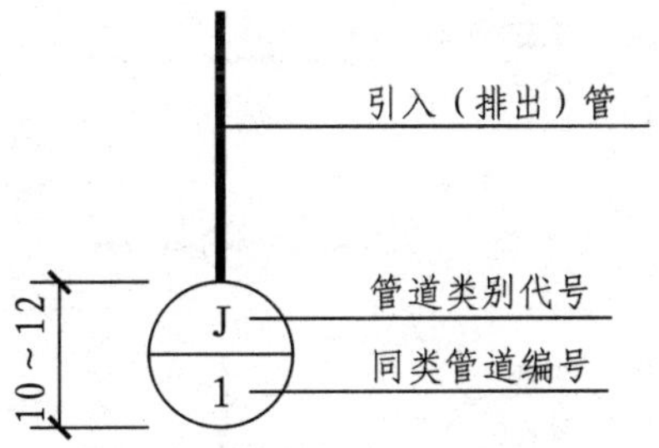

图6-5　给排水管编号表示

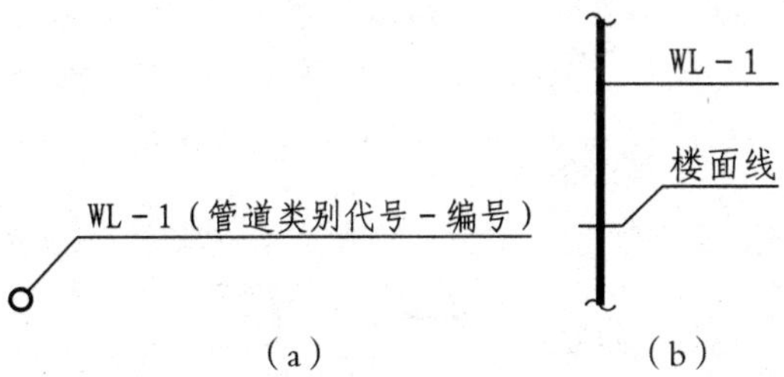

图6-6　立管编号表示

在平面图中，当给排水附属构筑物的数量超过1个时，宜进行编号。编号方法为：构筑物代号-编号。给水构筑物的编号顺序宜为：从水源到干管，再从干管到支管，最后到用户。排水构筑物的编号顺序宜为：从上游到下游，先干管后支管。当给排水机电设备的数量超过一台时，宜进行编号，并应有设备编号与名称对照表。

4. 图例

由于管道是给排水工程图的主要表达对象，这些管道的截面形状变化小，一般细而长，分布范围广，纵横交叉，管道附件众多，因此有它特殊的图示特点。管道类别应以汉语拼音字母表示（表6-2）。

表6-2 给排水图常用图例

序号	名称	图例	备注	序号	名称	图例	备注
1	生活给水管	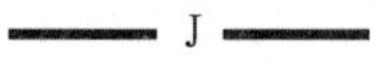		14	通气帽	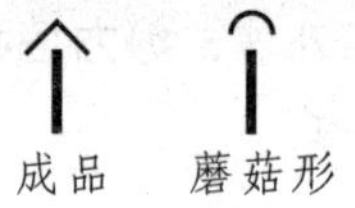	
2	热力给水管	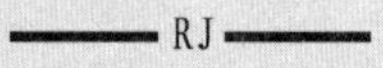		15	通气帽	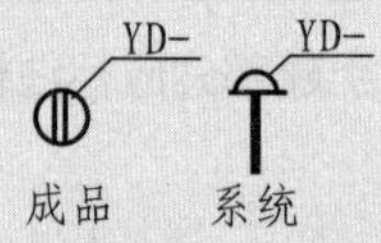	
3	循环给水管	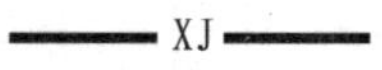		16	排水漏斗	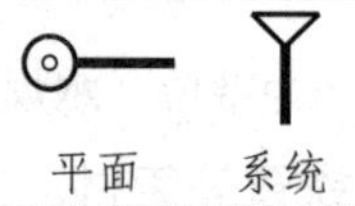	
4	废水管	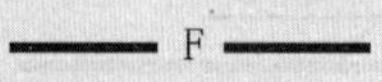	可与中水源水管合用	17	圆形地漏		通用，如无水封，地漏应加存水弯
5	通气管	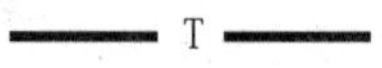		18	方形地漏		
6	污水管			19	自动冲水箱	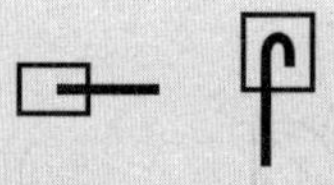	
7	雨水管	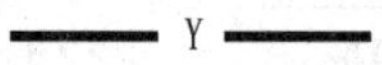		20	法兰连接		
8	保温管	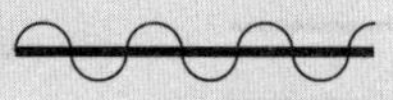		21	承插连接		
9	多孔管			22	活接头	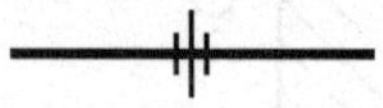	
10	防护管套	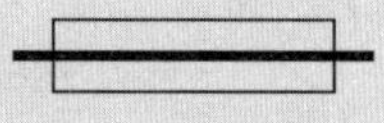		23	管堵		
11	管道立管	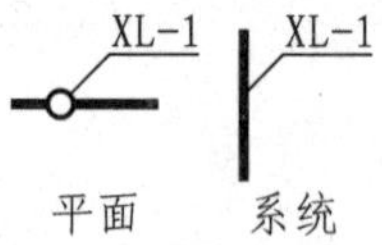	X：管道类别 L：立管 1：编号	24	法兰堵盖		
12	立管检查口			25	弯折管		表示管道向下及向后弯转 90°
13	清扫口			26	三通连接	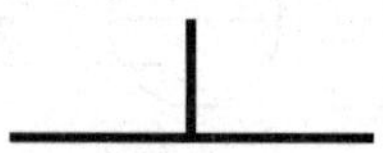	

续表

序号	名称	图例	备注	序号	名称	图例	备注
27	四通连接	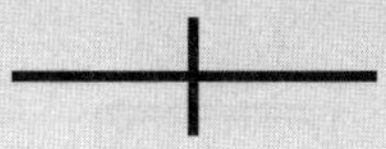		43	截止阀	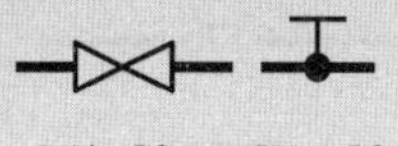 DN≥50 DN<50	
28	盲管			44	电动阀		
29	管道丁字上接	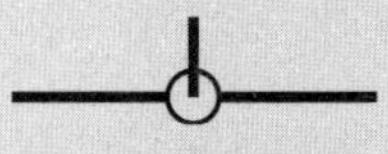		45	电磁阀	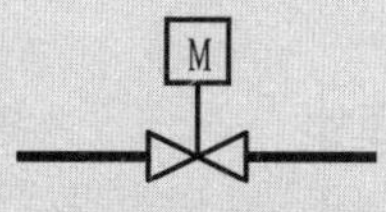	
30	管道丁字下接			46	浮球阀	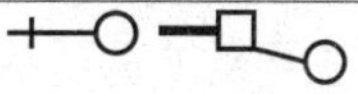 平面 系统	
31	管道交叉	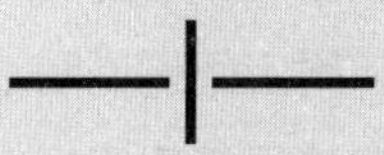		47	延时冲洗阀		
32	短管			48	放水龙头	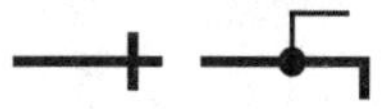 平面 系统	
33	存水弯	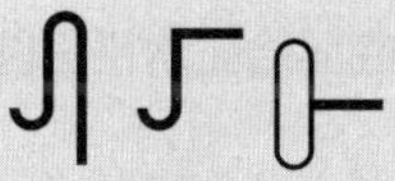		49	脚踏开关	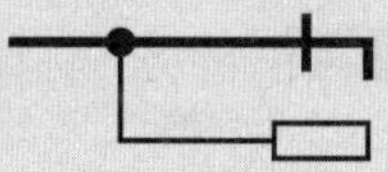	
34	弯头	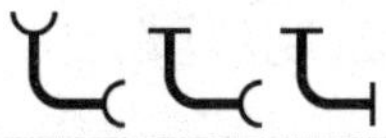		50	消防栓给水管	—— XH ——	
35	正三通	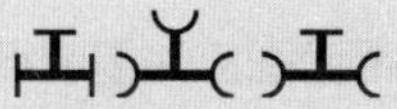		51	自动喷水灭火给水管	—— ZP ——	
36	斜三通	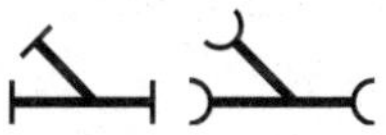		52	室内消火栓（单口）	 平面 系统	白色为开启面
37	正四通	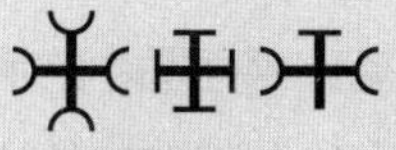		53	室内消火栓（双口）	 平面 系统	
38	斜四通	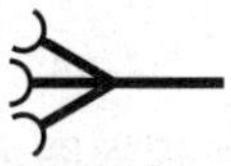		54	自动喷洒头	 平面 系统	
39	闸阀			55	自动喷洒头（闭式）	 平面 系统	下喷
40	角阀			56	雨淋灭火水管	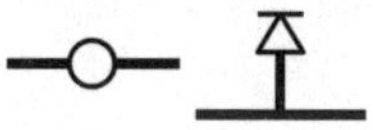 平面 系统	上喷
41	三通阀					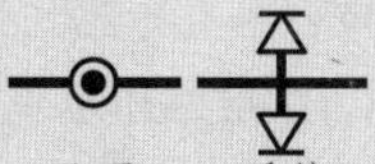 平面 系统	上下喷
42	四通阀	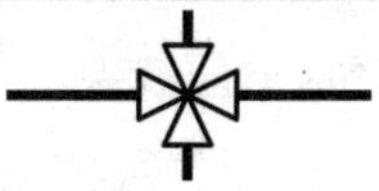				—— YL ——	

续表

序号	名称	图例	备注	序号	名称	图例	备注
57	水幕灭火给水管	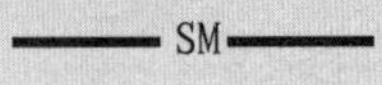		60	挂式洗脸盆		
58	立式洗脸盆			61	浴盆	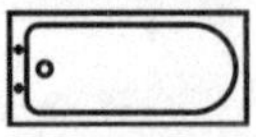	
59	台式洗脸盆	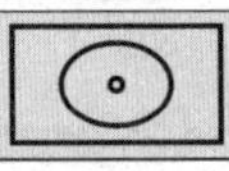		62	化验盆、洗涤盆	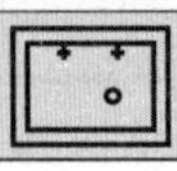	

三、绘制内容要求

给排水平面图主要反映管道系统各组成部分的平面位置，因此，设计空间的轮廓线应与设计平面图或基础平面图一致，一般只要抄绘墙身、柱、门窗洞、楼梯等主要构配件，至于细部、门窗代号等均可略去。

四、绘制注意事项

1. 抄绘产品构造

底层平面图（即±0.00标高层平面图）应在右上方绘出指北针，卫生设备和附件中有一部分是工业产品，如洗脸盆、大便器、小便器、地漏等，只标示它们的类型和位置；另一部分是在后期施工中需要现场制作的，如厨房中的水池（洗涤盆）、卫生间中的大小便槽等，这部分图形先由建筑设计人员绘制，在给排水平面图中仅需抄绘其主要轮廓。

2. 标注管径

给排水管道应包括立管、干管、支管，要标注管径，底层给排水平面图中还有给水引入管和废水、污水排出管。

3. 按系统编号

为了便于读图，底层给排水平面图中的各种管道要按系统编号，系统的划分视具体情况而异，一般给水管以每一引入管为一个系统，污水、废水管以每一个承接排水管的检查并为一个系统。

4. 统一图例

图中的图例应采用标准图例，自行增加的标准中未列的图例，应附上图例说明，但为了使施工员便于阅读图纸，无论是否采用标准图例，最好都能附上各种管道及卫生设备等的图例，并对施工要求和有关材料等内容用文字加以说明，通常将图例和施工说明都附在底层给排水平面图中。

五、给排水图绘制步骤

绘制给排水平面图应注重图纸的表意功能，具体绘制方法可以分为三个步骤。

1. 抄绘基础平面图

（1）先抄绘基础平面图中的墙体与门窗位置等固定构造形态，再绘制现有的给排水立管和卫生设备的位置。

（2）选用比例宜根据图纸的复杂程度合理选择，一般采用与平面图相同的比例，由于平面布局不是该图的主要内容，所以墙、柱、门窗等都用细实线表示。抄绘建筑平面图的数量，宜视卫生设备和给排水管道的具体状况来确定。

（3）对于多层建筑，底层由于室内管道需与室外管道相连，必须单独画出完整的平面图。其他楼层的平面图只抄绘与卫生设备和管道布置有关的部分即可，但是还应分层抄绘。

（4）抄绘时，如果楼层的卫生设备和管道布

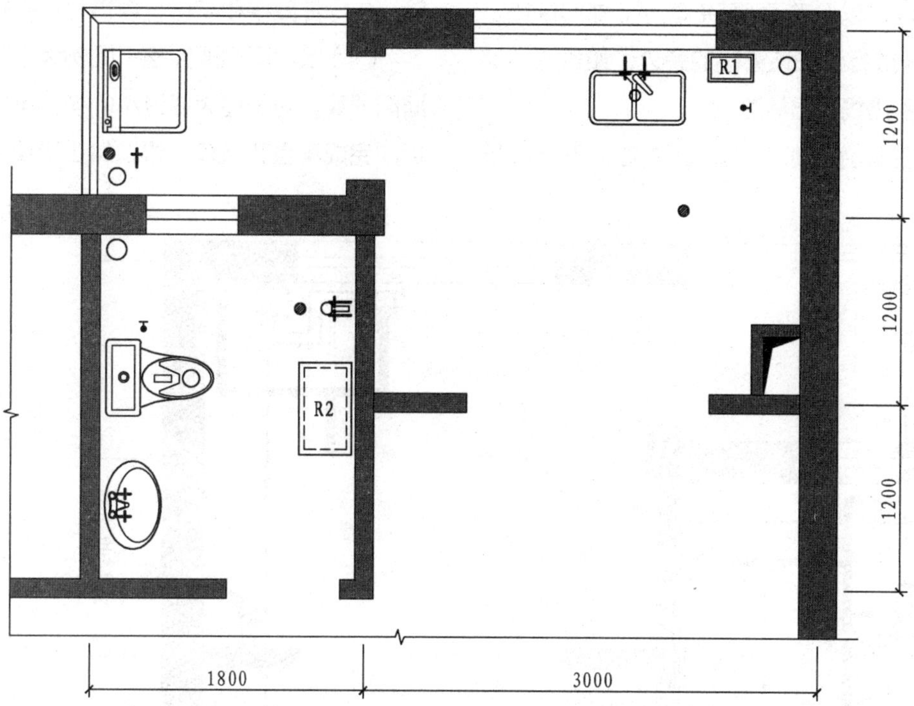

图6-7 住宅厨房、卫生间给排水平面图绘制步骤一

置完全相同，也可以只画出相同楼层的一个平面图，但在图中必须注明各楼层的层次和标高。

（5）设有屋顶水箱的楼层可以单独画出屋顶给排水平面图，当管道布置不太复杂时，也可在最高楼层给排水平面图中用中虚线画出水箱的位置。

（6）各类卫生设备一般须按国家标准图例绘制，用中实线画出其平面图形的外轮廓。对于非标准设计的设施和器具，则应在建筑施工图中另附详图。

（7）如果在施工或安装时有需要，可标注它们的定位尺寸。本例中的卫生设备，如洗脸盆、浴盆、坐式大便器等，都采用定型产品，按相关图集安装（图6-7）。

2. 设计管道

当所有卫生设备和给排水立管绘制完毕后就可以绘制连接管线了，管线的绘制顺序是先连接给水管，再连接排水管，管线连接尽量简洁，避免交叉过多、转角过多，尽量降低管线连接长度。

（1）管线应采用汉语拼音字头代号来表示管道类别，此外，还可以使用不同线型来区分，这对较简单的给排水制图比较适用，如中粗实线表示冷给水管，中粗虚线表示热给水管，粗单点画线表示污水管等。

（2）凡是连接某楼层卫生设备的管道，无论是安装在楼板上，还是楼板下，都可以画在该楼层平面图中；无论管道投影是否可见，都按原线型表示。

（3）给排水平面图按投影关系仅表示了管道的平面布置和走向，对管道的空间位置表达不够明显，所以必须另外绘制管道的系统轴测图。

（4）管道的长度是在施工安装时，根据设备间的距离，直接测量截割的，所以在图中不必标注管长（图6-8）。

3. 标注与图例

（1）连接管线后要标注相关的文字和尺寸，注意检查、核对，发现错误与不合理的地方要及时更正。

（2）给排水管，包括低压流体输送用的镀锌焊接钢管、不涂锌焊接钢管、铸铁管等的管径尺寸应以mm为单位，以公称直径DN表示，如DN15、DN50等，一般标注在该管段的旁边，如位置不够时，也可用引出线引出标注。

（3）标注顺序一般为先标注立管，再标注横管，先标注数字和字母，再书写汉字标题。

（4）绘制图例要完整，图例大小一般应该与平面图一致，对于过大或过小的构件可以适当扩减，标注完成再重新检查一边，纠正错误（图6-9）。

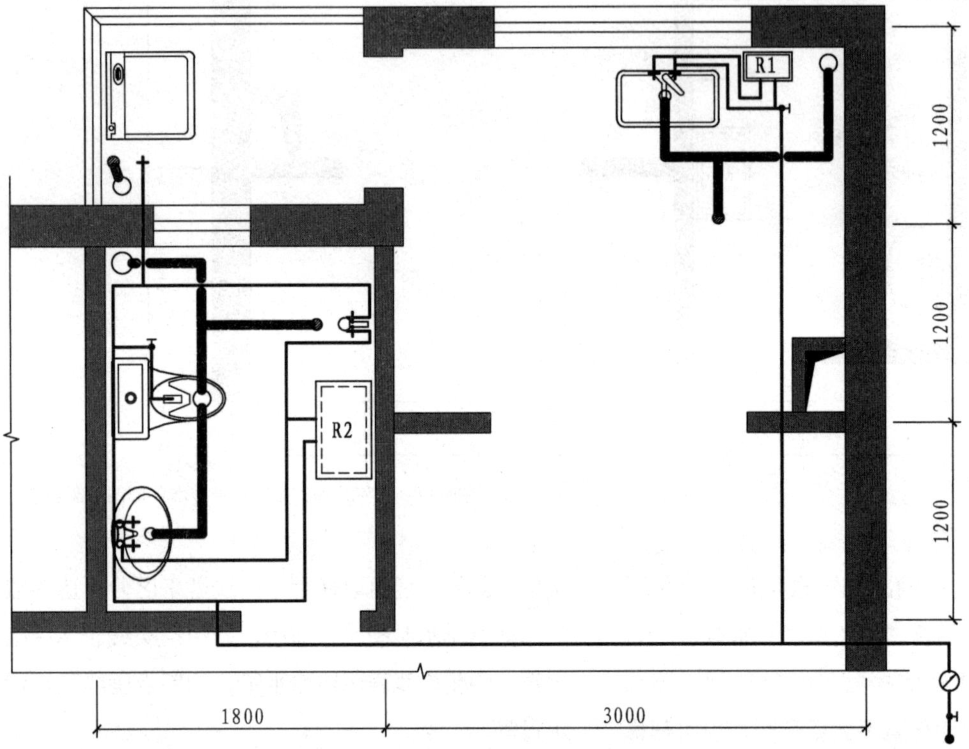

图6-8 住宅厨房、卫生间给排水平面图绘制步骤二

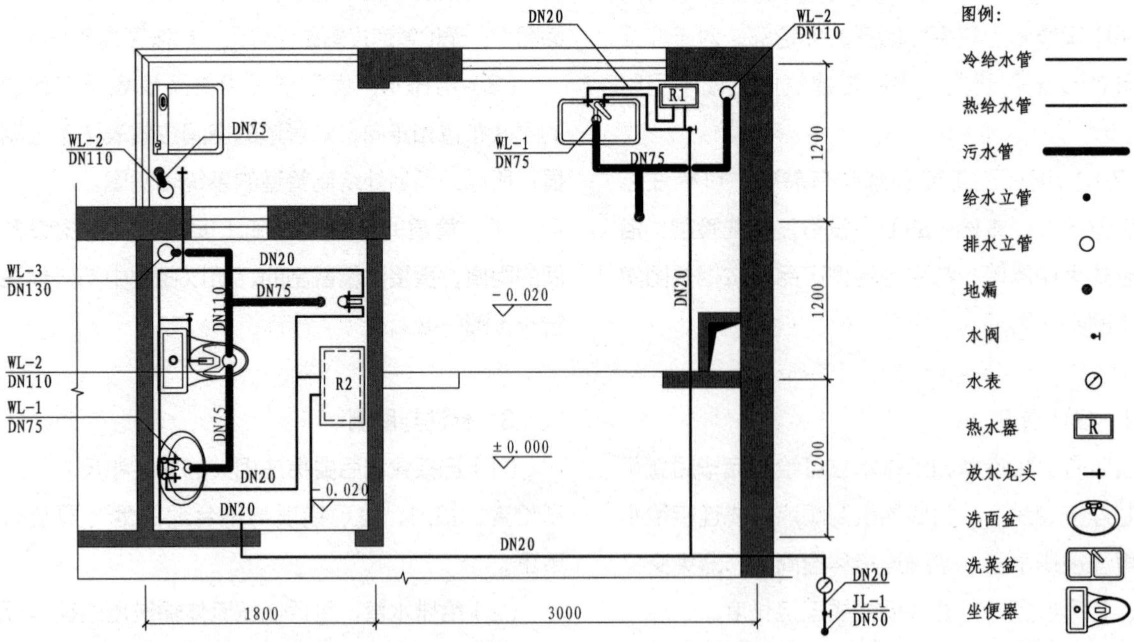

图6-9 住宅厨房、卫生间给排水平面图绘制步骤三

六、正面斜轴测图

在绘图时，按轴向量取长度较为方便，国家标准规定，给排水轴测图一般按45° 正面斜轴测投影法绘制，其轴间角和轴向伸缩系数也应按照标准规范来设定（图6-10）。

由于管道轴测图通常采用与给排水平面图相同的比例，沿坐标轴X、Y方向的管道，不仅与相应的轴测轴平行，而且可从给排水平面图中量取长度，平行于坐标轴Z方向的管道，则也应与轴测轴OZ相平行，且可按实际高度以相同的比例做出。凡不平行坐标轴方向的管道，则可通过作平行于坐标轴的辅助线，从而确定管道的两端点而连成。

七、管道绘制

（1）管道系统的划分一般按给排水平面图中进出口编号已分成的系统，分别绘制出各管道系统的轴测图，这样，可避免过多的管道重叠和交叉。

（2）为了与平面图相呼应，每个管道轴测图都应该编号，且编号应与底层给排水平面图中管道进出口的编号相一致。

（3）给水、废水、污水轴测图中的管道可以都用粗实线表示，其他的图例和线宽仍按原规定。

（4）在轴测图中不必画出管件的接头形式，在管道系统中的配水器，如水表、截止阀、放水龙头等，可用图例画出，但不必每层都画，相同布置的各层，可只将其中的一层画完整，其他各层只需在立管分支处用折断线表示。

（5）在排水轴测图中，可以用相应图例画出卫生设备上的存水弯、地漏或检查口等，排水横管虽有坡度，但由于比例较小，故可画成水平管道。由于所有卫生设备或配水器具已在给排水平面图中表达清楚，故在排水管道轴测图中就没必要再画出。

（6）轴测图中还要画出被管道穿过的墙、地面、楼面、屋面的位置，一般用细实线画出地面和墙面，并加轴测图中的材料图例线，用一条水平细实线画出楼面和屋面。

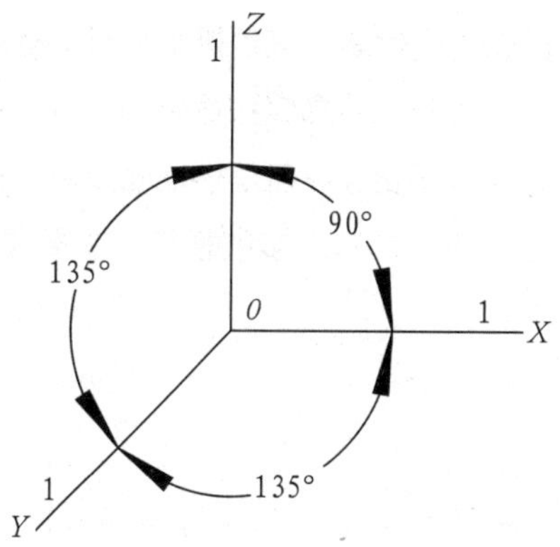

图6-10 给排水管道轴测图所用的正面斜等测

（7）对于水箱等大型设备，为了便于与各种管道连接，可用细实线画出其主要外形轮廓的轴测图。

（8）当管道在系统图中交叉时，应在鉴别其可见性后，在交叉处将可见的管道画成延续线，而将不可见的管道画成断开线。

（9）当在同一系统中的管道因互相重叠和交叉而影响轴测图的清晰度时，可将一部分管道平移至空白位置画出，称为移置画法。

八、管道标注

（1）管道的管径一般标注在该管段旁边，标注空间不够时，可用指引线引出标注，室内给排水管道标注公称直径DN。

（2）管道各管段的管径要逐段标注，当不连续的几段管径都相同时，可以仅标注它的始段和末段，中间段可以省略不标注。

（3）管道轴测图中标注的标高是相对标高，即以底层室内主要地面为±0.00。在给水轴测图中，标高以管中心为准，一般要标注引入管、横管、阀门及放水龙头，卫生设备的连接支管，各层楼地面及屋面，与水箱连接的各管道，以及水箱的顶面和底面等构造的标高。

（4）在排水轴测图中，横管的标高以管内底为准，一般应标注立管上的通气帽、检查口、排出管的起点标高。其他排水横管的标高，一般根据卫生设备的安装高度和管件的尺寸，由施工员决定。此外，还要标注各层楼地面及屋面的标高。

（5）凡有坡度的横管（主要是排水管），都要在管道旁边或引出线上标注坡度，当排水横管采用标准坡度时，则在图中可省略不标注，而须在施工图的说明中写明（图6-11、图6-12）。

绘制给排水图需要认真思考，制图时要多想少画，完成后要反复检查，严格按照国家标准图例规范制图。

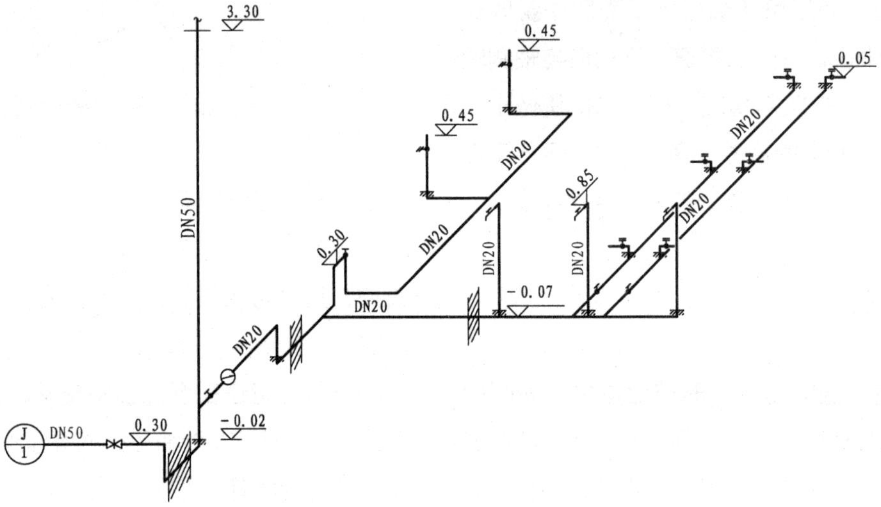

图6-11　公共卫生间给水轴测图

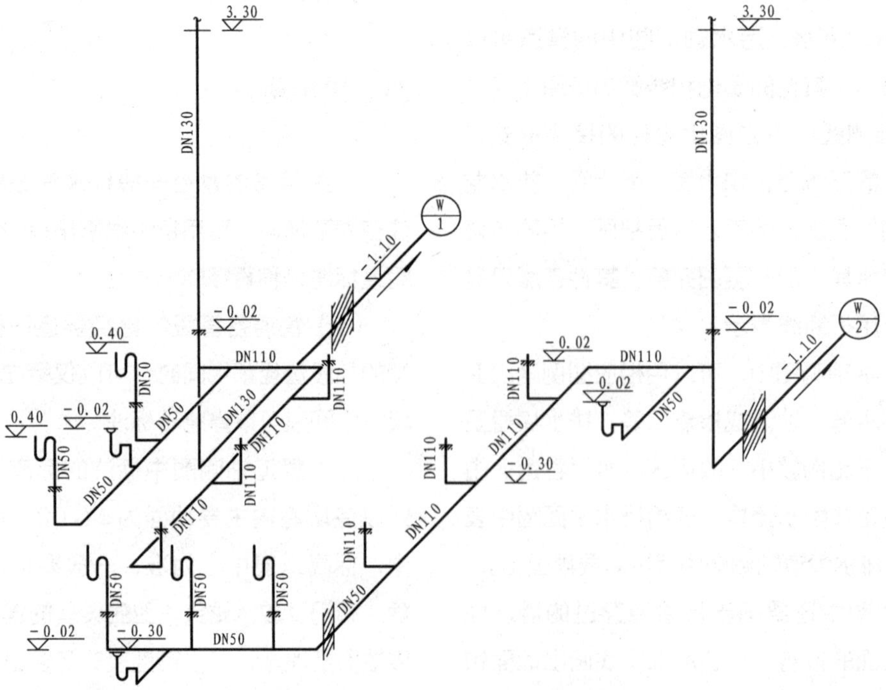

图6-12　公共卫生间排水轴测图

补充要点

给排水图审核的原则

1. 设计是否符合国家有关技术政策和标准规范，图纸资料是否齐全，能否满足施工需要。
2. 设计是否合理，有无遗漏，图纸中的标注有无错误，有关管道编号、设备型号是否完整无误，有关部位的标高、坡度、坐标位置是否正确，材料名称、规格型号、数量是否正确完整。
3. 设计说明及设计图中的技术要求是否明确，设计是否符合企业施工技术装备条件，如需要采用特殊措施时，技术上有无困难，能否保证施工质量和施工安全。
4. 设计意图、工程特点、设备设施及其控制工艺流程、工艺要求是否明确，各部分设计是否明确，是否符合工艺流程和施工工艺要求。
5. 管道安装位置是否美观和方便使用。管道、组件、设备的技术特性，如工作压力、温度、介质是否清楚。
6. 需要采用特殊施工方法、施工手段、施工机具的部位要求和做法是否明确，有无特殊材料要求，其规格、品种、数量能否满足要求，有无材料代用的可能性。

第二节　技艺复杂的电气图

在绘制电气图之前，需要对电路布局有一个大致的设想，对于电路中可能会运用到的各项电气设备也需要有基本了解。绘制之前一定要做好充足的准备，这样绘制电气图时才能胸有成竹，不会出现错误。

一、常用表示方法

电气图中各组件常用的表示方法很多，有多线表示法、单线表示法、连接表示法、半连接表示法、不连接表示法和组合法等。根据图纸的用途、图面布置、表达内容、功能关系等，具体选用其中一种表示法，也可将几种表示法结合运用（表6-3）。

表6-3　图线

名称	线型	线宽	用途
中粗实线	————————	0.75*b*	基本线、轮廓线、导线、一次线路、主要线路的可见轮廓线
中粗虚线	— — — — — — —	0.75*b*	基本线、轮廓线、导线、一次线路、主要线路的不可见轮廓线
细实线	————————	0.25*b*	二次线路、一般线路、建筑物与构筑物的可见轮廓线
细虚线	— — — — — — —	0.25*b*	二次线路、一般线路、建筑物与构筑物的不可见轮廓线、屏蔽线、辅助线
单点长画线	——— - ——— - ———	0.25*b*	控制线、分界线、功能图框线、分组图框线等
双点长画线	——— - - ——— - - ———	0.25*b*	辅助图框线、36V 以下线路等
折断线	————\/————	0.25*b*	断开界线

1. 多线表示法

多线表示法是指各元件之间的连线按照导线的实际走向逐根分别画出（图6-13）。

2. 单线表示法

单线表示法是指各元件之间走向一致的连接导线可用一条线表示，而在线条上画上若干短斜线表示根数，或者在一根短斜线旁标注数字表示导线根数（一般用于三根以上导线数），即图上的一根线实际代表一束线。某些导线走向不完全相同，但在某段上相同。平行的连接线也可以合并成一条线，在走向变化时，再逐条分出去，使图面保持清晰，单线法表示的线条可以编号（图6-14）。

3. 组合线表示法

组合线表示法是指在同一图样中，必要时可以将多线表示法和单线表示法组合起来使用，在复杂连接的地方使用多线表示法，在比较简单的地方使用单线表示法。线路的去向可以用斜线表示，以方便识别导线的汇入与离开线束的方向（图6-15）。

4. 指引线标注

指引线标注所用的指引线一般为细实线。在电气施工图中，为了标记和注释图样中的某些内容，需要用指引线在旁边标注简短的文字说明，指向被注释的部位。指向轮廓线内，线端以圆点表示；指向轮廓线上，线端以箭头表示；指向电路线上，线端以短斜线表示（图6-16）。

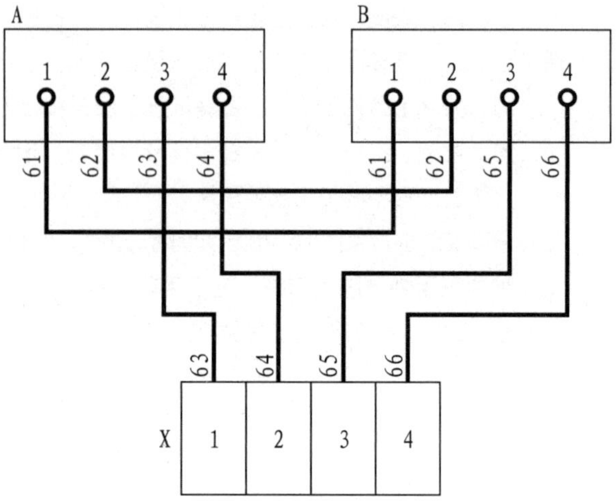

图6-13 多线表示法

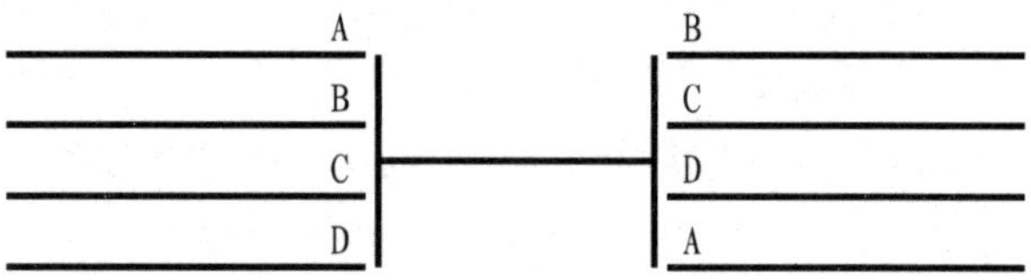

图6-14 单线表示法

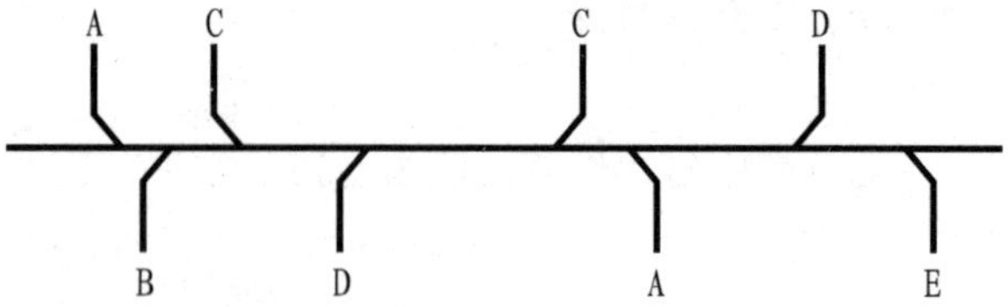

图6-15 组合线表示法

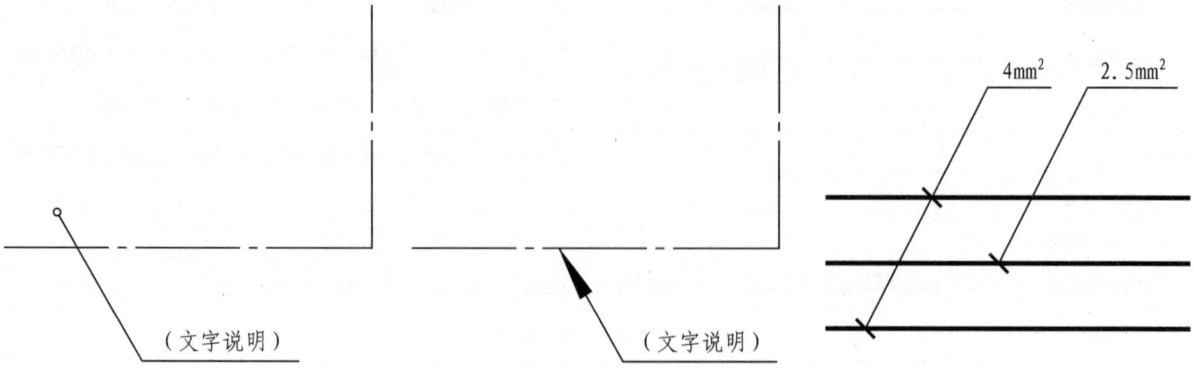

图6-16 指引线末端标注

二、图形符号

（1）图形符号一般分为限定符号、一般符号、方框符号等标记或字符，限定符号不能单独使用，必须同其他符号组合使用，构成完整的图形符号。

（2）在不改变符号含义的前提下，符号可根据图面布置的需要旋转，但文字应水平书写，图形符号可根据需要缩放。

（3）当一个符号用以限定另一个符号时，该符号一般缩小绘制，符号缩放时，各符号间及符号本身的比例应保持不变。

（4）有些图形符号具有几种图形形式，使用时应优先采用“优选形”。在同一设计项目中，只能选用同一种图形形式。

（5）图形符号的大小和线条的粗细均要求基本一致，图形符号中的文字符号、物理量符号等，应视为图形符号的组成部分。同一图形符号表示的器件，当其用途或材料不同时，应在图形符号的右下角用大写英文名称的字头表示其区别。

（6）对于国家标准中没有的图形符号可以根据需要创建，但是要在图纸中标明图例供查阅，并不得与国家标准相矛盾（表6-4）。

表6-4　电气图常用图例

序号	名称	图例	备注	序号	名称	图例	备注
1	屏、台、箱、柜	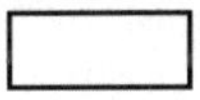	一般符号	8	单相插座		
2	照明配电箱		可涂红、可标示电流种类	9	带保护的单相插座	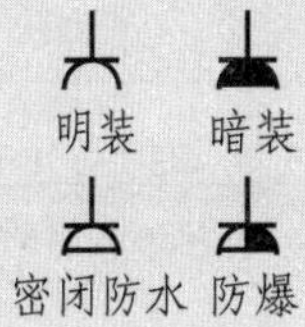	带接地插孔的插座
3	多种配电箱			10	带接地插孔的三相插座	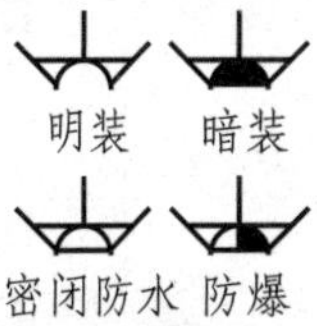	
4	电能表		测量单相传输能量	11	插座箱		
5	灯		一般符号	12	带单极开关的插座		
6	电铃			13	单极开关	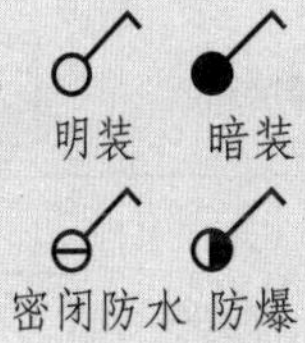	
7	电警笛		报警器	14	双极开关	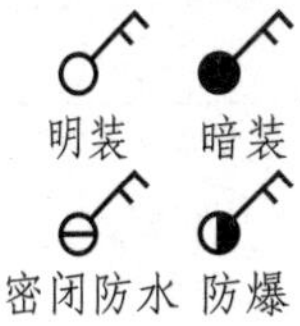	

续表

序号	名称	图例	备注	序号	名称	图例	备注
15	三极开关	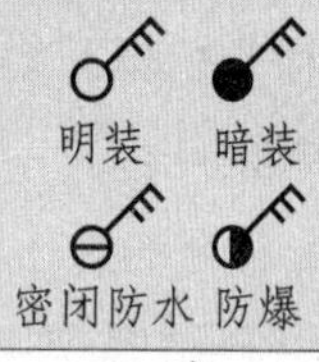		29	温感火灾探测器	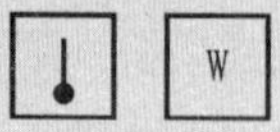	点式
16	声控开关			30	火灾报警按钮		
17	光控开关			31	气体火灾探测器		
18	单极限时开关	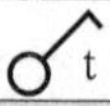		32	火焰探测器		
19	双控开关	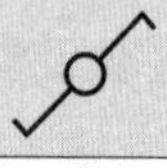	单极三线	33	火警电铃		
20	具有指示灯的开关		用于不同照度	34	火警电话		
21	多拉开关			35	火灾警报器		
22	投光灯			36	消防喷淋器		
23	聚光灯	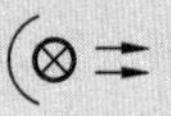		37	摄像机	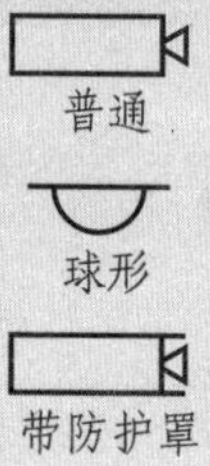	
24	泛光灯			38	电信插座		
25	荧光灯	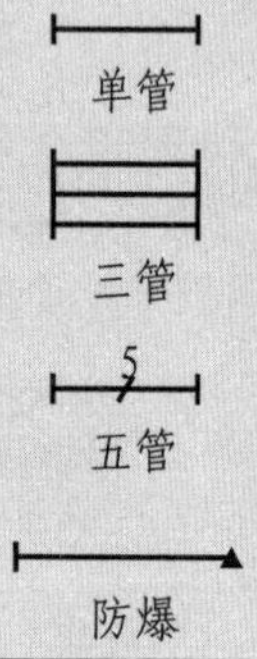		39	带滑动防护板插座	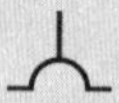	
26	应急灯		自带光源	40	多个插座	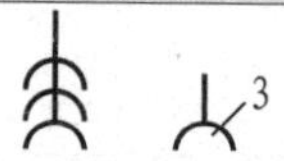	表示三个插座
27	火灾报警控制器	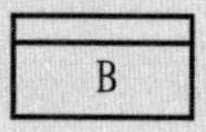		41	配线	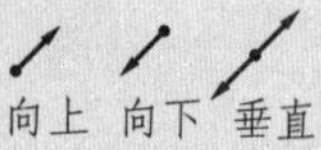	
28	烟感火灾探测器	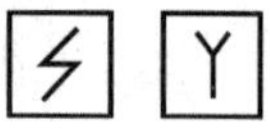	点式	42	导线数量	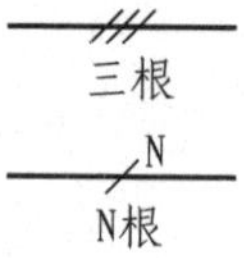	

三、强弱电插座平面布置图

强弱电插座数量需要根据设计要求来确定，住宅各功能房间强弱电插座数量见表6-5。

表6-5　强弱电插座数量一览表

位置	五孔插座	16A 插座	电视插座	网络插座	光纤插座	电话插座	防水罩	备注
客厅－电视墙面	3	无	1	1	1	无	无	不包含影音终极面板
客厅－沙发墙面	2	无	无	无	无	1	无	沙发两侧布置
客厅－空调墙面	无	1	无	无	无	无	无	靠近室外空调机位的墙角布置
餐厅	3	1	1	1	无	无	无	餐厅各面墙布置
阳台	1	无	无	无	无	无	1	根据需要布置
过道	2	无	无	无	无	无	无	根据需要布置
卧室－床头	2	无	无	1	无	1	无	床头两侧，注意与床头柜的遮挡
卧室－电视墙面	3	无	1	1	1	无	无	保留足够熟练
卧室－空调墙面	无	1	无	无	无	无	无	靠近室外空调机位的墙角布置
卧室－梳妆台墙面	2	无	无	无	无	无	无	根据需要布置
书房	5	2	1	1	1	1	无	尽量增加布置
卫生间	3	2	无	1	无	1	全部加装	根据需要布置
厨房	5	3	1	1	无	1	全部加装	根据需要布置

插座不能布置在立式暖气的周边，用水端口与插座在同一墙面上时，应保证水下电上错开布置，高度不小于200mm，水平距离不小于250mm，并安装有防水罩。如果在同一平面上，距离不小于450mm，此外，插座不能设计在淋浴区（图6-17）。

功能相同的插座高度应保持一致，距离地面高度300mm，如不同用途的插座应当根据用途来设定高度（图6-18）。

插座的布置要结合家具、电器摆放，尽可能不要被家具、电器遮挡（图6-19）。

卫生间淋浴龙头、暖气片、金属软管等金属材料必须进行等电位箱接线，卫生间内插座也必须进行等电位接线。因为管道中的金属螺口可能会带静电或发生漏电，通过连接电线到等电位箱，再由等电位箱集中连接到整体户型中的地线，可有效保障用电安全（图6-20）。

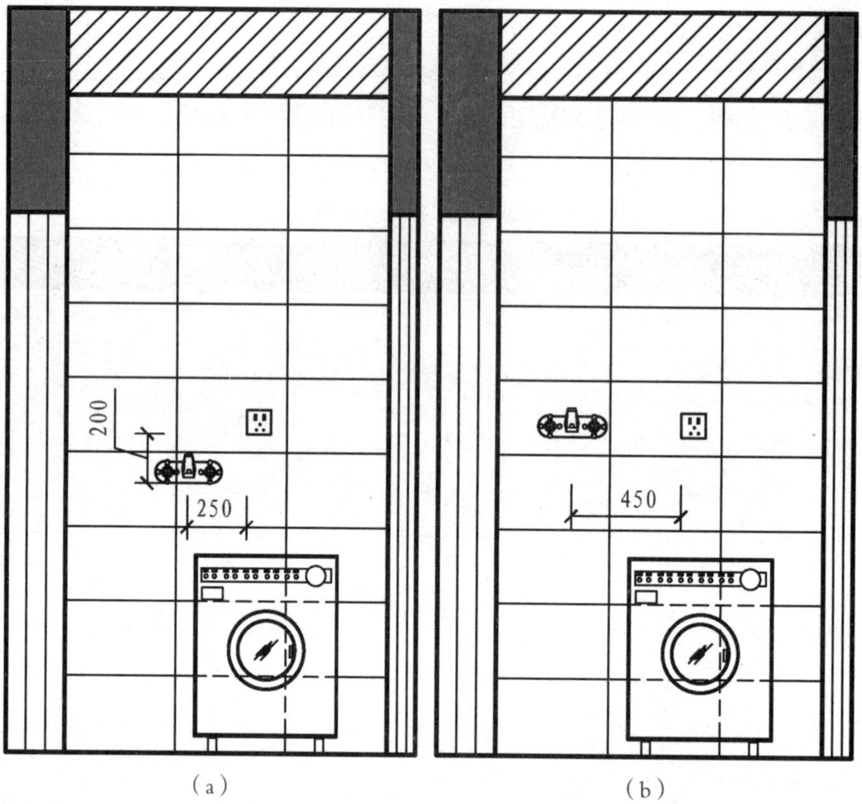

图6-17　插座位置

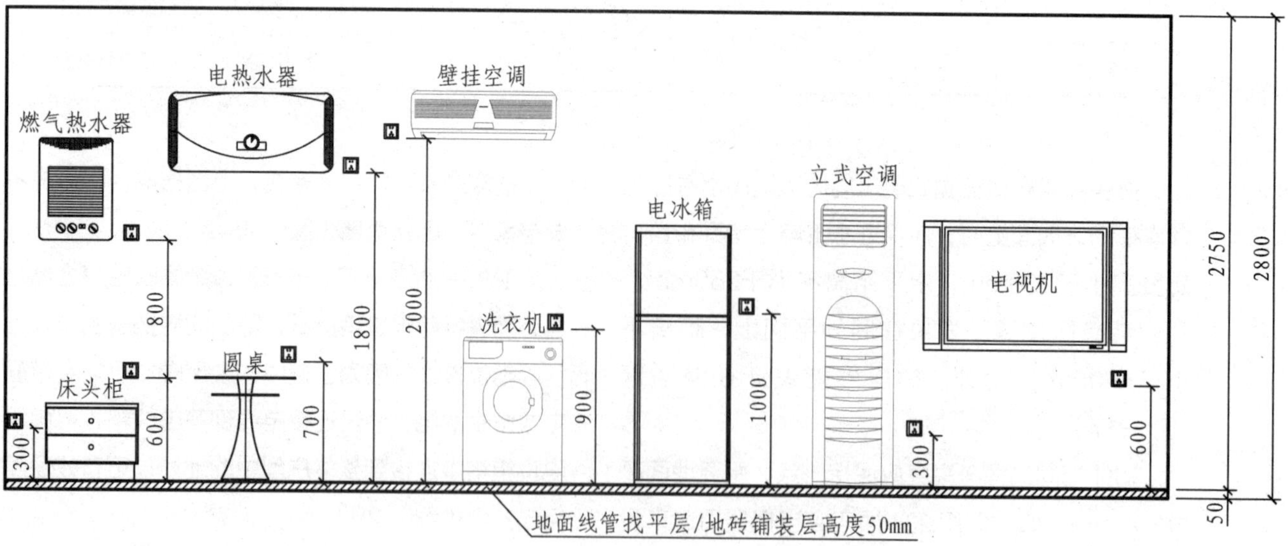

图6-18　同一房间内插座与电器尺寸关系

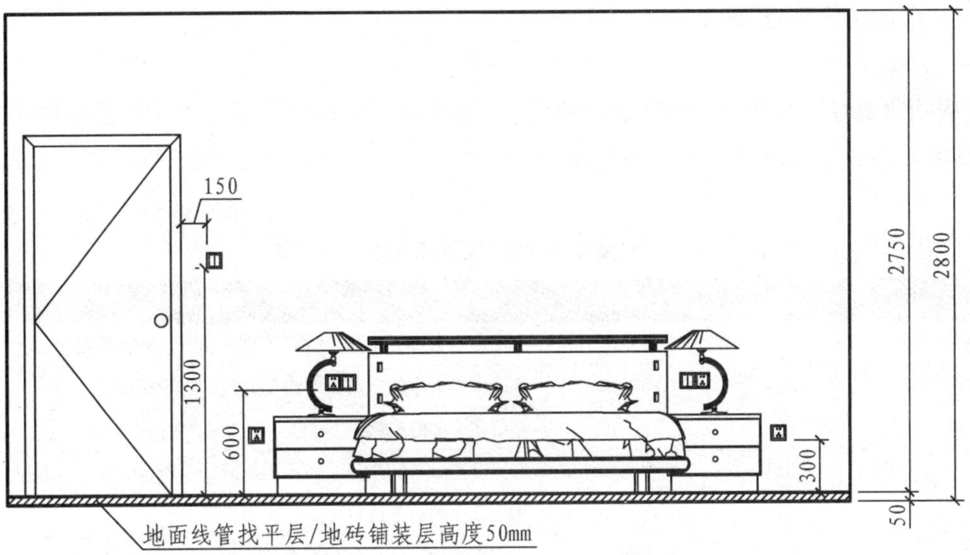

图6-19 插座不能被电器遮挡

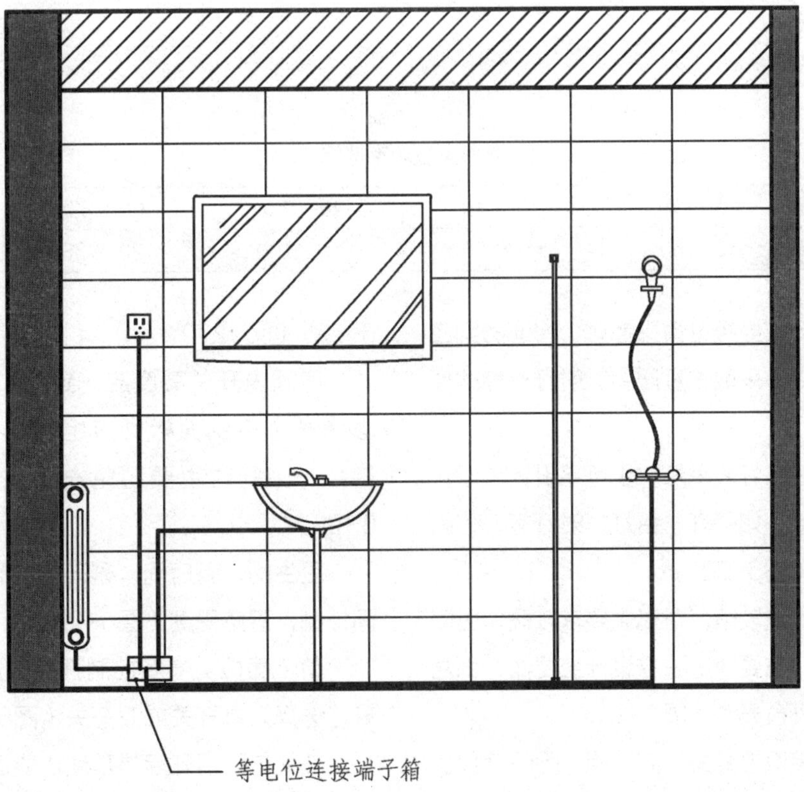

图6-20 等电位设计连线

四、照明控制及位置布置图

各类型房间照明灯具数量应当根据设计要求绘制，选择相对应的功率（表6-6、表6-7）。在照度值低的房间类型中减少相应功率配置（表6-8）。

表6-6 各类型房间照明灯具数量表

位置	主灯	射灯或筒灯	说明
客厅（含进门玄关）	1盏	1盏/5m^2	选择适当大小的主灯，射灯不宜安装在沙发上方及电视上方
餐厅	1盏	1盏/3m^2	选择适当大小的主灯，可采用射灯，但不宜直射
过道	无	1盏/2m^2	布置多个射灯或筒灯
卧室	可选	1盏/4m^2	选择适当大小的主灯，可采用射灯，但不能直射床头及卧室电视
书房	可选	1盏/4m^2	布置多个射灯或筒灯
卫生间	无	1盏/2m^2	采用防水筒灯，光源宜布置在马桶、手盆上方
厨房	无	1盏/2m^2	选择吸顶灯或防水筒灯
阳台	无	1盏/2m^2	选择吸顶灯或防水筒灯

表6-7 功率选择表

房间或场所	照明功率密度/（W/m^2）	对应照度值/lx
起居室	7～8	100
卧室		75
餐厅		150
厨房		120
卫生间		100

表6-8 普通居室功率选择表

居室面积/m^2	15～18	30～40	45～50	60～70	75～80
照明功率/W	40～60	60～80	80～100	120～250	300～400

灯具位置设计应当经过慎重考虑，普通房间应遵循中分对称原则，采取主灯居中、射灯对称的原则（图6-21）。

卧室不宜安装多灯头吊灯，也可不设计主灯，采用其他光源设计，如壁灯、台灯、射灯等，但射灯不宜直射床头（图6-22）。

卫生间多半光线较暗，对光源要求较高，因而应在灯具摆放时，主要考虑独立设计坐便器、面盆等的主要位置的垂直光源（图6-23）。

楼梯必须安装双控开关控制照明（图6-24）。过道、卧室、客厅也应当采用双控的照明设计（图6-25～图6-27）。

房间内开关高度应一致，如同时有空调、地暖等多个控制面板则应组合布置，在视觉上保持统一，同时也要避免占用过大墙面面积（图6-28）。

卫生间、厨房间、露天阳台的开关宜放置在房间外侧，避免受潮（图6-29）。

单个面板上最多控制开关数量不宜大于3个，最佳选择为单开关或双开关（图6-30）。

开关与门扇开启是基础功能设计，必须按标准位置设计（图6-31）。

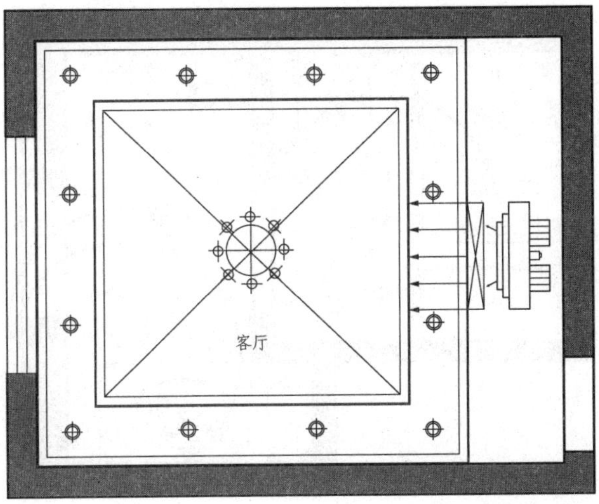

图6-21　客厅照明设计

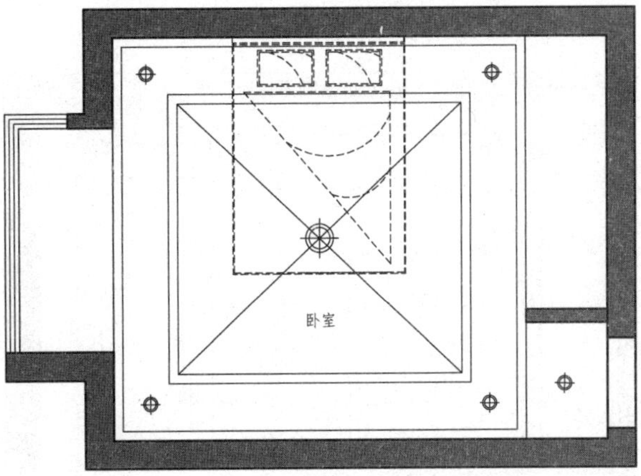

图6-22　卧室照明设计

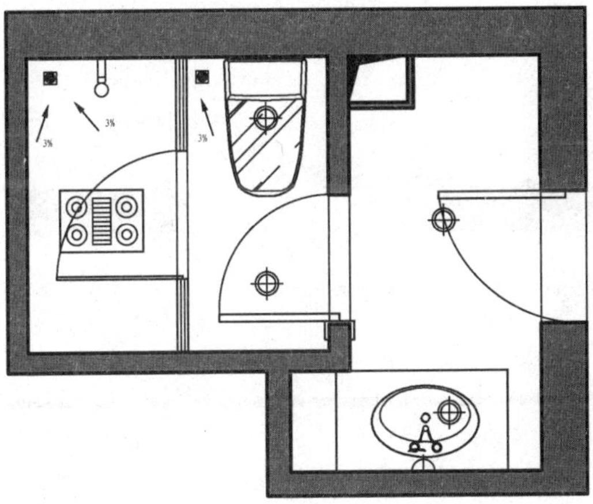

图6-23　卫生间照明设计

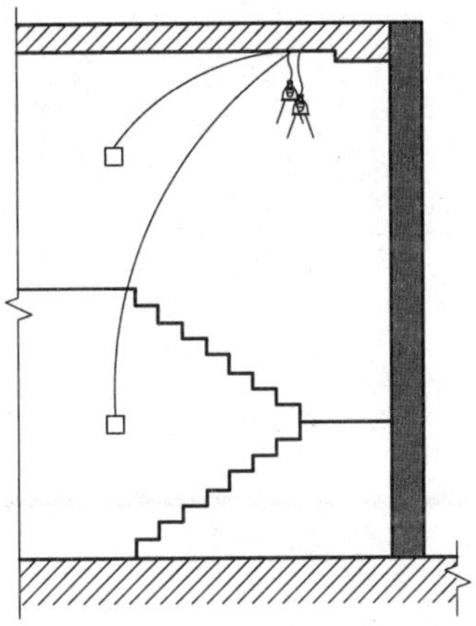

图6-24　楼梯双控照明设计

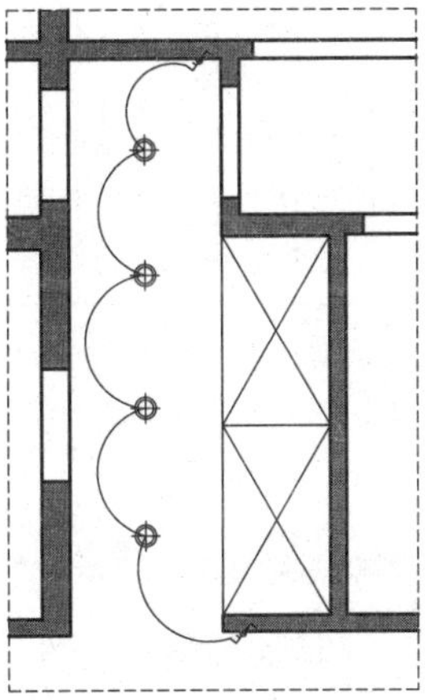

图6-25　过道双控照明设计

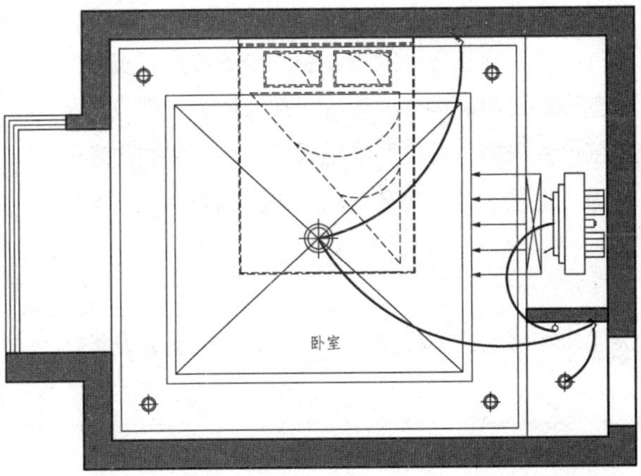

图6-26　卧室双控照明设计

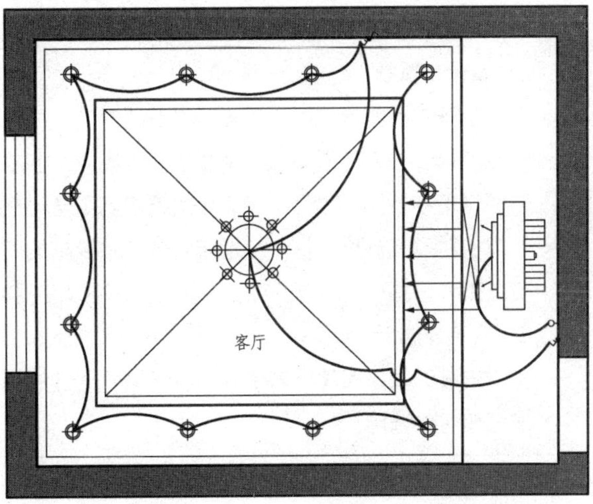

图6-27　客厅双控照明设计

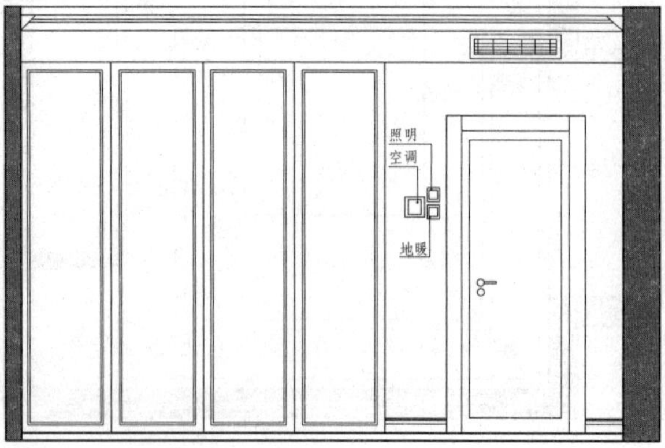

图6-28 开关组合

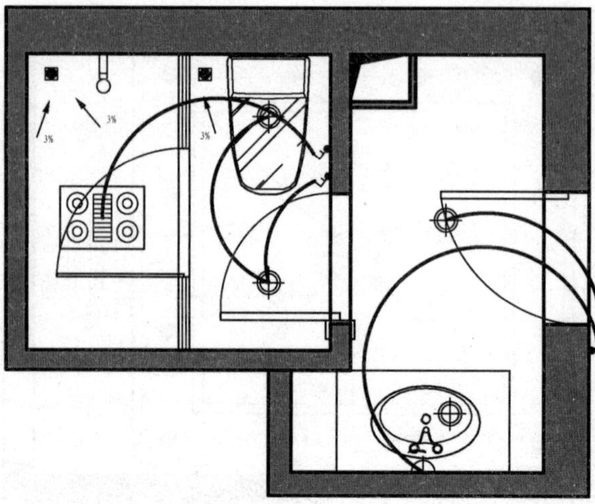

图6-29 外置开关

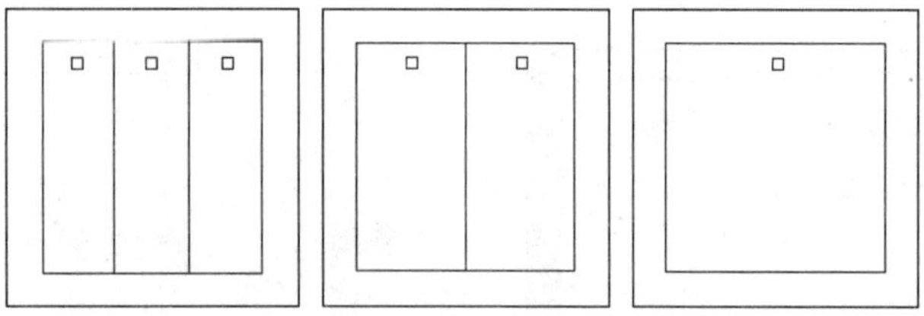

（a）三开关 （b）双开关 （c）单开关

图6-30 开关数量

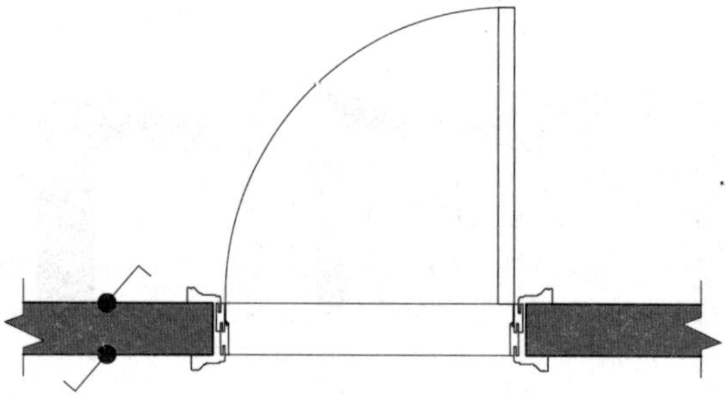

图6-31 开关与门扇的位置

补充要点

其他种类电气图

1. 电路图

电路图也可以称为接线图或配线图，是用来表示电气设备、电器元件和线路的安装位置、接线方法、配线场所的一种图。一般电路图有两种：一种是属于电气安装施工中的强电部分，主要表达和指导安装各种照明灯具、用电设施的线路敷设等安装图样；另一种电路图是属于电气安装施工中的弱电部分，是表示和指导安装各种电子装置与家用电器设备的安装线路和线路板等电子元器件规格的图样。

2. 设备布置图

设备布置图是按照正投影图原理绘制的，用以表现各种电器设备和器件的设计空间中的位置、安装方式及其相互关系的图样。通常由水平投影图、侧立面图、剖面图及各种构件详图等组成。例如，灯位图是一种设备布置图。为了不使工程的结构施工与电气安装施工产生矛盾，灯位图使用较广泛。灯位图在表明灯具的种类、规格、安装位置和安装技术要求的同时，还详细地画出部分建筑结构。这种图无论对于电气安装工，还是结构制作的施工人员，都有很大的作用。

3. 安装详图

安装详图是表现电气工程中设备某一部分的具体安装要求和做法的图样。国家已有专门的安装设备标准图集可供选用。

第三节　要求严格的暖通空调图

绘制暖通空调图之前要规定好线宽和线型，所用管道的管径要确定好，管道的布局也要提前设想好，对于前期绘制的相关图纸和搜集到的相关资料要记录在册，并进行编号处理，以便后期进行查阅。

一、一般规定

（1）图线的基本宽度b和线宽组，应根据图样的比例、类别及使用方式确定。

（2）基本宽度b宜选用0.18mm、0.35mm、0.5mm、0.7mm、1.0mm，图样中仅使用两种线宽的情况，线宽组宜为b和0.25b，三种线宽的线宽组宜为b、0.5b和0.25b。

（3）在同一张图纸内，各不同线宽组的细线，可统一采用最小线宽组的细线。

（4）暖通空调专业制图采用的线型及其含义有具体要求，图样中也可以使用自定义图线及含义，但应明确说明，且其含义不应与本标准相反（表6-9）。

（5）总平面图、平面图的比例，宜与工程项目设计的主导专业一致。

表6-9　　图线

名称	线型	线宽	用途
粗实线		b	单线表示的管道
中实线		0.5b	本专业设备轮廓、双线表示的管道轮廓
细实线		0.25b	建筑物轮廓；尺寸、标高、角度等标注线及引出线；非本专业设备轮廓
粗虚线		b	回水管线
中虚线		0.5b	本专业设备及管道被遮挡的轮廓
细虚线		0.25b	地下管沟，改造前风管的轮廓线；示意性连接
单点长画线		0.25b	轴线、中心线
双点长画线		0.25b	假想或工艺设备轮廓线
中波浪线		0.5b	单线表示的软管
细波浪线		0.25b	断开界限
折断线		0.25b	断开界限

二、常用图例

水、汽管道代号的选用，自定义水、汽管道代号应避免与其相矛盾，并应在相应图面中说明。自定义可取管道内介质汉语名称的拼音首个字母，如与表内已有代号重复，应继续选取第2、第3个字母，最多不超过3个。如果采用非汉语名称标注管道代号，须明确表明对应的汉语名称（表6-10）。

风道代号的采用，暖通空调图常用图例采用见表6-11、表6-12。

表6-10　　水、气管道代号

序号	代号	管道名称	备注
1	R	（供暖、生活、工艺用）热水管	1. 用粗实线、粗虚线区分供水、回水时，可省略代号； 2. 可附加阿拉伯数字 1、2 区分供水、回水； 3. 可附加阿拉伯数字 1、2、3…表示一个代号、不同参数的多种管道
2	Z	蒸汽管	需要区分饱和、过热、自用蒸汽时，可在代号前分别附加 B、G、Z
3	N	凝结水管	
4	P	膨胀水管、排污管、排气管、旁通管	需要区分时，可在代号后附加一位小写拼音字母，即 Pz、Pw、Pq、Pt
5	G	补给水管	
6	X	泄水管	
7	XH	循环管、信号管	循环管为粗实线，信号管为细虚线。不致引起误解时，循环管也可为 X
8	Y	溢排管	
9	L	空调冷水管	
10	LR	空调冷 / 热水管	
11	LQ	空调冷却水管	
12	N	空调冷凝水管	
13	RH	软化水管	
14	CY	除氧水管	
15	YS	盐液管	
16	FQ	氟汽管	
17	FY	氟液管	

表6-11　　风道代号

序号	代号	风道名称	序号	代号	风道名称
1	K	空调风管	4	H	回风管（一、二次回风可附加 1、2 区别）
2	S	送风管	5	P	排风管
3	X	新风管	6	PY	排烟管或排风、排烟共用管道

表6-12　　暖通空调图常用图例

序号	名称	图例	备注
1	阀门、截止阀	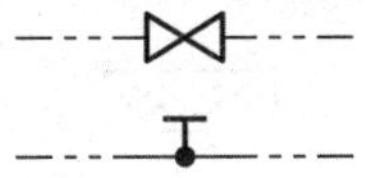	
2	闸阀	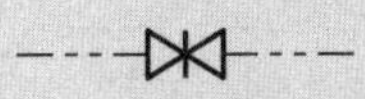	
3	手动调节阀		
4	角阀	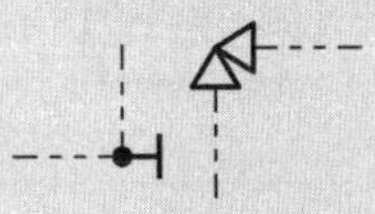	
5	集气罐、排气装置	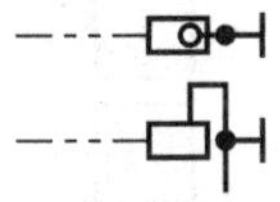	上图为平面图 下图为立面图
6	自动排气阀		
7	除污器（过滤器）	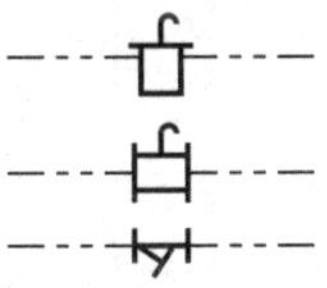	上图为立式除污器； 中图为卧式除污器； 下图为Y型过滤器
8	变径管 异径管	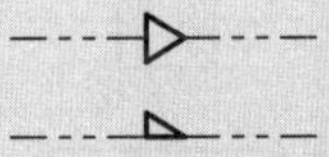	上图为同心异径管； 下图为偏心异径管
9	法兰盖		
10	丝堵	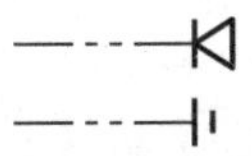	
11	金属软管	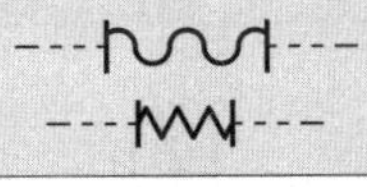	
12	绝热管		
13	保护套管	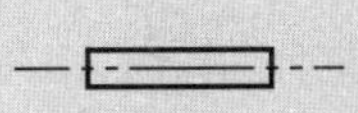	
14	固定支架	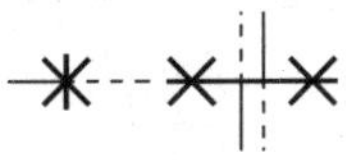	
15	介质流向		流向符号宜标注在管道中心线上，其余可同管径标注位置
16	砌筑风、烟道	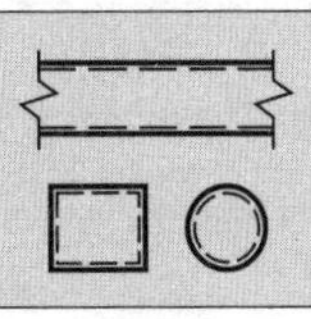	
17	带导流片弯头		
18	天圆地方	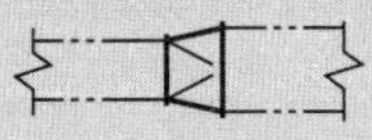	左接矩形风管， 右接圆形风管
19	蝶阀	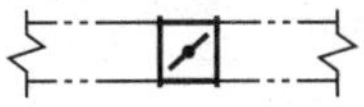	
20	风管止回阀		
21	三通调节阀	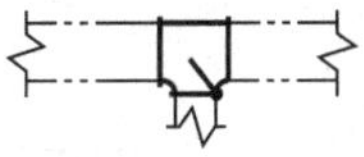	
22	防火阀	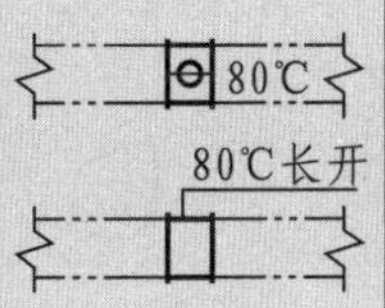	表示80℃长开阀
23	排烟阀	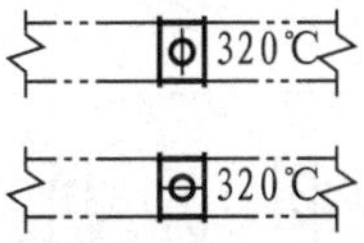	上图为长闭阀， 下图为长开阀
24	软接头	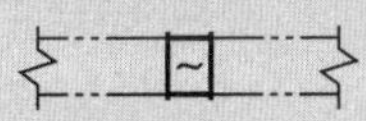	
25	软管	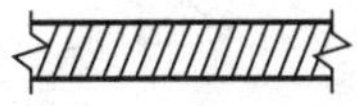	也可表示为光滑曲线（中粗）
26	风口（通用）	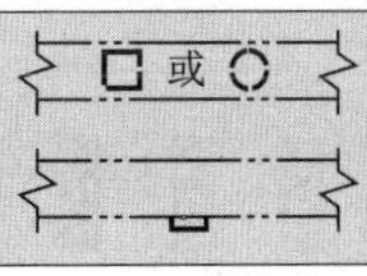	
27	气流方向	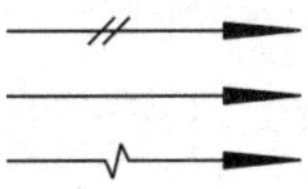	上图为通用表示法， 中图表示送风， 下图表示回风

续表

序号	名称	图例	备注	序号	名称	图例	备注
28	散流器		矩形散流器	39	挡水板	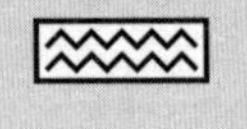	
			圆形散流器	40	窗式空调器	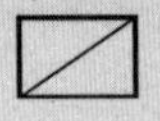	
29	检查孔 测量孔	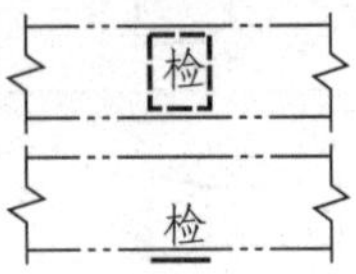		41	分体空调器	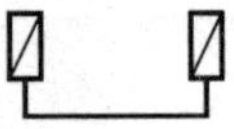	
		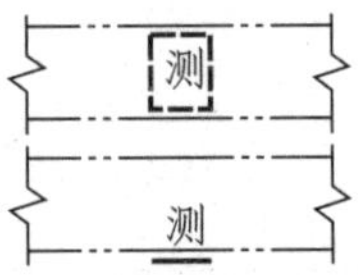		42	温度传感器	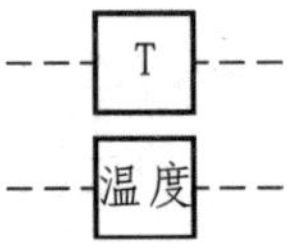	
30	散热器及控制阀	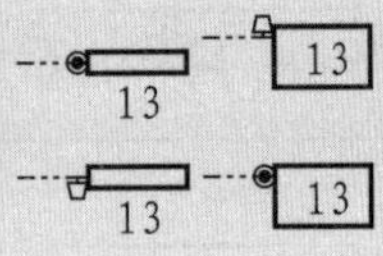	左图为平面图画法，右图为剖面图画法	43	湿度传感器	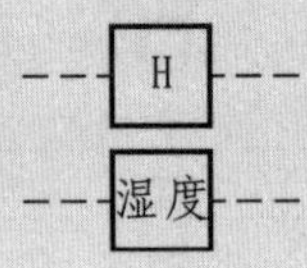	
31	轴流风机	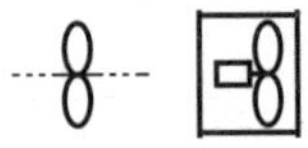		44	压力传感器	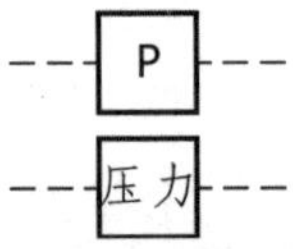	
32	离心风机	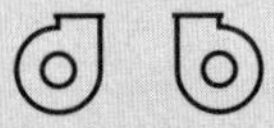	左图为左式风机，右图为右式风机	45	记录仪	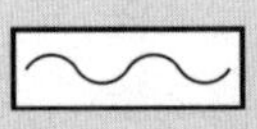	
33	水泵		左侧进水，右侧出水	46	温度计	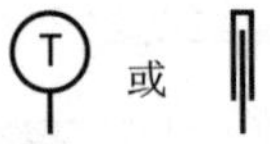	左图为圆盘式温度计，右图为管式温度计
34	空气加热、冷却器		左图、中图分别为单加热，单冷却，右图为双功能换热装置	47	压力表		
35	板式换热器	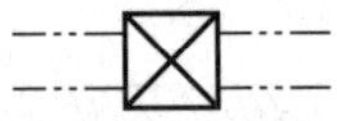		48	流量计		也可表示为光滑曲线（中粗）
36	空气过滤器	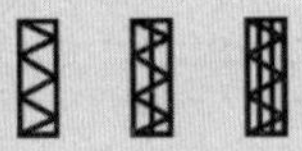		49	能量计	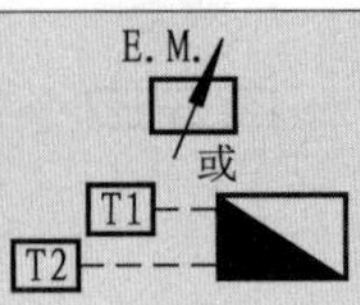	
37	电加热器	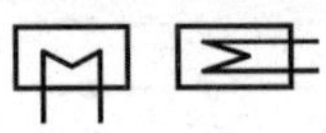		50	水流开关	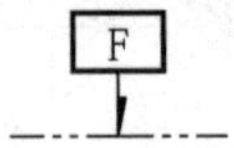	
38	加湿器						

三、图样画法

1. 系统编号

一项工程设计中同时有供暖、通风、空调等两个及两个以上的不同系统时，应进行系统编号。

（1）暖通空调系统编号、入口编号，应由系统代号和顺序号组成，系统代号由大写拉丁字母表示，顺序号由阿拉伯数字表示（表6-13、图6-32）。

表6-13　系统代号

序号	代号	系统名称	序号	代号	系统名称
1	N	（室内）供暖系统	9	X	新风系统
2	L	制冷系统	10	H	回风系统
3	R	热力系统	11	P	排风系统
4	K	空调系统	12	JS	加压送风系统
5	T	通风系统	13	PY	排烟系统
6	J	净化系统	14	P（Y）	排风兼排烟系统
7	C	除尘系统	15	RS	人防送风系统
8	S	送风系统	16	RP	人防排烟系统

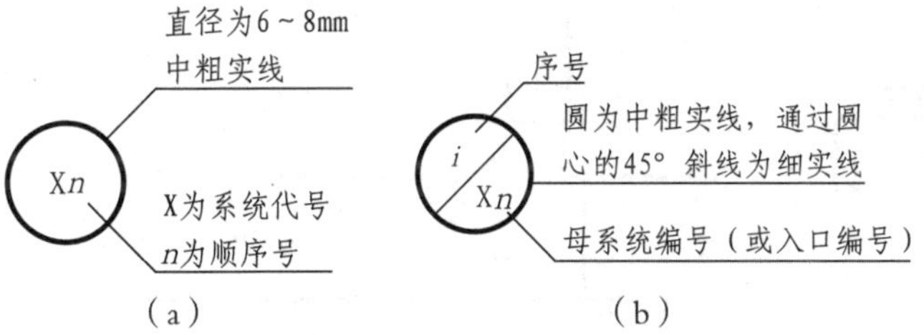

图6-32　系统代号、编号的画法

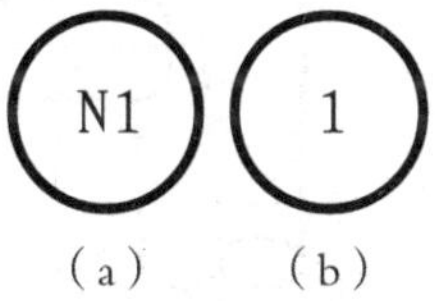

图6-33　立管号的画法

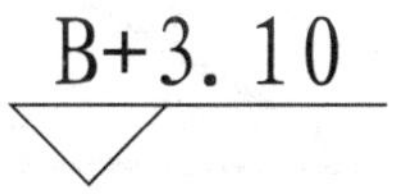

图6-34　相对标高的画法

（2）系统编号宜标注在系统总管处，竖向布置的垂直管道系统，应标注立管号，在不致引起误解时，可只标注序号，但应与建筑轴线编号有明显区别（图6-33）。

2. 管道标高、管径、尺寸标注

在不宜标注垂直尺寸的图样中，应标注标高。

（1）标高一般以米为单位，可精确到厘米或毫米，当标准层较多时，可只标注与本层楼（地）板面的相对标高（图6-34）。

（2）水、汽管道所注标高未予说明时，表示管中心标高，水、汽管道标注管外底或顶标高时，应在数字前加“底”或“顶”字样。

（3）矩形风管所注标高未予说明时，表示管底标高，圆形风管所注标高未予说明时，表示管中心标高。

（4）低压流体输送用焊接管道规格应标注公称通径或压力，公称通径的标记由字母“DN”后跟一个以毫米表示的数值组成，如DN15、DN32，公称压力的代号为“PN”。

（5）输送流体用无缝钢管、螺旋缝或直缝焊接钢管、铜管、不锈钢管，当需要注明外径和壁厚时，用“*D*或外径×壁厚”表示，如“*D*108×4”“*Φ*108×4”。在不致引起误解时，也可采用公称通径表示。

（6）金属或塑料管应采用“*d*”表示，如“*d*10”。

（7）圆形风管的截面定型尺寸应以直径符号“*Φ*”后跟以毫米为单位的数值表示；矩形风管（风道）的截面定型尺寸应以“*A*×*B*”表示。“*A*”为该视图投影面的边长尺寸，“*B*”为另一边尺寸，*A*、*B*单位均为毫米。

（8）平面图中无坡度要求的管道标高可以标注在管道截面尺寸后的括号内，如“DN32（2.50）”“200×200（3.10）”。必要时在标高数字前加“底”或“顶”的字样。

（9）水平管道的规格宜标注在管道的上方，竖向管道的规格宜标在管道的左侧。双线表示的管道，其规格可标注在管道轮廓线内部。当斜管道不在30°范围内时，其管径（压力）、尺寸应平行标注在管道的斜上方，否则，用引出线水平或90°方向标注。多条管线的规格标注且管线密集时还可采用中间图画法，其中短斜线也可统一用圆点（图6-35~图6-37）。

（10）风口、散流器的规格、数量及风量的表示方法。平面图、剖面图上如需标注连续排列的设备或管道的定位尺寸或标高时，应至少有一个自由段，挂墙安装的散热器应说明安装高度（图6-38、图6-39）。

（11）针对管道转向、分支、重叠及密集处，还需要依据现场情况详细绘制（图6-40~图6-49）。

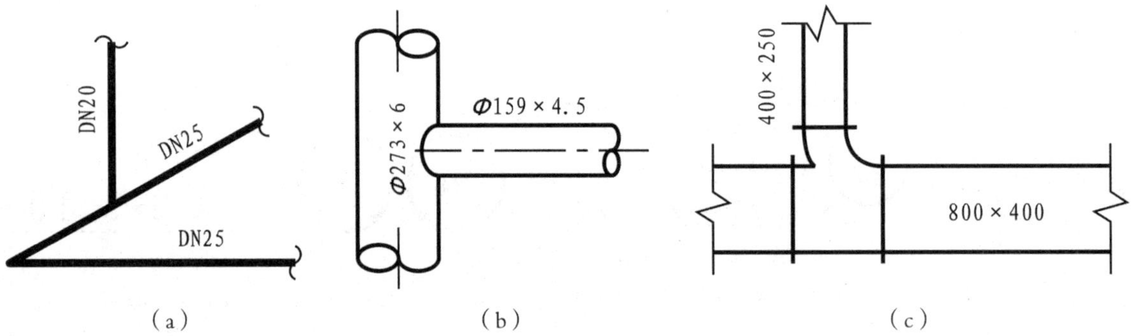

图6-35　管道截面尺寸的画法

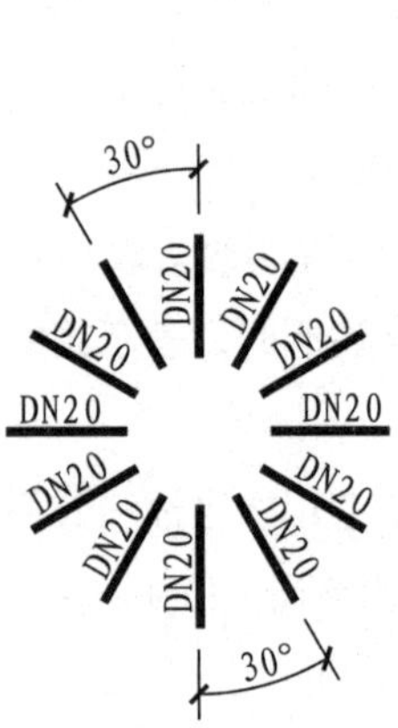

图6-36　管径的标注位置示例

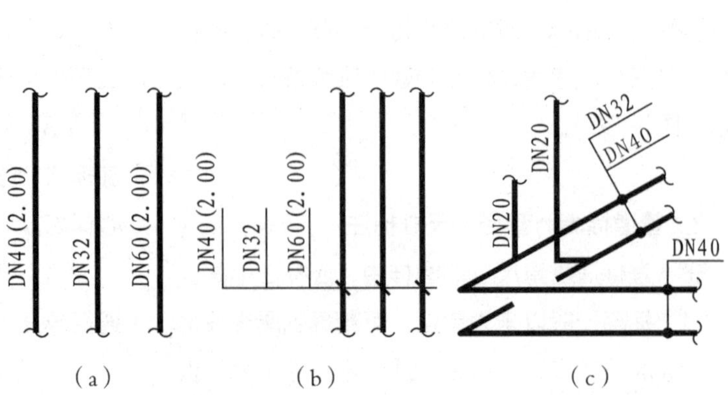

图6-37　多条管线规格的画法

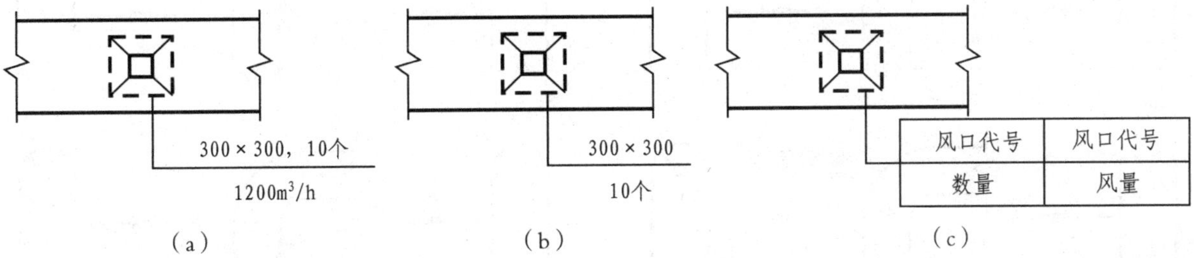

图6-38　风口、散流器的表示方法

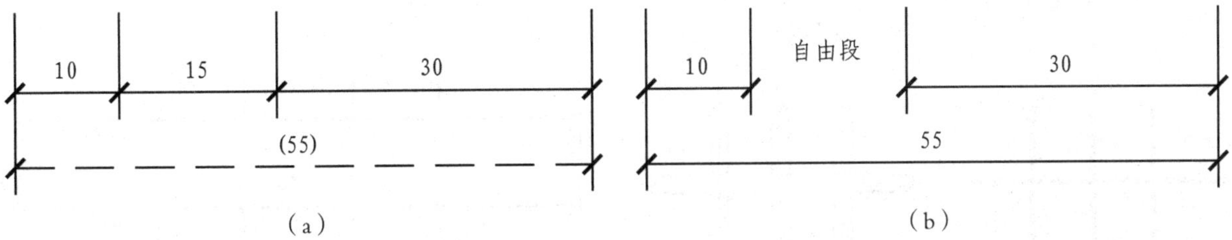

图6-39　定位尺寸的表示方法

注：括号内数字应为不保证尺寸，不宜与上排尺寸同时标注。

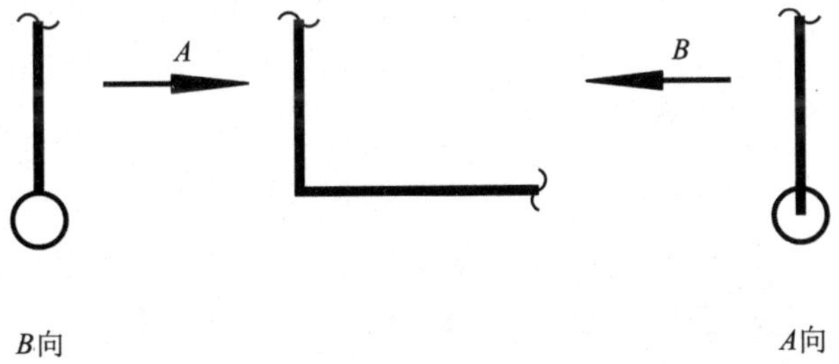

图6-40　单线管道转向的画法

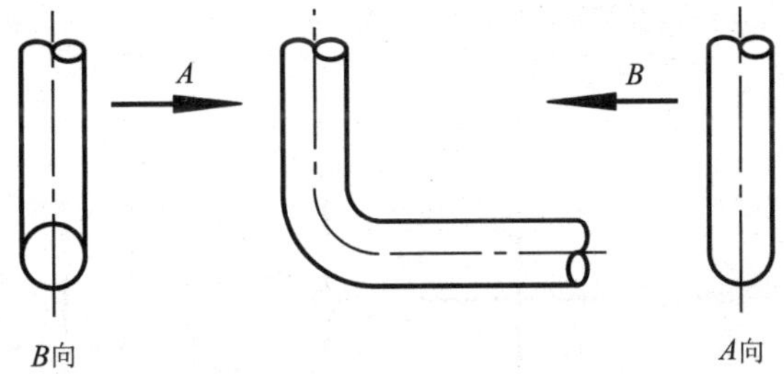

图6-41　双线管道转向的画法

图6-42　单线管道的分支画法

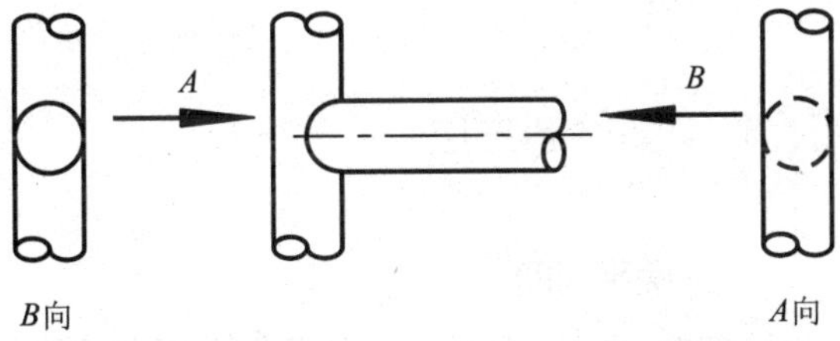

图6-43　双线管道的分支画法

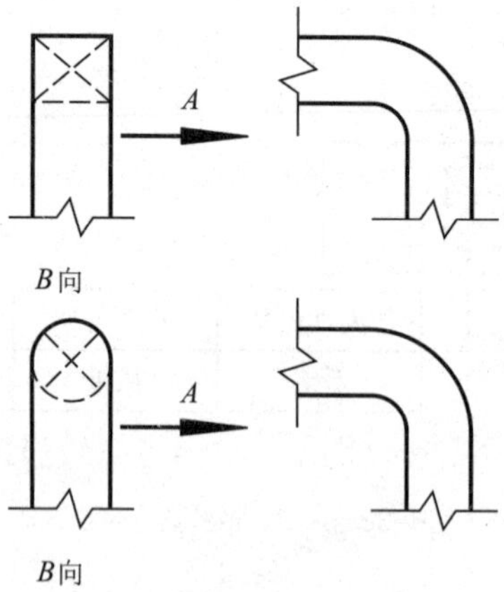

图6-44 送风管转向的画法

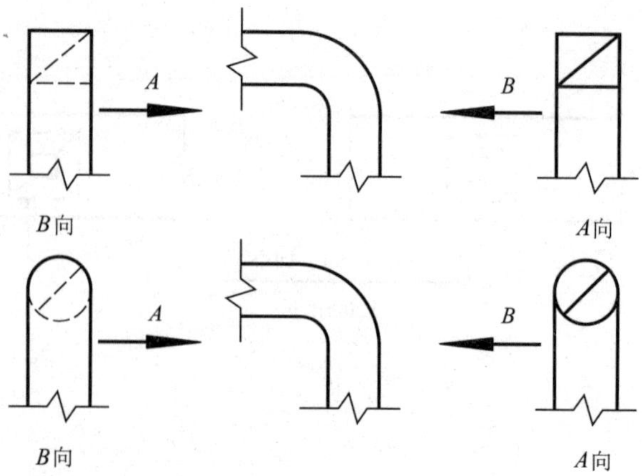

图6-45 回风管转向的画法

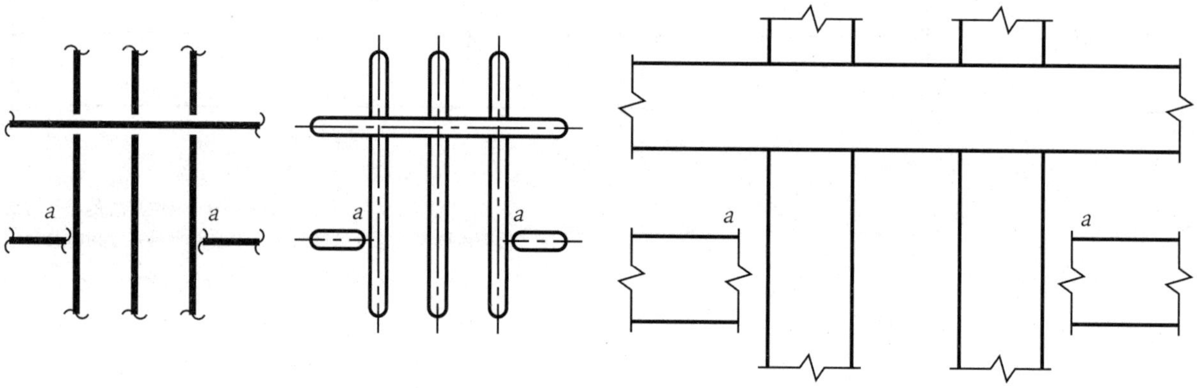

图6-46 管道断开画法

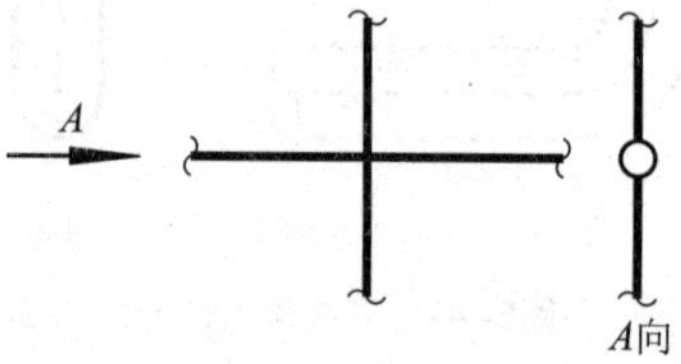

图6-47 管道交叉的画法

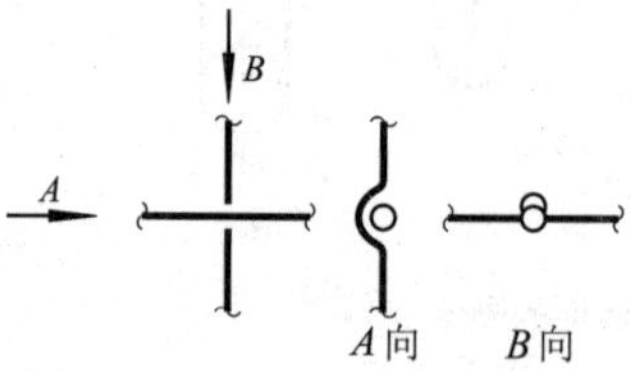

图6-48 管道跨越的画法

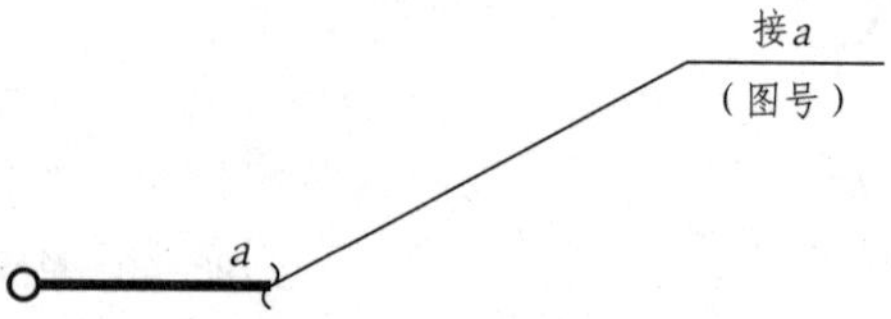

图6-49 管道在暖通空调图中中断的画法

四、暖通图绘制方法

1. 采暖平面图

绘制热水暖通图时经常采用与平面布置图相同的比例（图6-50）。

（1）绘制采暖平面图所选用的图样应表达设计空间的平面轮廓、定位轴线和建筑主要尺寸，如各层楼面标高、房间各部位尺寸等。

（2）为突出整个供暖系统，散热器、立管、支管用中实线画出；供热干管用粗实线画出；回水干管用粗虚线画出；回水立管、支管用中虚线画出。

（3）在绘制采暖平面图时还需表示出采暖系统中各干管支管、散热器位置及其他附属设备的平面布置，每组散热器的近旁应标注片数。

（4）在采暖平面图中还需标注各主干管的编号，编号应从总立管开始按照①、②、③的顺序标注，为了避免影响图形清晰度，编号应标注在建筑物平面图形外侧，同时标注各段管路的安装尺寸、坡度，如3‰，即管路坡度为千分之三，箭头指向下坡方向等，并应示意性表示管路支架的位置。

（5）采暖平面图中立管的位置，支架和立管的具体间距、距墙的详细尺寸等应在施工说明中予以说明，或按照施工规范确定，一般不标注。

2. 采暖系统图

采暖系统图主要表示从热水（汽）入口至出口的采暖管道、散热器、各种安装附件的空间位置和相互关系的图样，能清楚地表达整个供暖系统的空间情况。采暖系统图以供暖平面图为依据，采用与平面图相同的比例以正面斜轴测投影方法绘制。在绘制采暖系统图时要参考采暖平面图（图6-51）。

（1）首先确定地面标高为±0.00的位置及各层楼地面的标高，从引入水（汽）管开始，先绘制总立管和建筑顶层棚下的供暖干管，干管的位置、走向应与采暖平面图一致。

（2）根据采暖平面图中各个立管的位置，绘制与供暖干管相连接的各个立管，再绘制出各楼层的散热器及与散热器连接的立管、支管。

（3）接着依次绘制回水立管、回水干管，直至回水出口，在管线中需画出每一个固定支架、阀门、补偿器、集气罐等附件和设备的位置。

（4）最后标出各立管的编号、各干管相对于各层楼面的主要标高、干管各段的管径尺寸、坡度等，并在散热器的近旁标注暖气片的片数。

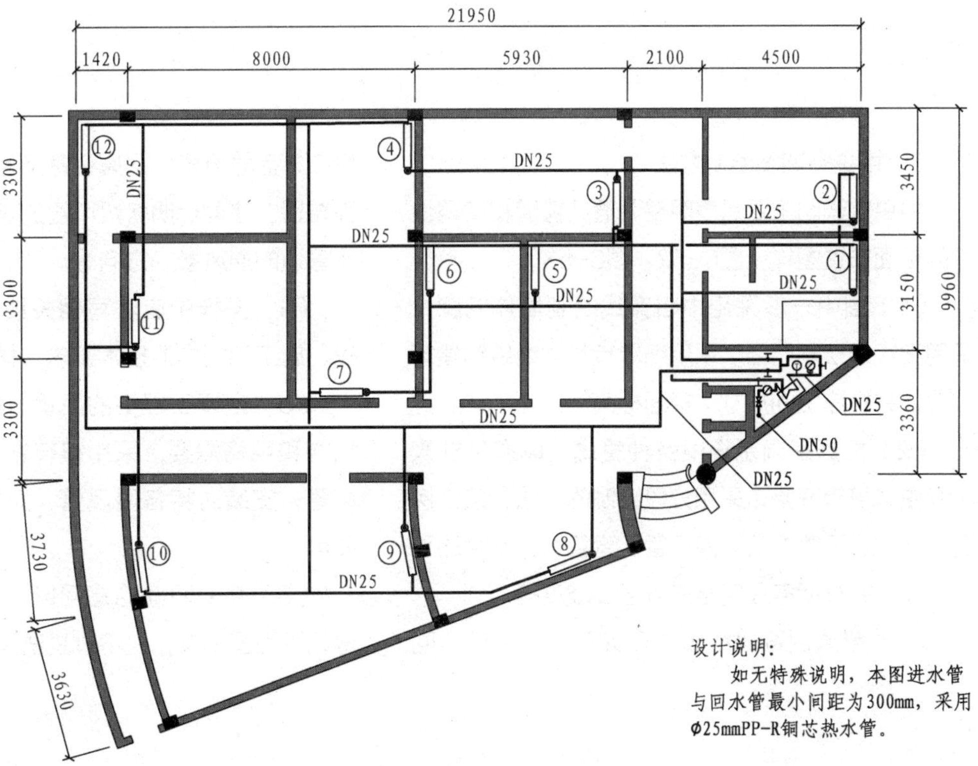

图6-50　热水采暖平面图

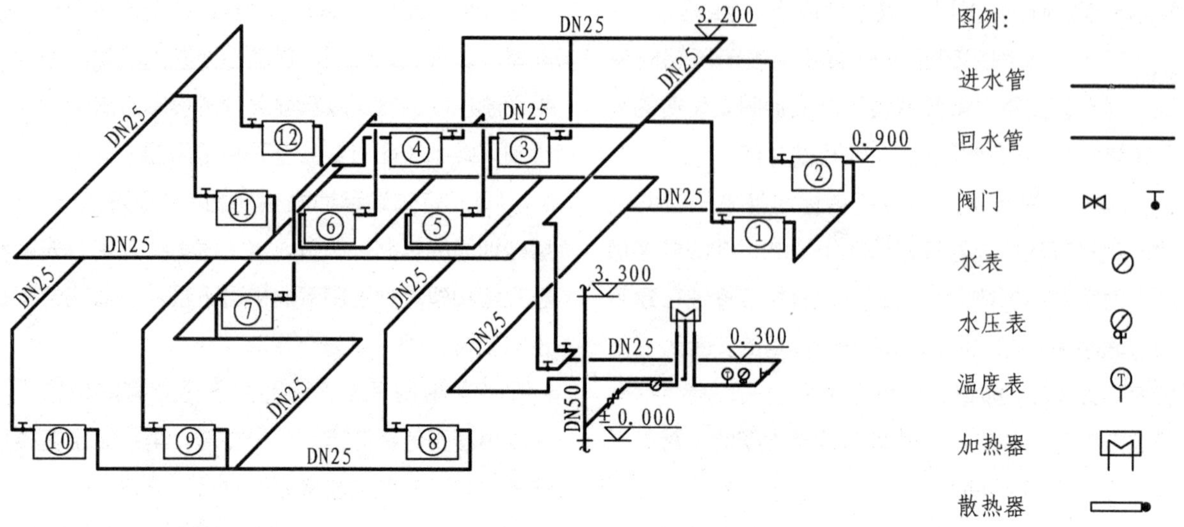

图6-51 热水采暖系统图

补充要点

采暖设备与管道

先绘制热水采暖设备，并确定位置，再根据所在位置连接管道，标注管道直径，最后在设备旁标注数字编号。管道尽量简洁，减少转角数量，尽量与实际施工状况保持一致。在系统图中，可以将所有热水采暖设备统一方向，数字编号可置入其中，根据标高，系统图中能清晰反映出管道是布置在室内空间的顶部。

3. 中央空调图绘制方法

中央空调图主要是表明空调通风管道和空调设备的平面布置图样（图6-52、图6-53）。

（1）图中一般采用中粗实线绘制墙体轮廓，采用细实线绘制门窗，采用细单点长画线绘制建筑轴线，并标注空间尺寸、楼面标高等。

（2）根据空调系统中各种管线、风道尺寸大小，由风机箱开始，采用分段绘制的方法，按比例逐段绘制送风管的每一段风管、弯管、分支管的平面位置，并标明各段管路的编号、坡度等。

（3）用图例符号绘出主要设备、送风口、回风口、盘管风机、附属设备及各种阀门等附件的平面布置。注意标明各段风管的长度和截面尺寸及通风管道的通风量、方向等。

（4）图样中应注写相关技术说明，如设计依据、施工和制作的技术要求、材料质地等。

（5）空调工程中的风管一般都是根据系统的结构和规格需要，采用镀锌铁板分段制作的矩形风管，安装时将各段风管、风机用法兰连接起来即可。

（6）需要明确的是回风平面图的绘制过程与送风平面图相似，只不过是送风口改成了回风口。

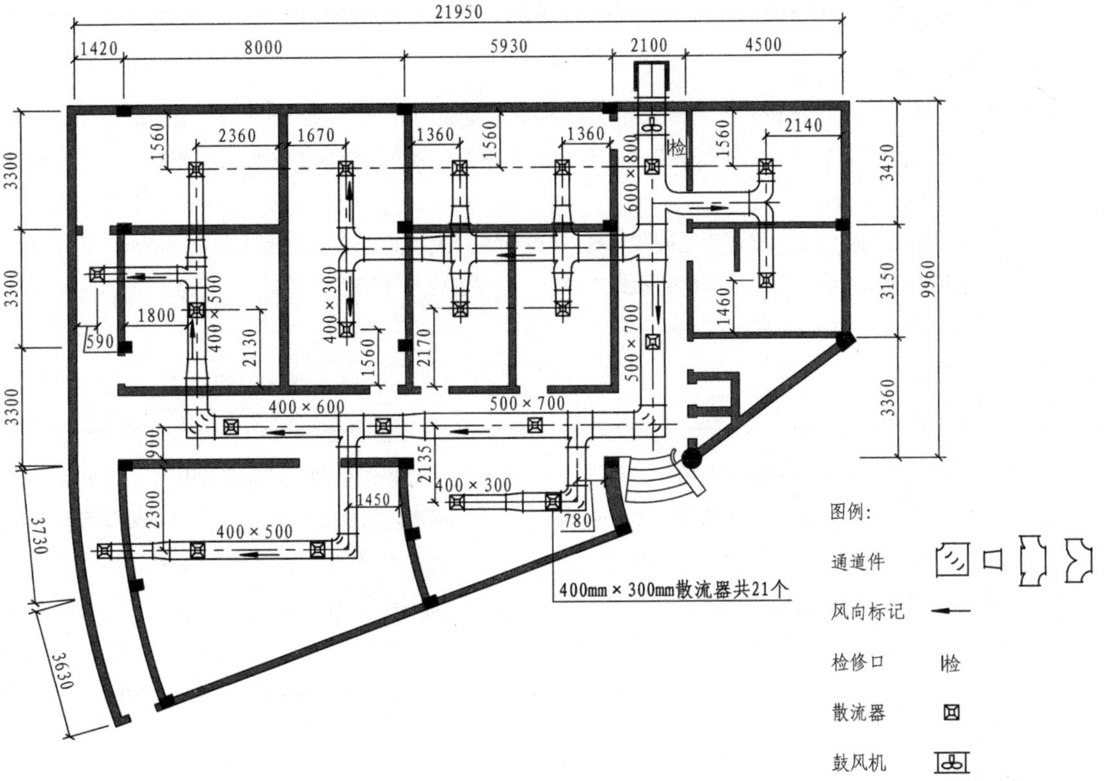

图6-52　空调送风平面图

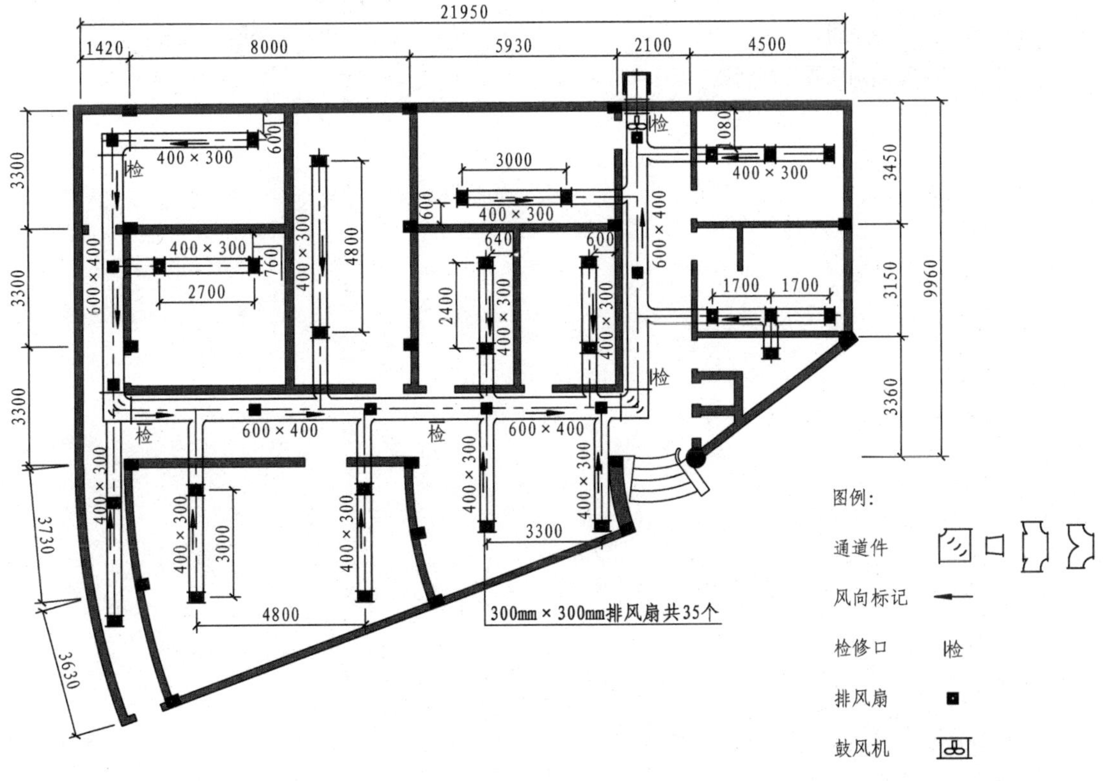

图6-53　空调回风平面图

补充要点

空调管道设计

空调送风管道设计在真实隔墙施工之前就会开展，因此，空调终端的散流器位置应尽量保持次序感，统一设计轴线网格进行分配。主送风管通过走道进行布置安装，散流器的数量根据产品质量与送风需要来安排，注意标注数据尺寸。

空调排风扇的吸气能力要低于空调散流器，且污浊空气自重较大，容易沉降在空间底部，因此排风扇的数量要多于散流器，同样以轴线网格的形式来分配，但是要让位于空调送风管道，且回风管道应相对较小。

本章小结

本章所述内容分为三个板块，分别为给排水图、电气图以及暖通空调图，有关这三大板块，本章进行了详细叙述。针对给排水图，讲述了从图线比例到布置图绘制标注的方法；针对电气图，从常用图线表示方法到照明控制位置图绘制进行了细致讲述；针对暖通空调，从常用图例到绘制方法一一讲述，整章内容知识点充足，通过本章学习，读者可根据我国不同地域居民住宅需求绘制给排水图、电气图以及暖通空调图。

课后练习

1. 水路图中，在哪些地方需要标注标高？
2. 给水构筑物的编号顺序是什么？
3. 参考图6-7～图6-9，绘制一张住宅厨房或卫生间的给排水平面图。
4. 卫生间与卧室照明需要注意哪些内容？
5. 根据所学内容绘制一张卧室的开关布置图。
6. 根据我国的气候特征，结合党的二十大报告中关于民生发展的指导方针，为我国南北地域住宅各设计一套暖通空调图。

第七章

立面图、结构详图和轴测图

图纸素材　　教学视频　　PPT 课件

» 识读难度：★★★★★

» 核心概念：结构、材料、工艺、节点、空间、纵深

» 章节导读：立面图与总平面图、平面布置图相呼应，适用于建筑空间中各重要立面的形状构造、相关尺寸、相应位置和基础施工工艺。在施工图中，它主要反映结构立面装修的做法。构造详图是为了弥补装修施工图中，各类平面图和立面图因比例较小而导致的很多设计造型、创意细节、材料选用等信息无法表现或表现不清晰等问题。在建筑装饰设计图中，轴测图作为辅助图样，是用轴测投影的方式画出来的富有立体感的图形，它接近人们的视觉习惯，但不能确切地反映物体真实的形状和大小。

第一节　形象化的立面图

在绘制立面图之前，必须了解立面图需要绘制的内容，立面图中包含立面造型、文字说明、材料表格、构造标高等，了解清楚这些，对于后期绘制立面图有很大帮助。

一、绘制基础立面内容

立面图采用相对标高，以室内地坪为基准进而表明立面有关部位的标高尺寸，其中室内墙面或独立设计构造高度以常规形式标注。

（1）室内立面图要求绘制吊顶高度及其层级造型的构造和尺寸关系，表明墙面设计形体的构造方式、饰面方法，并标明所需材料及施工工艺要求（图7-1）。

（2）室内立面图在绘制时还要求详细标注墙、柱等各立面所需设备及其位置尺寸和规格尺寸，在细节部位要对关键设计项目进行精确绘制，尤其要表明墙、柱等立面与平顶及吊顶的连接构造和收口形式（图7-2）。

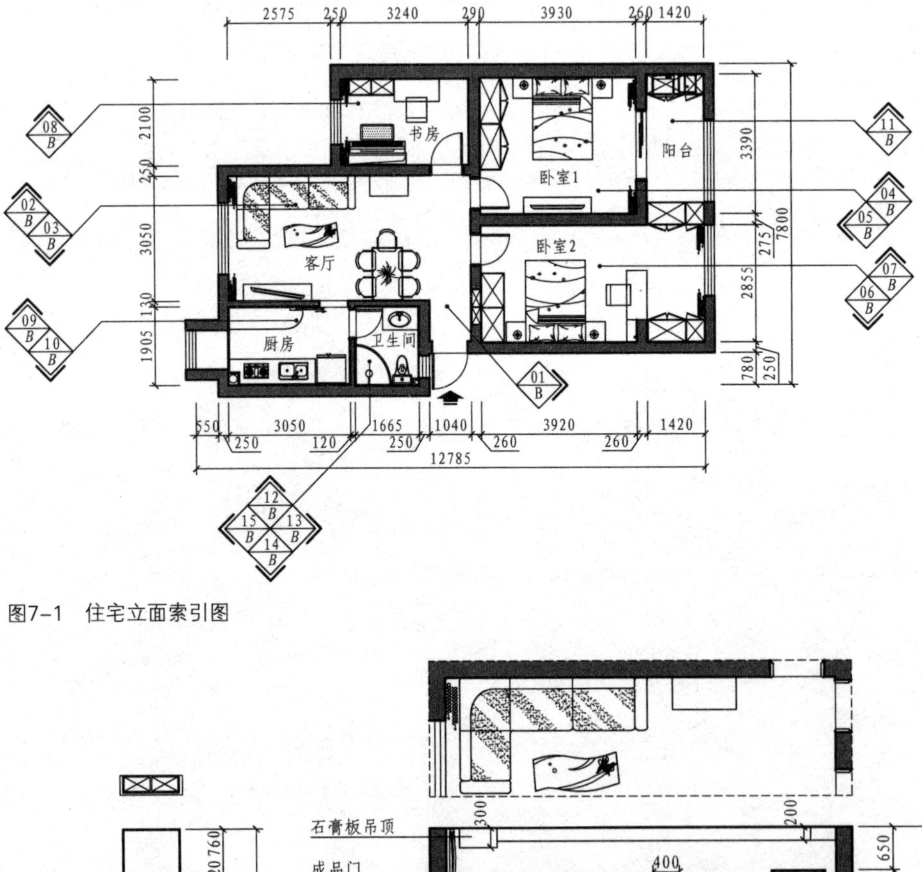

图7-1　住宅立面索引图

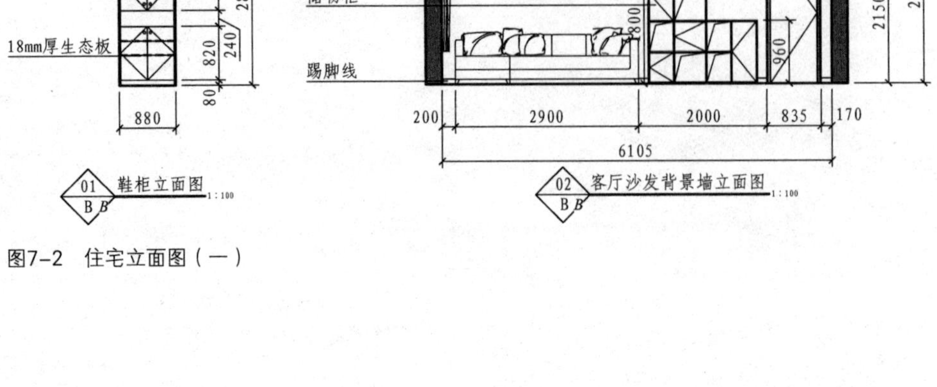

图7-2　住宅立面图（一）

（3）立面图中需标注门、窗、轻质隔墙、装饰隔断等设施的高度尺寸和安装尺寸，标注与立面设计有关的装饰造型及其他艺术造型的高低错落位置尺寸。

（4）立面图要与后期绘制的剖面图或节点图相配合，表明设计结构连接方法、衔接方式及其相应的尺寸关系（图7-3）。

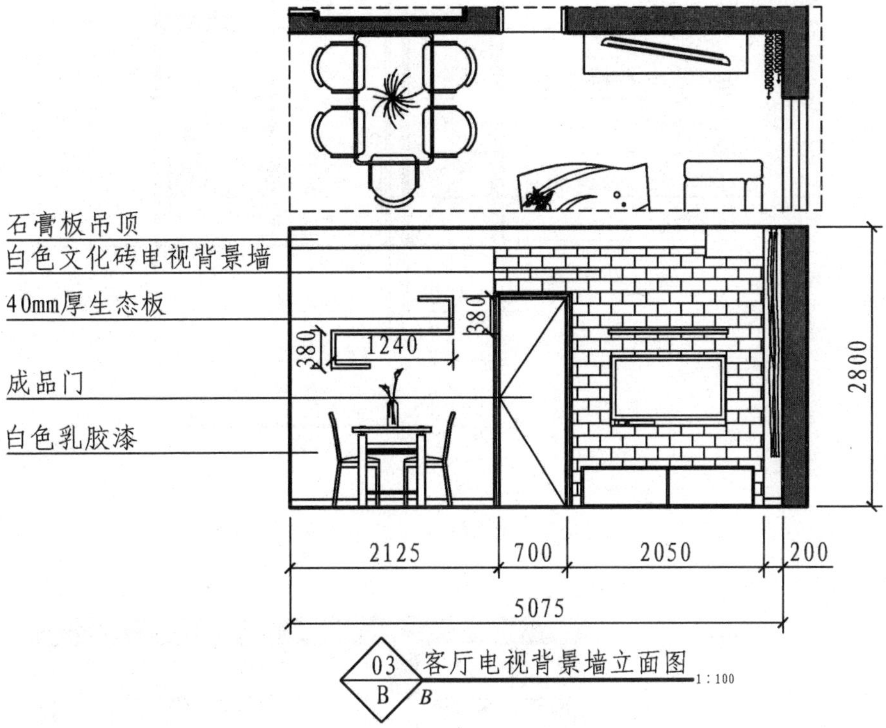

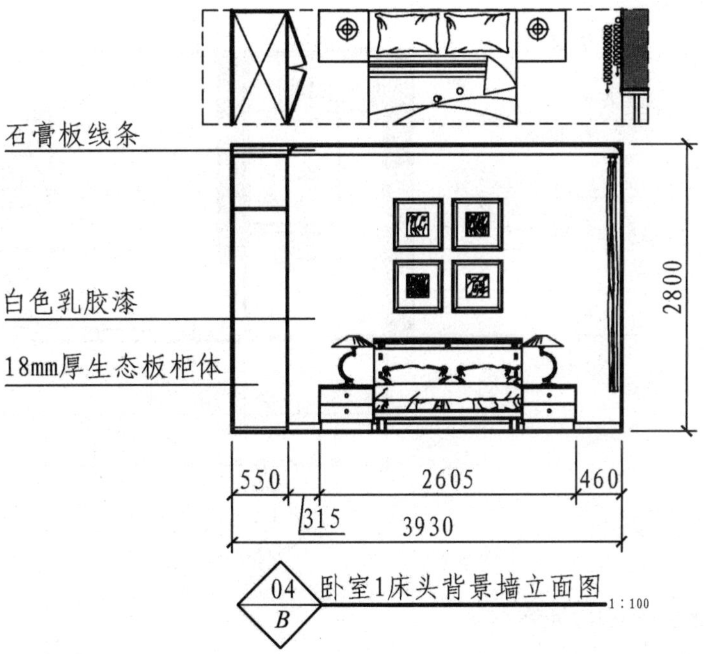

图7-3 住宅立面图（二）

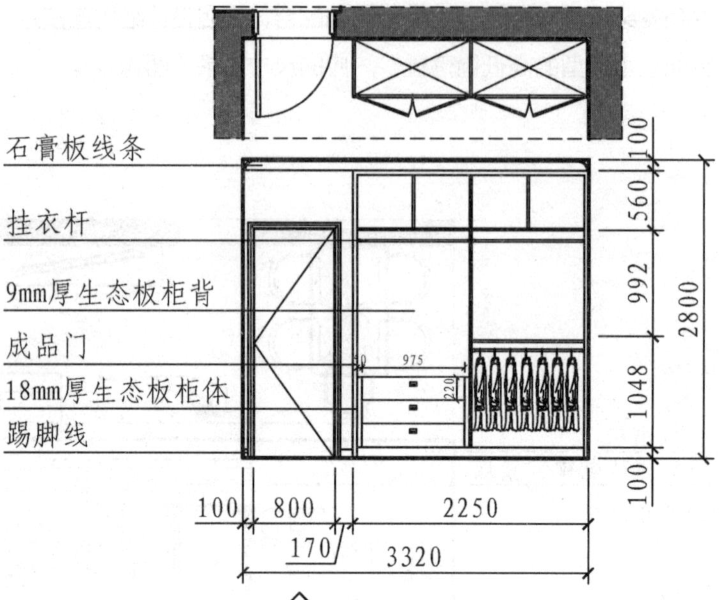

05 B 卧室1衣柜立面图 1：100

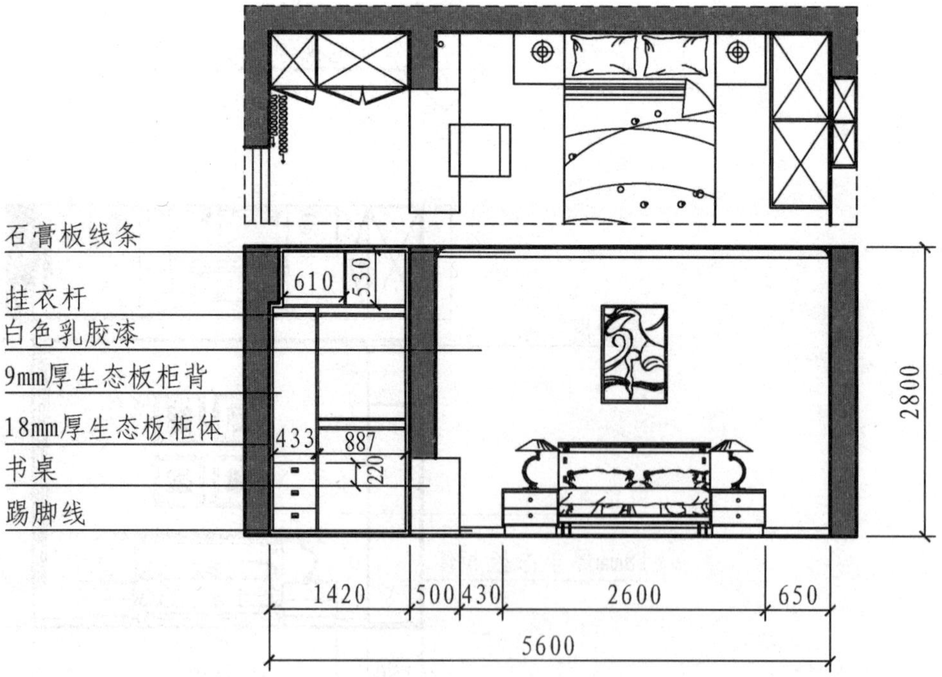

06 B 卧室2床头背景墙立面图 1：100

图7-3 住宅立面图（二）（续）

二、卧室床头背景墙立面图

1. 建立构架

（1）根据已绘制完成的平面图，引出地面长度尺寸，在适当的图纸幅面中建立墙面构架。立面图的比例可以定在1：50，对于比较复杂的设计构造，可以扩大到1：30或1：20，但立面图不宜大于后期将要绘制的节点详图，以能清晰、准确反映设计细节来确定图纸幅面（图7-4）。

（2）一套设计图纸中，立面图的数量较多的，可以将全套图纸的幅面规格以立面图为主。墙面构架主要包括确定墙面宽度与高度，并绘制墙面上主要装饰设计结构，如吊顶、墙面造型、踢脚线等，除四周地、墙、顶边缘采用粗实线外，这类构造一般都采用中实线，被遮挡的重要构造可以采用细虚线。

（3）基础构架的尺寸一定要精确，为后期绘制奠定基础。当然，也不宜急于标注尺寸，绘图过程也是设计思考的过程，要以最终绘制结果为参照来标注。

2. 调用成品模型

（1）基本构架绘制完毕后，可以从图集、图库中调用相关的图块和模型，如家具、电器、陈设品等，这些图形要预先经过线型处理，将外围图线改为中实线，内部构造或装饰改为细实线，对于特别复杂的预制图形要进行适当处理，简化其间的线条，否则图线过于繁杂，会影响最终打印输出的效果。

（2）注意成品模型的尺寸和比例，要适合该立面图的图面表现。针对手绘制图，可以适当简化成品模型的构造，例如，将局部弧线改为直线，省略烦琐的内部填充等。

（3）立面图调入成品模型时，要根据设计风格来选择，针对特殊的创意作品，还需要单独绘制，设计者最好能根据日常学习、工作需求创建自己的模型库，日后用起来会得心应手。

（4）摆放好成品模型后，还需绘制无模型可用的设计构造，尽量深入绘制，使形态和风格与成品模型统一（图7-5）。

3. 填充与标注

（1）当基本图线都绘制完毕后，就需要对特殊构造进行适当填充，以区分彼此的表现效果，如墙

图7-4　卧室床头背景墙立面图绘制步骤一

面壁纸、木纹、玻璃镜面等，填充时注意填充密度，小幅面图纸不宜填充面积过大、过饱满，大幅面图纸不宜填充面积过小、过稀疏。

（2）填充完毕后要能清晰分辨出特殊材料的运用部位和面积，最好形成明确的黑、灰、白图面对比关系，这样会使立面图的表现效果更加丰富。

（3）当立面图中的线条全部绘制完毕后需要全面检查，及时修改错误，最后对设计构造与材料进行详细标注，为了适应阅读习惯，一般宜将尺寸数据标注在图面的右侧和下方，将引出文字标注在图面的左侧和上方，文字表述要求简单、准确，表述方式一般为“材料名称＋构造方法”。

（4）数据与文字要求整齐一致，并标注图名与比例（图7-6）。

图7-5 卧室床头背景墙立面图绘制步骤二

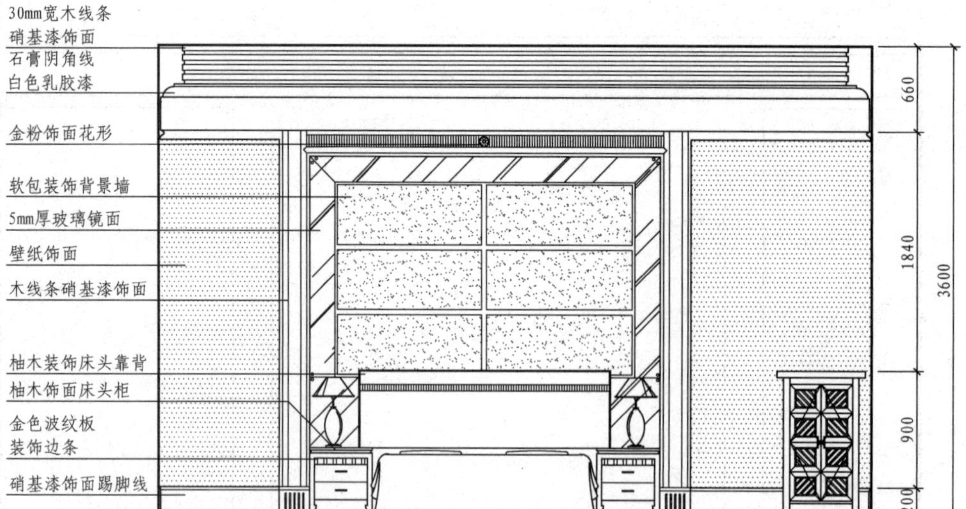

图7-6 卧室床头背景墙立面图绘制步骤三

三、墙面排砖设计

1. 墙面排砖

墙面按由上至下的原则排砖，即顶上第一片为整砖，向下依次排列，如果底边砖尺寸过小，则应该以满足不少于整砖面积1/3的宽度标准为原则，将经过裁切的砖铺装在底部，这样视觉效果不会太明显。

在横向方向上，最边侧的墙砖长度不小于单边长度的1/3。在卫生间和厨房中，应当从空间最内侧开始排砖，铺装到门洞口时可排经过裁切的砖（图7-7）。

2. 门窗周边排砖

在门洞口上部分居中排砖，砖缝对齐在门洞中央，然后向两侧排列（图7-8）。也可以将整块砖居中在门的宽度中央，再向左右两侧排列（图7-9）。

窗洞口排砖以四边窗口为单边整砖，同时按照门洞口标准排砖，但受原窗洞口可调节范围限制，排砖更需现场实地设计（图7-10）。

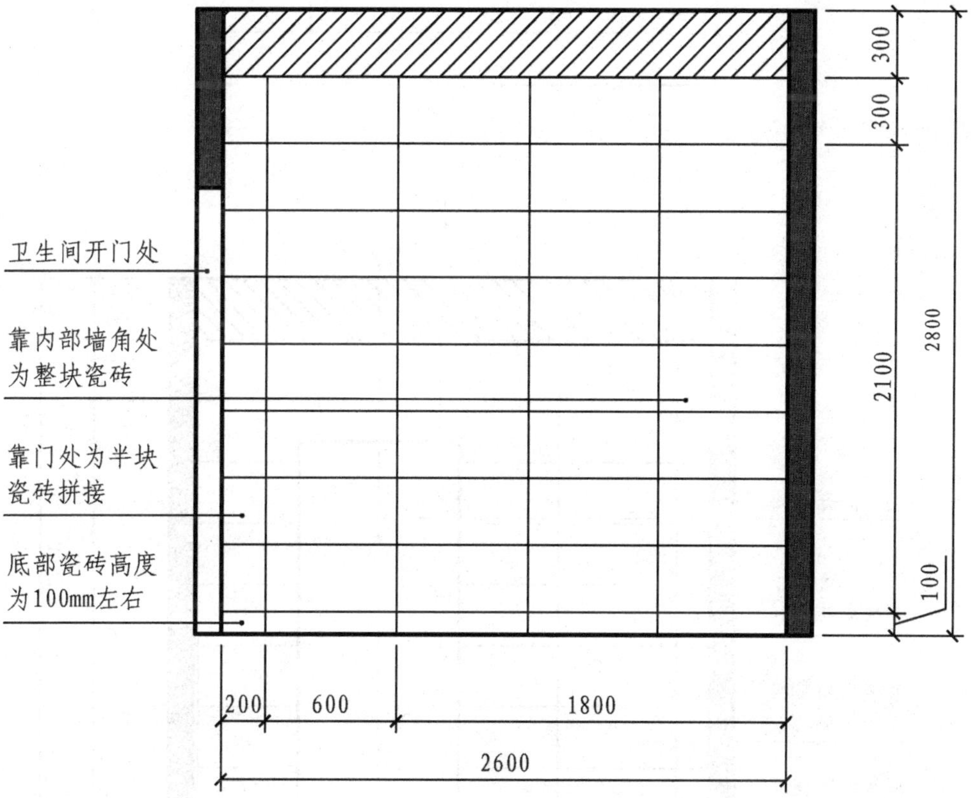

图7-7　墙面排砖设计

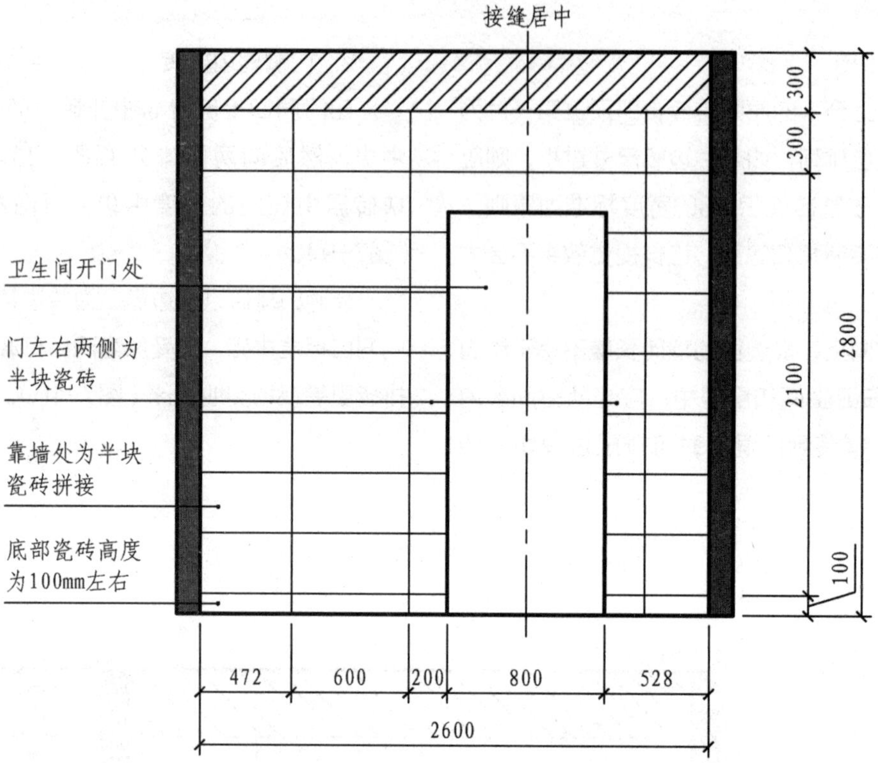

图7-8　门洞排砖接缝居中排砖

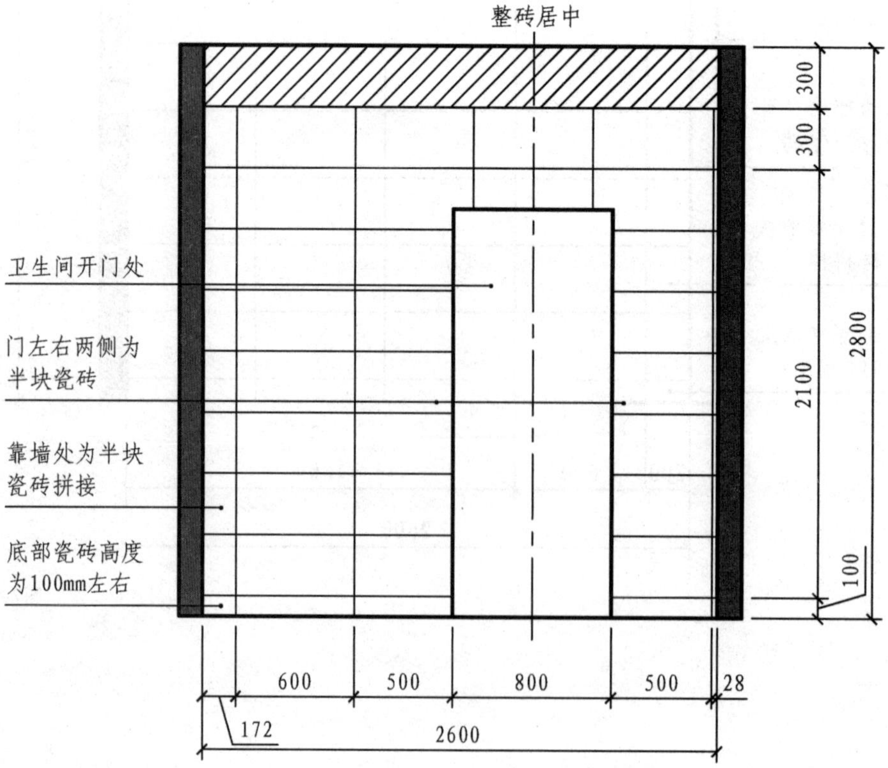

图7-9　门洞整砖居中排砖

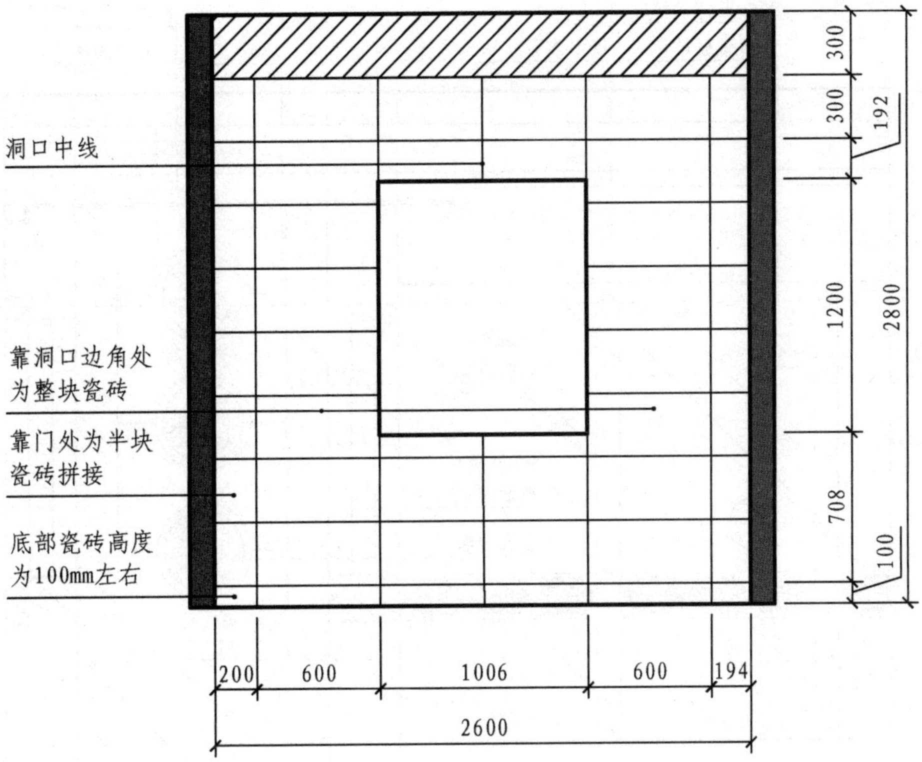

图7-10　窗洞口排砖

第二节　补充主体设计的构造详图

构造详图是将设计对象中的重要部位进行整体或局部放大，甚至进行必要剖切，用以精确表达在普通投影图上难以表明的内部构造。

一、剖面图

1. 定义

剖面图是假想用一个或多个纵、横向剖切面，将设计构造剖开，所得的投影图。用以表示设计对象的内部构造形式、分层情况、各部位的联系、材料选用、标高尺度等，须与平、立面图相互配合，是不可缺少的重要图样之一。

2. 相关要求

（1）剖面图的数量要根据具体设计情况和施工实际需要来决定。剖切面一般横向，即平行于侧面，必要时也可纵向，即平行于正面，其位置选择很重要，要求能反映内部复杂的构造与典型的部位。

（2）在大型设计项目中，尤其是针对多层建筑，剖切面应通过门窗洞的位置，选择在楼梯间或层高不同、层数不同的部位，剖面图的图名应与平面图上所标注剖切符号的编号一致（图7-11）。

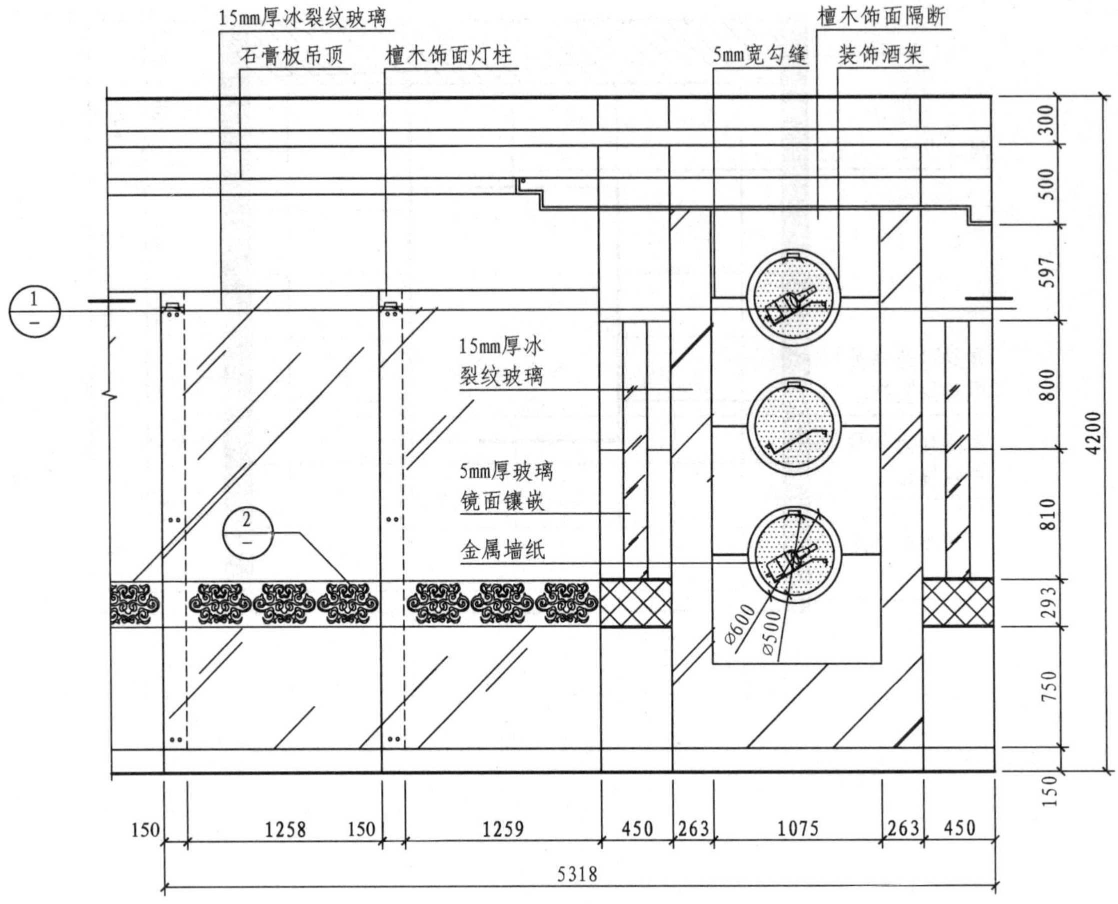

玻璃隔断立面图 1:50

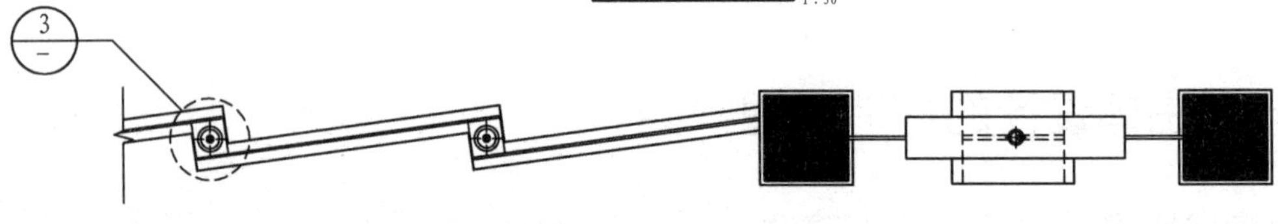

1 1:50

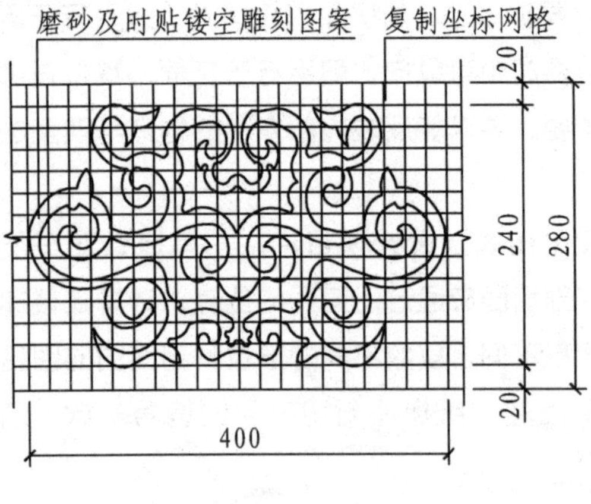

2 1:10

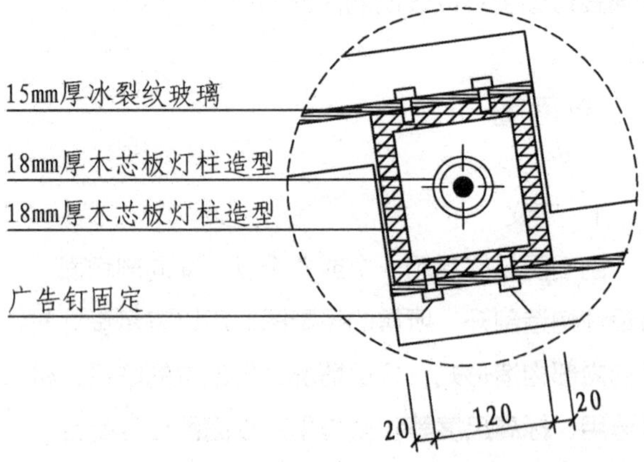

3 1:10

图7-11 玻璃隔断立面图与剖面图

二、大样图和构造节点图

1. 大样图

大样图是指针对某一特定图纸区域，进行特殊性放大标注，能较详细地表示局部形体结构的图纸。大样图适用于绘制某些形状特殊、开孔或连接较复杂的零件或节点，在常规平面图、立面图、剖面图或构造节点图中不便表达清楚时，就需要单独绘制大样图，它与构造节点图一样，需要在图纸中标明相关图号，方便读图者查找。

2. 构造节点图

构造节点图是用来表现复杂设计构造的详细图样，又称为详图，它可以是常规平面图、立面图中复杂构造的直接放大图样，也可以是将某构造经过剖切后局部放大的图样，这类图纸一般用于表现设计施工要点，需要针对复杂的设计构造专项绘制，也可以在国家标准图集、图库中查阅并引用。绘制构造节点图需要在图纸中标明相关图号，方便读图者查找。

三、相关联系

（1）在装修施工图中，剖面图是常规平面图、立面图中不可见面域的表现，绘制方法、识读要点都与平面图、立面图基本一致。

（2）构造节点图是对深入设计、施工的局部细节强化表现，重点在于表明构造间的逻辑关系，而大样图特指将某一局部单独放大，重点在于标注精确的尺寸数据。

（3）绘制构造详图需要结合预先绘制的平面图与立面图，查找剖面图和构造节点图的来源，辨明与之相对应的剖切符号或节点编号，确认其剖切部位和剖切投影方向。

（4）在复杂设计中，要求熟悉图中所要求的预埋件、后置埋件、紧固件、连接件、黏结材料、衬垫和填充材料，以及防腐、防潮、补强、密封、嵌条等工艺措施规定，明确构配件、零辅件及各种材料的品种、规格和数量，准确地用于施工准备和施工操作。

（5）剖面图和构造节点图涉及重要的隐蔽工程及功能性处理措施，必须严格照图施工，明确责任，不得随意更改。

（6）绘大样图、剖面图和构造节点图主要是表明构造层次、造型方式、材料组成、连接件运用等方式方法，并提出必须采用的构、配件及其详细尺寸、加工装配、工艺做法和施工要求。表明不同构造层以及各构造层之间、饰面与饰面之间的结合或拼接方式，表明收边、封口、盖缝、嵌条等工艺的详细做法和尺寸要求等细节。

补充要点

国家建筑标准设计图库

在实际设计工作中，需要绘制的构造详图种类其实并不多，为了提高制图效率，保证制图质量，中国建筑标准设计研究院制作了GB/TK 2008《国家建筑标准设计图库》（以下简称《图库》）。《图库》以电子化形式集成了50年来国家建筑标准设计的成果，旨在通过现代化的技术手段，使国标设计能更好地服务于整个设计领域乃至整个建设行业，缩短设计周期、节约设计成本、保证设计质量。《图库》收录了国家建筑标准设计图集、全国民用建筑工程设计技术措施、建筑产品选用技术三大基础技术资源，形成了全方位的信息化产品。

《图库》同时还提供了图集快速查询、图集管理、图集介绍、图集应用方法交流等多项功能，而且可以以图片形式阅览图集全部内容。设计者可以迅速查询、阅读需要的图集，并获得如何使用该图集等相关信息。《图库》充分利用网络技术优势，实现了国标图库动态更新功能。用户可通过互联网与国家建筑标准设计网站服务器链接，获取标准图集最新成果信息、最新废止信息，并可下载最新国标图集。通过动态更新功能，使《图库》中资源与国家建筑标准设计网保持同步，设计者可在第一时间获取国标动态信息。

第三节 具有空间感的轴测图

一、种类和线型

1. 种类

建筑装饰施工图中的轴测图，宜采用正等测、正二测、正面斜等测和正面斜二测、水平斜等测和水平斜二测等轴测投影并用简化的轴向伸缩系数来绘制（图7-12～图7-17）。

2. 线型

（1）轴测图的可见轮廓线宜采用中实线绘制，

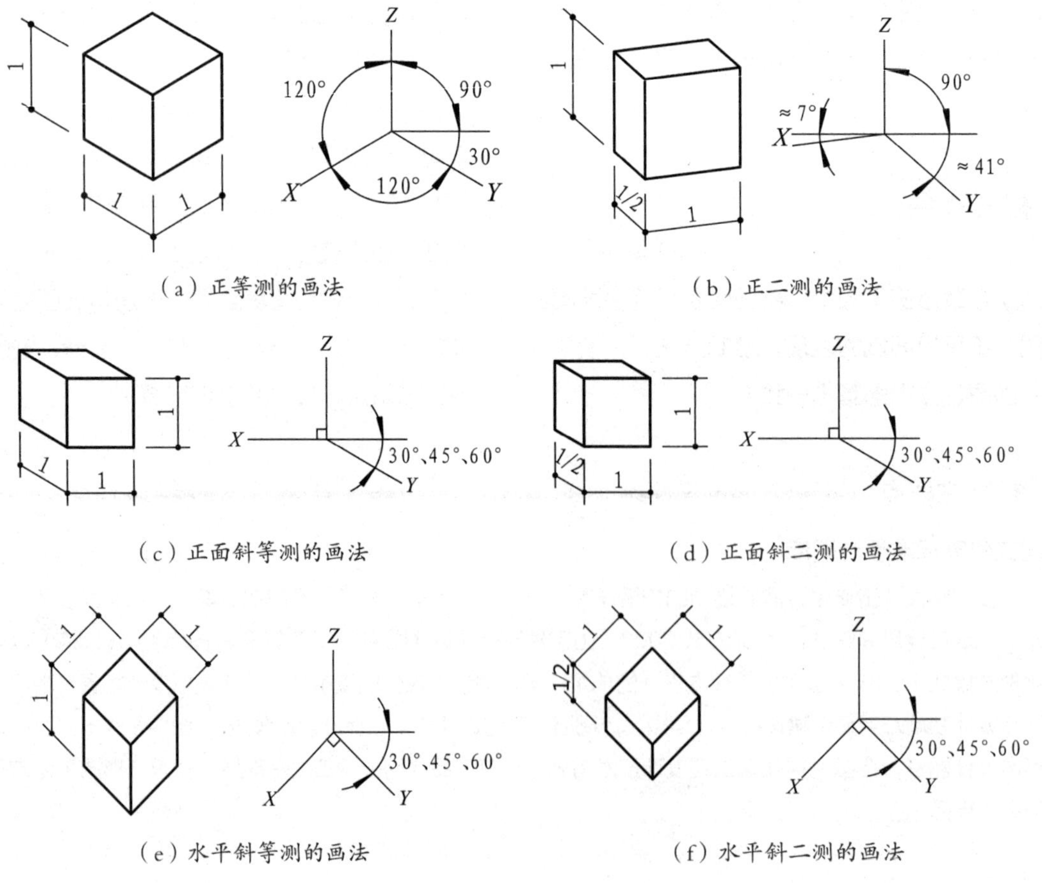

图7-12 轴测图

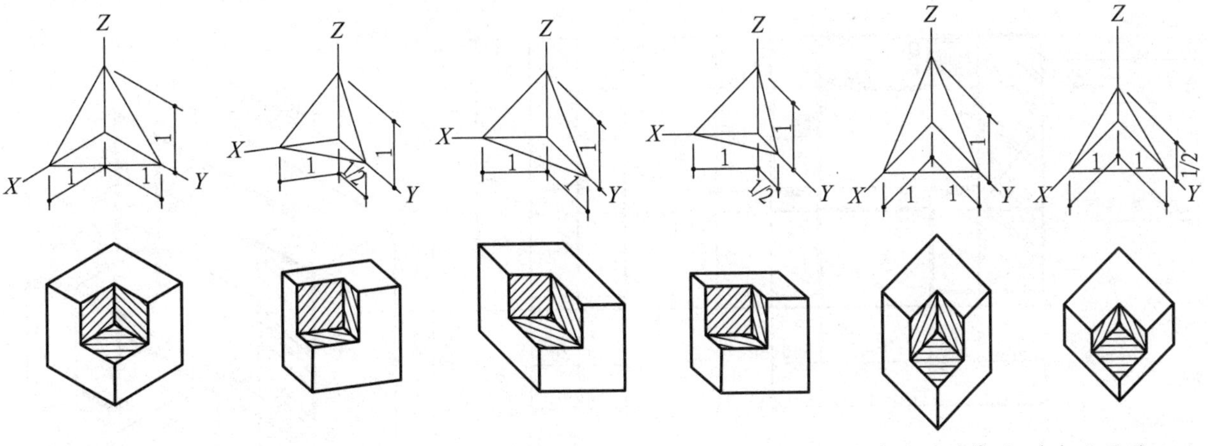

图7-13 轴测图断面图例线画法

断面轮廓线宜用粗实线绘制。不可见轮廓线一般不必绘出，必要时，可用细虚线绘出所需部分。

（2）轴测图的断面上应画出其材料图例线，图例线应按其断面所在坐标面的轴测方向绘制，如以45°斜线绘制材料图例线时，应按规定绘制（图7-13）。

二、轴测图的特性

（1）轴测图是用平行投影法进行投影所形成的一种单面投影图，它仍然具有平行投影的所有特性，形体上互相平行的线段或平面，在轴测图中仍然互相平行。

（2）轴测图在形体上平行于空间坐标轴的线段，在轴测图中仍与相应的轴测轴平行，并且在同一轴向上的线段，其伸缩系数相同，这种线段在轴测图中可以测量。

（3）在轴测图中，与空间坐标轴不平行的线段，它的投影会变形（变长或变短），不能在轴测图上测量，形体上平行于轴测投影面的平面，应在轴测图中反映其实际形态。

三、轴测图的分类

按平行投影线是否垂直于轴测投影面，轴测图可分为两类。

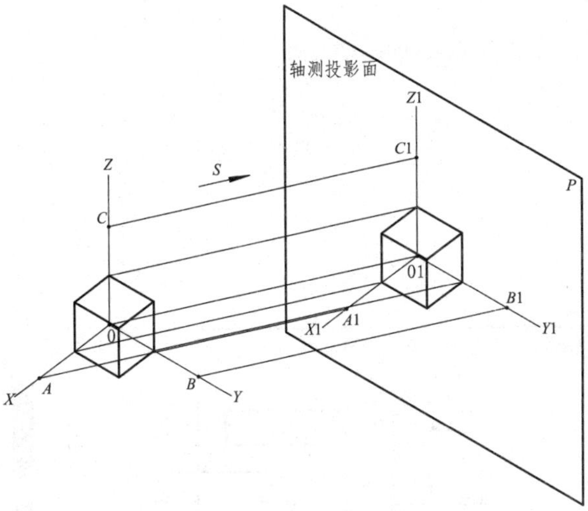

图7-14 正轴测投影

1. 正轴测投影

平行投影线垂直于轴测投影面所形成的轴测投影图，称为正轴测投影图，简称正轴测图，根据轴向伸缩系数和轴间角的不同，又分为正等测图和正二测图（图7-14、图7-15）。

2. 斜轴测投影

平行的投影线倾斜于轴测投影面所形成的轴测投影图，称为斜轴测投影图，简称斜轴测图。斜轴测投影又分为正面斜轴测投影和水平斜轴测投影（图7-16、图7-17）。

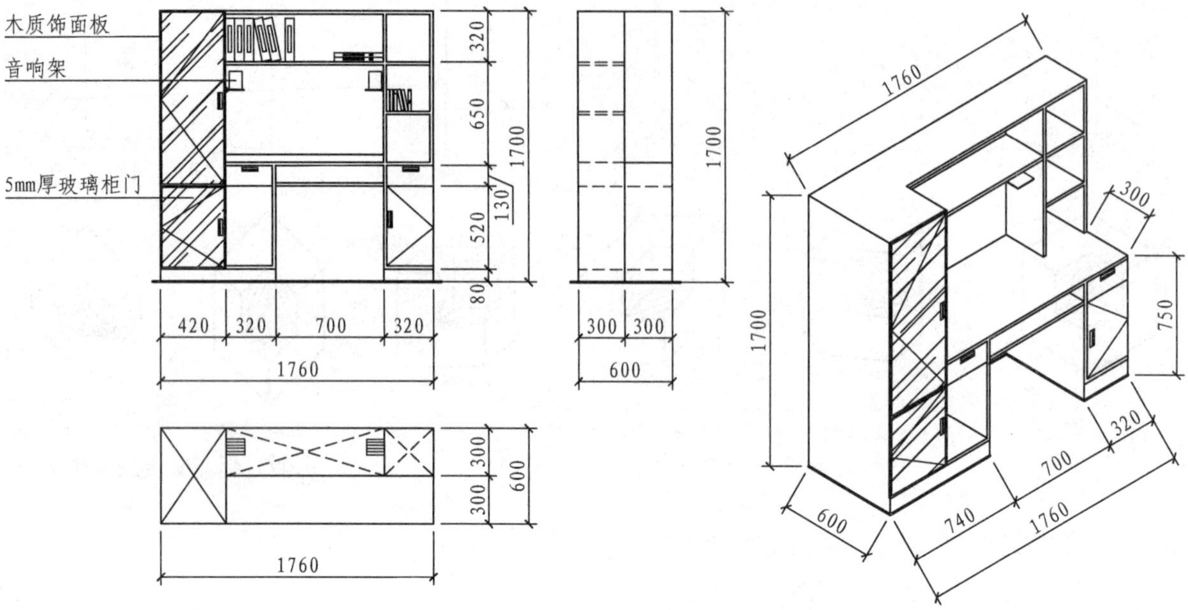

图7-15　书桌柜三视图与正轴测图

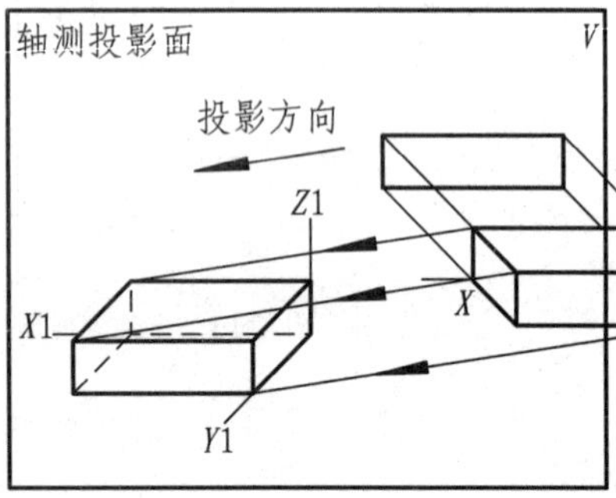

图7-16　斜轴测投影

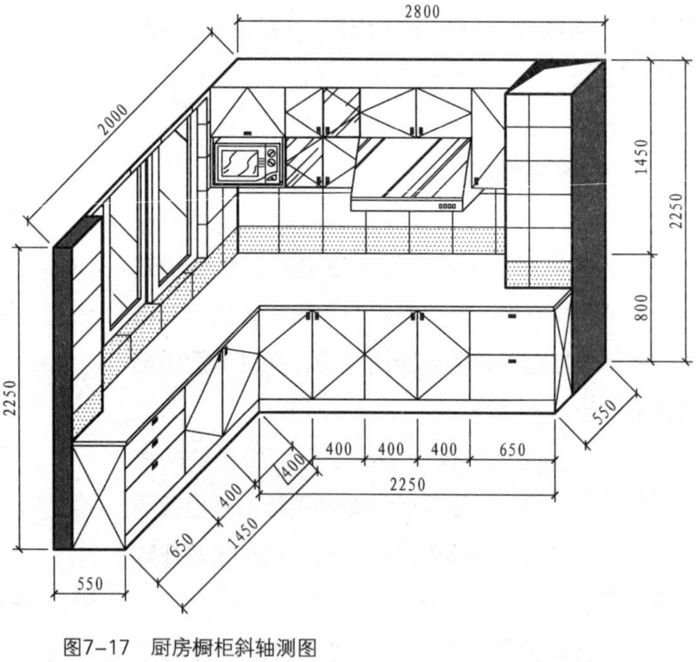

图7-17　厨房橱柜斜轴测图

四、轴测图绘制步骤

1. 绘制完整的三视图

（1）绘制轴测图之前必须绘制完整的投影图，平面图、正立面图、侧立面图是最基本的投影图，又称为三视图，它能为绘制轴测图提供完整的尺寸数据（图7-18）。

（2）绘制三视图还能让绘图者辨明设计对象的空间概念和逻辑关系，是非常有必要的前期准备。厨房的橱柜构造一般比较简单，以矩形体块为主，绘制三视图须完整，连同烟道、窗户、墙地面瓷砖铺设的形态都绘制出来。

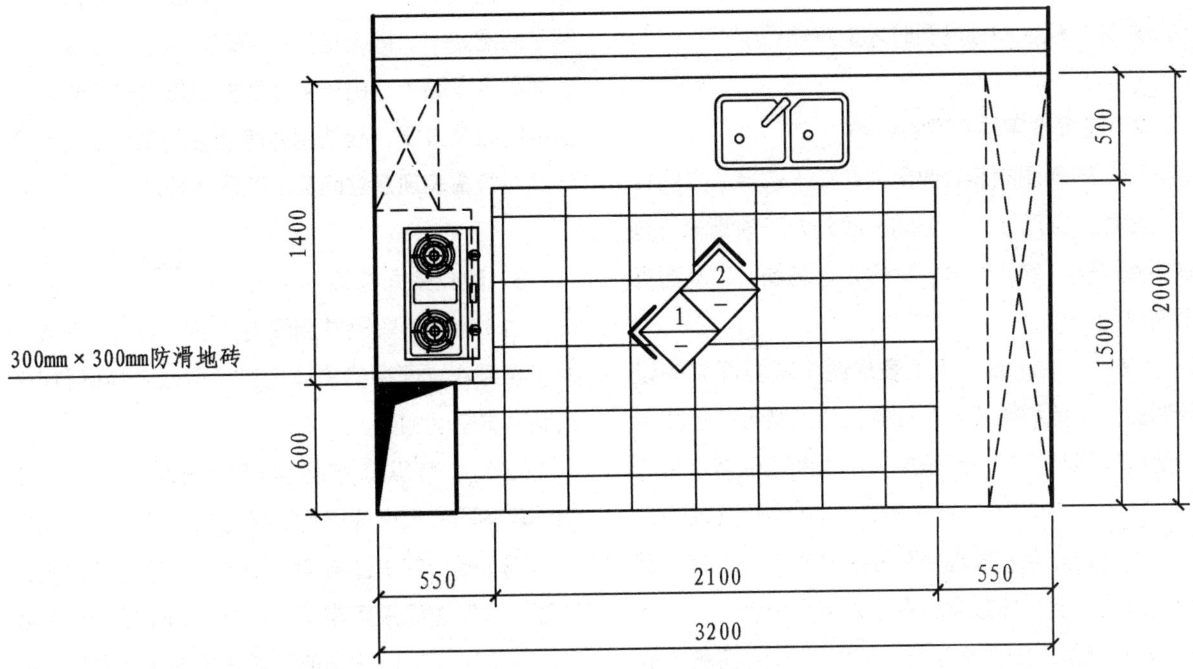

橱柜平面图 1:50

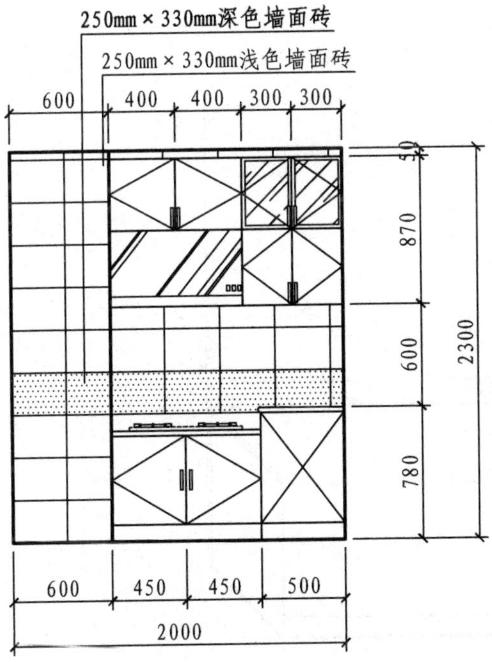

1 立面图 1:50

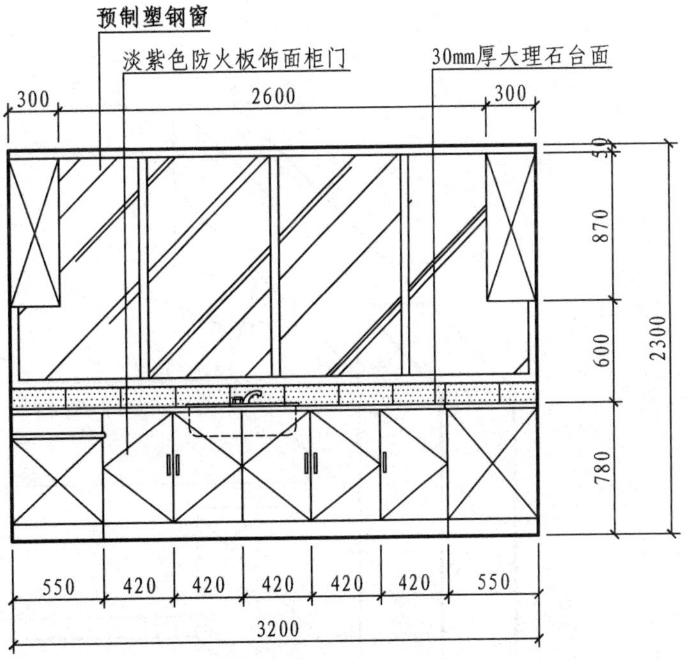

2 立面图 1:50

图7-18　橱柜三视图

（3）平面图中要标明内饰符号，并标注尺寸与简要文字说明，尤其要注意三视图的位置关系须彼此对齐，在绘制轴测图时才更方便识别。

2. 正确选用轴测图的种类

（1）轴测图的表现效果关键在于选择适当的种类。根据上文所述，轴测图一般分为正轴测图与斜轴测图两类，这两类分别又分为等测图、二测图甚至三测图。

（2）正轴测图适用于表现两个重要面域的设计对象，它能均衡设计对象各部位的特征，但图中主要结构线都具有一定角度，不与图面保持水平。

（3）斜轴测图适用于表现一个重要面域的设计对象，它能完整表现平整面域中的细节内容，阅读更直观，但立体效果没有正轴测图出色。

（4）轴测图中等测图、二测图甚至三测图的选择要视具体表现重点而定，等测图适用于纵、横两个方向都是表现重点的设计对象，二测图和三测图等则相应在纵向上作尺寸省略，在一定程度上提高了制图效率。该橱柜的主要表现构造可以定在A立面和B立面上，由于B立面的长度大于A立面，且柜门数量较多，故选用斜等测轴测图来绘制，这样既能着重表现B立面又能兼顾表现A立面。

3. 建立空间构架

（1）绘制斜等测轴测图首先要定制倾斜角度，为了兼顾A立面中的主体构造，可以选择倾斜45°绘制基本空间构架。

（2）所有纵向结构全部以右倾45° 方向绘制，等测图的尺度应该与实际相符。

（3）橱柜的主体结构采用中实线绘制，地面、墙面、顶棚边缘采用粗实线绘制，为了提高制图效率，可以采用折断线省略次要表现对象或非橱柜构造（图7-19）。

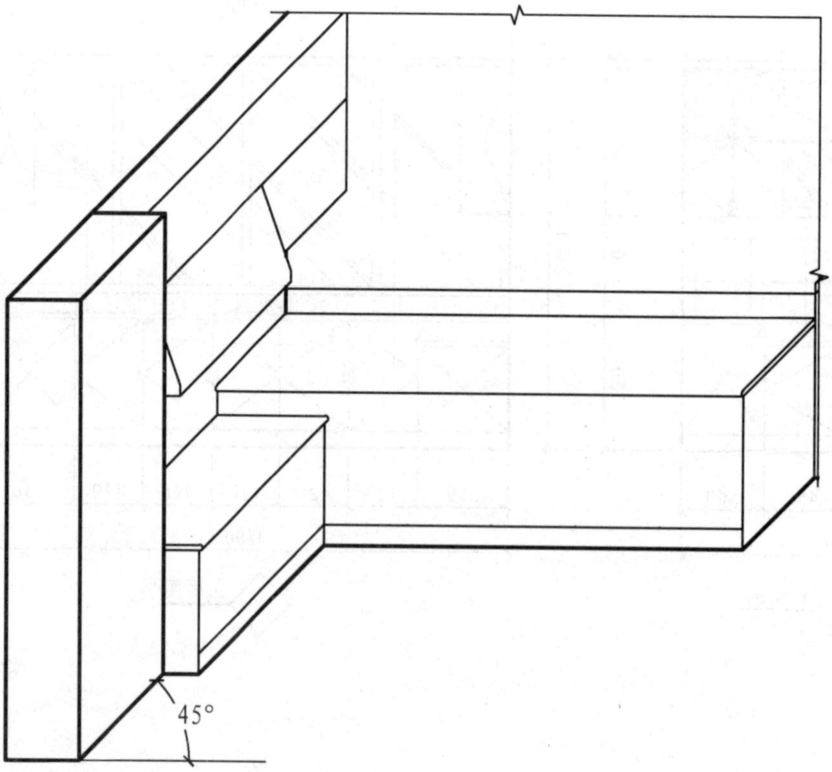

图7-19 橱柜轴测图绘制步骤一

4．增添细节形态

（1）对已经绘制完成的空间构架可以逐一绘制橱柜的细节形态，一般先绘制简单的平行面域，再绘制倾斜面域，或由远及近绘制，不要遗漏各种细节。

（2）在斜轴测图中，平行面域中的构造可以直接复制或描绘立面图，如该橱柜三视图中的*B*立面图，只是要注意细节的凸凹。

（3）抽油烟机、水槽、炉灶等成品构件只需绘制基本轮廓形态，或指定放置位置即可，当然，也可以调用成品模型库，这样图面效果会更加精美。

（4）当全部细节绘制完成后，要仔细检查一遍，尤其是细节构造中的图线倾斜角度是否正确、一致，发现错误要及时更正（图7-20）。

5．填充与标注

（1）绘制完成后可以根据三视图中的设计构思对轴测图进行填充，材质填充要与三视图一致，着重表现橱柜中的材料区别。

（2）尺寸标注与文字标注可以直接抄绘三视图，但要注意摆放好位置，不宜相互交错，导致图面效果混乱不清。

（3）当轴测图全部绘制完毕后，应再细致检查，确认无误即可标写图名和比例。

（4）轴测图的绘制目的主要在于表现设计对象的空间逻辑关系，如果其他投影图表现完整，可以只绘制形体构造，不用标注尺寸与文字（图7-21）。

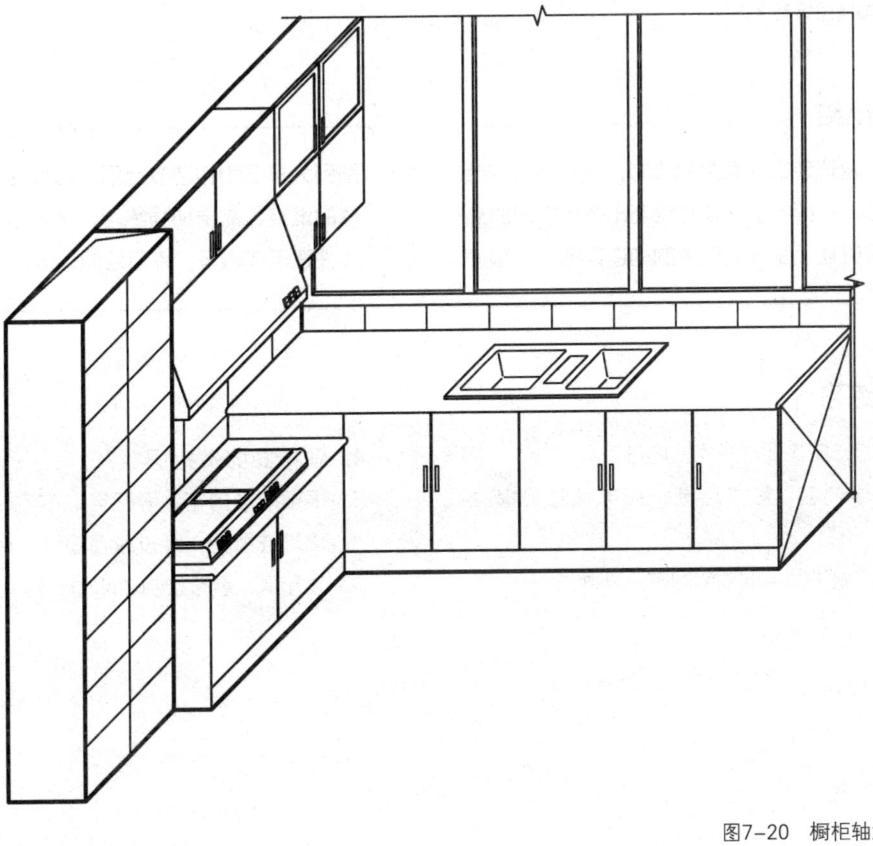

图7-20 橱柜轴测图绘制步骤二

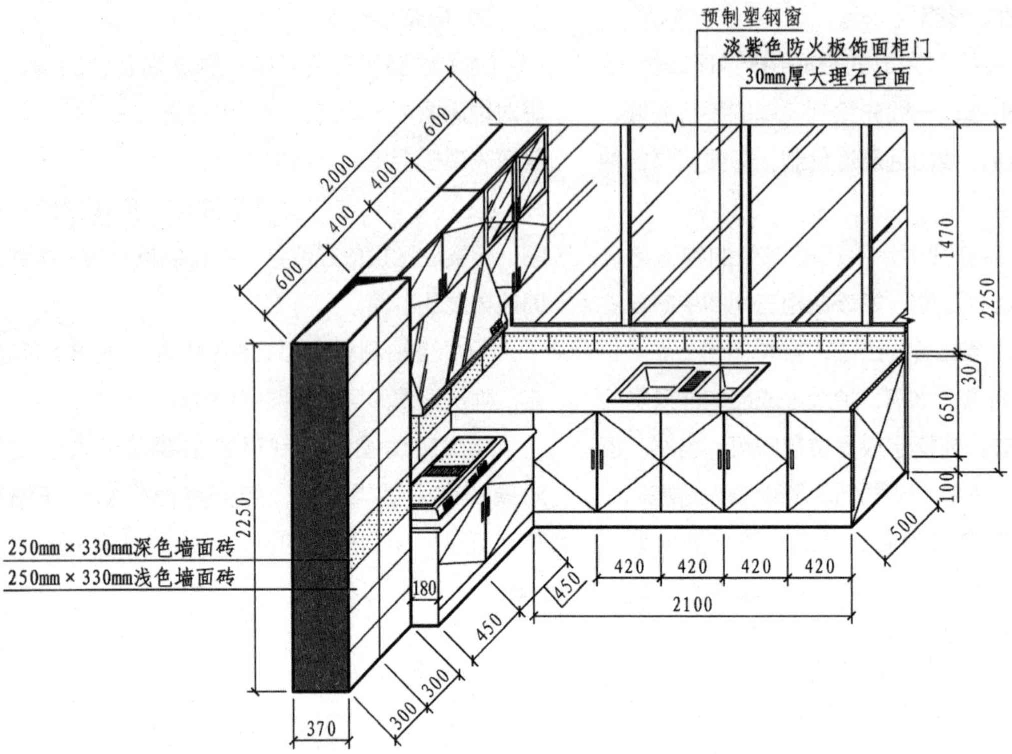

图7-21 橱柜轴测图绘制步骤三

本章小结

本章主要讲建筑装饰立面图的绘制，从立面图的绘制步骤讲起，让读者能够独立绘制出各类空间的立面图。同时讲述了主体立面中的构造详图，从剖面图到大样图和构造节点图，最后轴测图的绘制是本章的难点，需要加强练习，结合当地市政公园中标志性建筑或雕塑，练习绘制轴测图。

课后练习

1. 立面图的绘制需要注意哪些内容?
2. 根据所学内容，独立绘制一张电视背景墙立面图。
3. 建筑装饰施工图中的轴测图有几种画法?
4. 轴测图可分为哪几类?
5. 根据所学内容，考察当地市政公园中的标志性建筑或雕塑，经过改良设计，突出当前主流思政元素，重新绘制轴测图。

第八章

建筑装饰设计图案例解析

图纸素材　教学视频　PPT 课件

» 识读难度：★★☆☆☆

» 核心概念：施工、构造、节点

» 章节导读：优秀的设计图纸无处不在，书籍、杂志、网络等都是其来源，对于图面信息丰富、制图手法规范、视觉效果良好的设计图纸应及时保存，复印、扫描、拍摄均可，要养成良好的收集习惯。

第一节 功能齐备的住宅施工图

住宅是最为常见的建筑空间，首先需要呈现给客户的就是平面布置图，平面布置图展示了设计师的具体设计理念以及客户想要达到的一种平面效果，家居中的平面布置图一般根据功能分区，主要包括客厅、餐厅、卫生间、厨房、阳台以及卧室。

原始平面图要绘制出基本空间分割，如墙体拆除、修补、砌筑的部位，并标出各个空间的面积，这些都是后期进行材料采购与施工工程量计算的真实依据［图8-1（a）］。

平面布置图中对家具、固定陈设精准摆放，家具之间所预留的空间能真实反映出行走流通的便捷性。对各空间的标称尽量准确、无歧义。如卧室较多可标为卧室1、卧室2等，不建议标为主卧、次卧等，否则在后期预算中容易混淆［图8-1（b）］。

地面铺装图需要在平面布置图的基础上将家具删除，填充各种地面材质图案（图8-2）。

顶面布置图在住宅装修施工图中也是比较重要的一部分，一是影响整体的空间布局；二是对于灯具的布局也会有所影响。立面图则主要对细部区域进行详细讲解，通过图纸以及效果图，将其生动形象地展示在客户眼前。顶面布置图需要绘制吊顶的

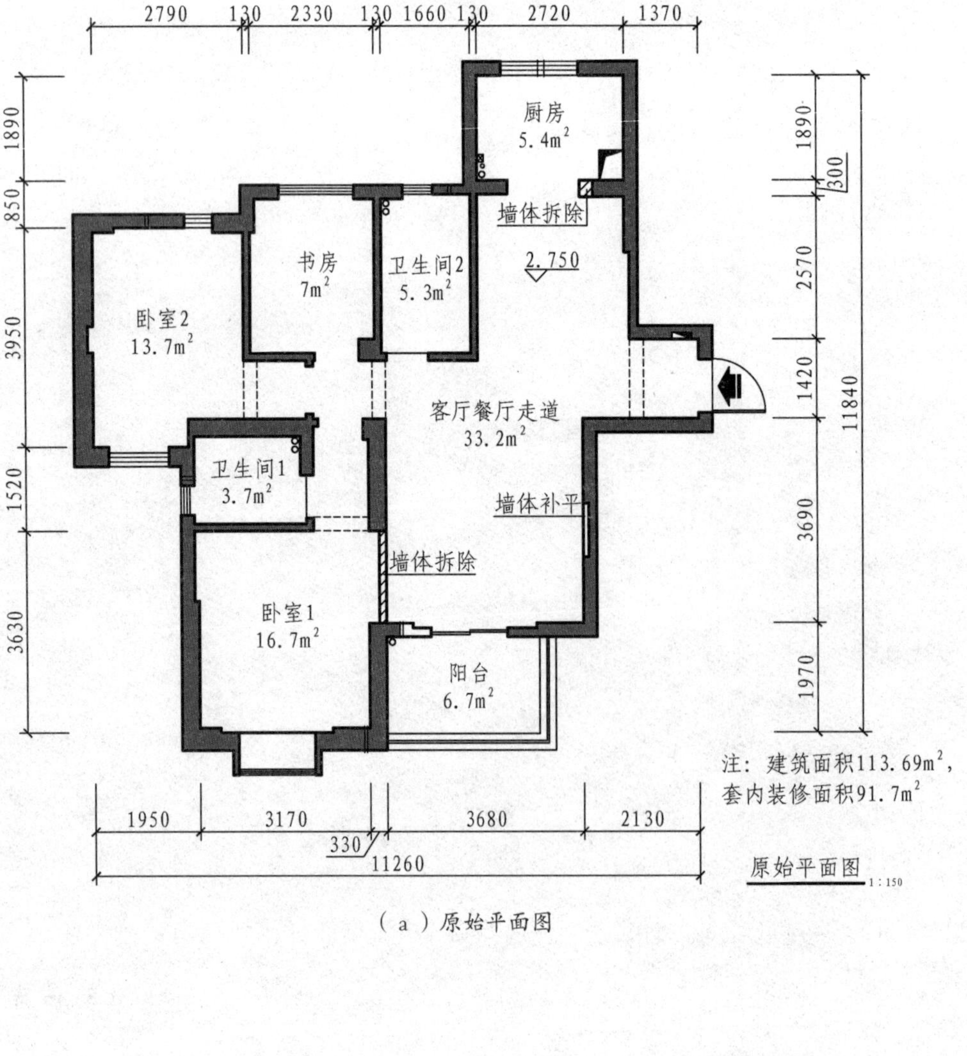

（a）原始平面图

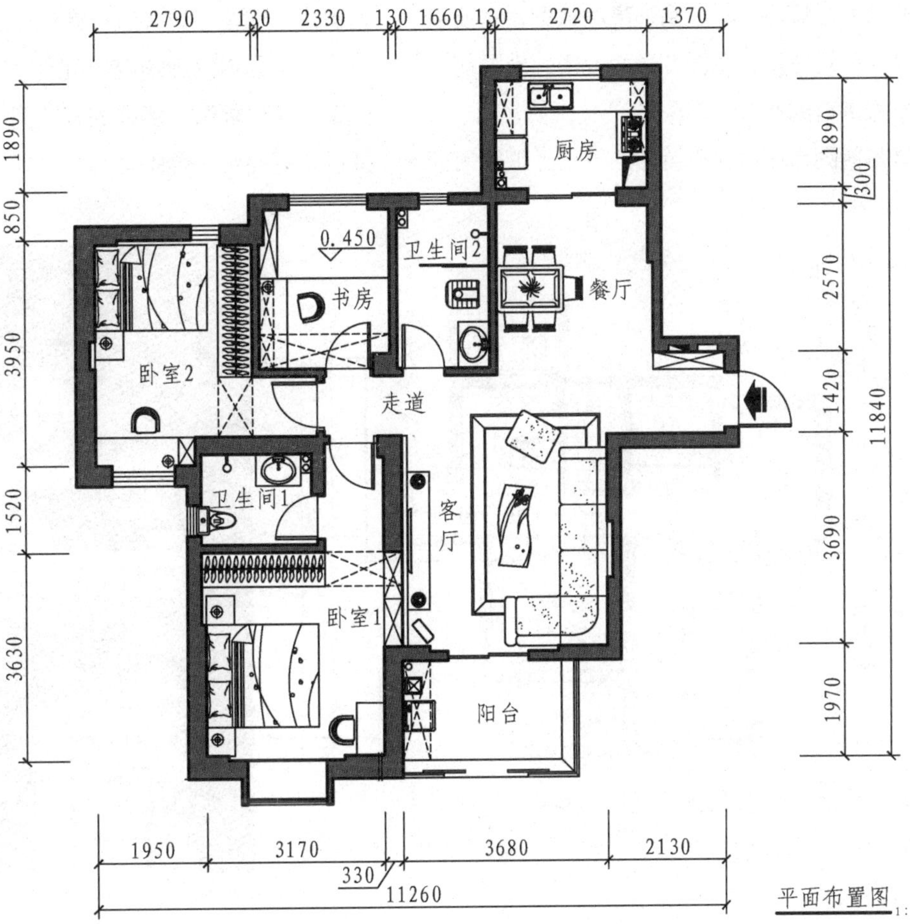

（b）平面布置图

图8-1　住宅平面图

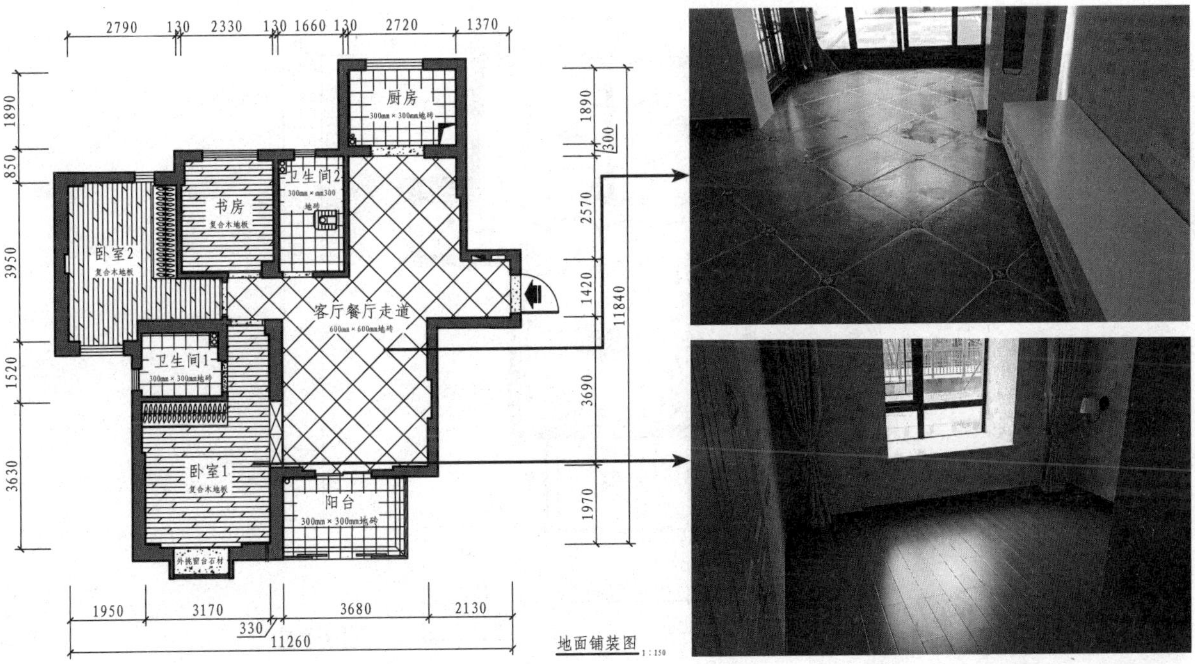

图8-2　地面铺装图

整体构造轮廓、灯具，标注吊顶高度数据、主要装饰材料等，并对复杂、多样的顶面设备列出图例，放在图纸旁供查阅参考（图8-3）。

灯具布置图是在顶面布置图的基础上删除吊顶轮廓线，保留灯具并进行连线，绘制出灯具开关所在位置，图中的连线应当符合逻辑，线路尽量减少交错，并对复杂、多样的开关列出图例，放在图纸旁供查阅参考（图8-4）。

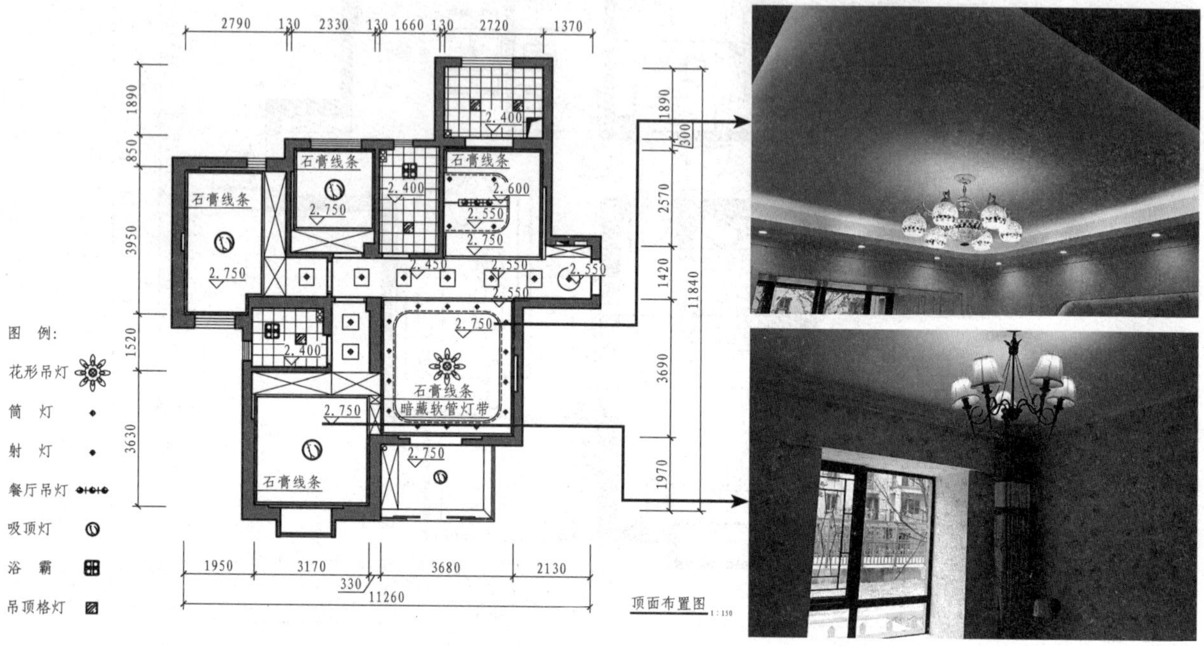

图8-3 顶面布置图

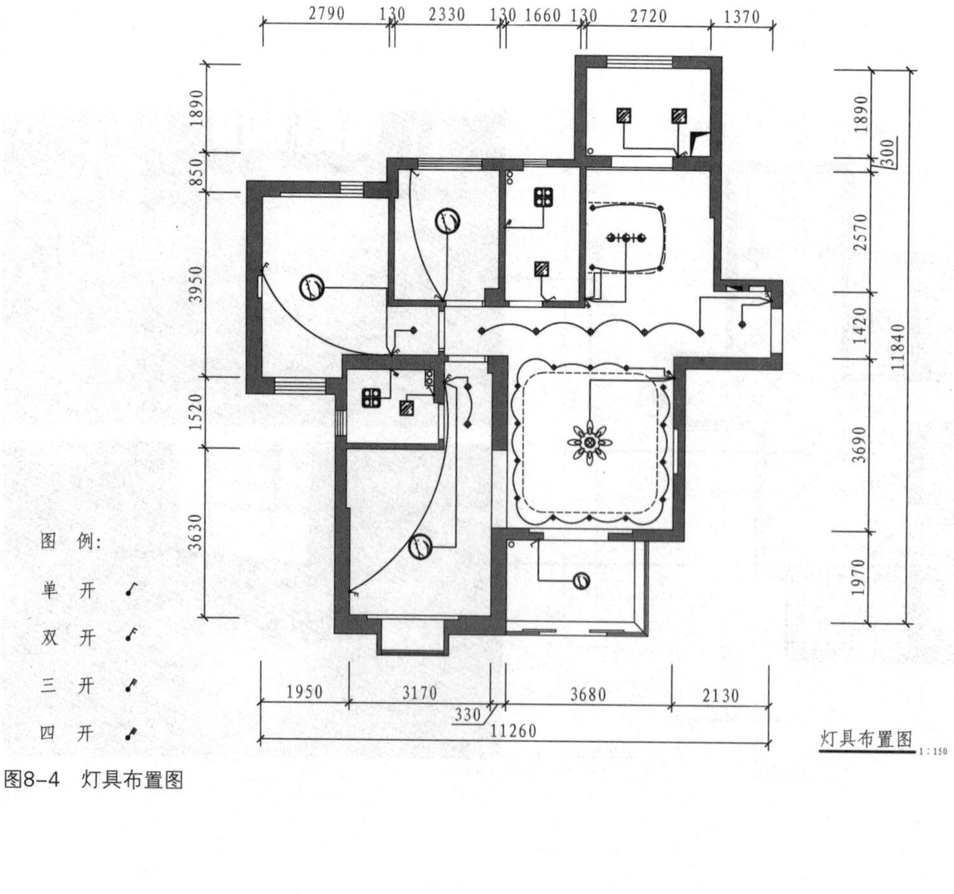

图8-4 灯具布置图

插座布置图根据生活习惯与具体设计要求绘制，在相关空间中绘制插座图示，标出插座安装的高度，并对复杂、多样的插座列出图例，放在图纸旁供查阅参考（图8-5）。

电路系统图是对整体空间线路布局的逻辑规划，用于引导电路施工（图8-6）。

给排水布置图要绘制出用水点与排水点的设备，并精确位置，连接管道线路，尽量减少交错，并对复杂、多样的用水设备列出图例，放在图纸旁供查阅参考（图8-7）。

立面索引图是平面图与立面图之间的关系图，在平面布置图的基础上绘制出立面索引符号，并详细标出数字、字母，方便后续立面图查阅参考（图8-8）。

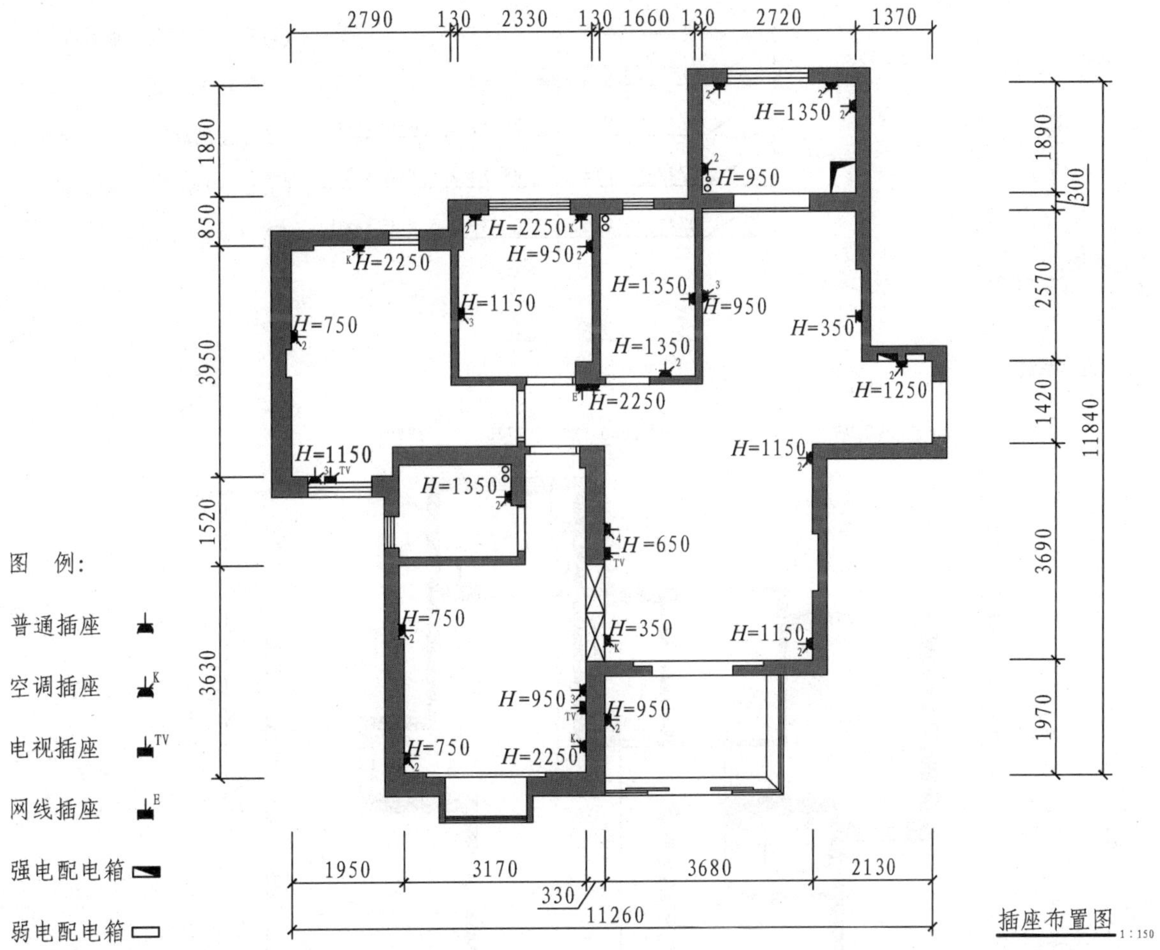

图8-5　插座布置图

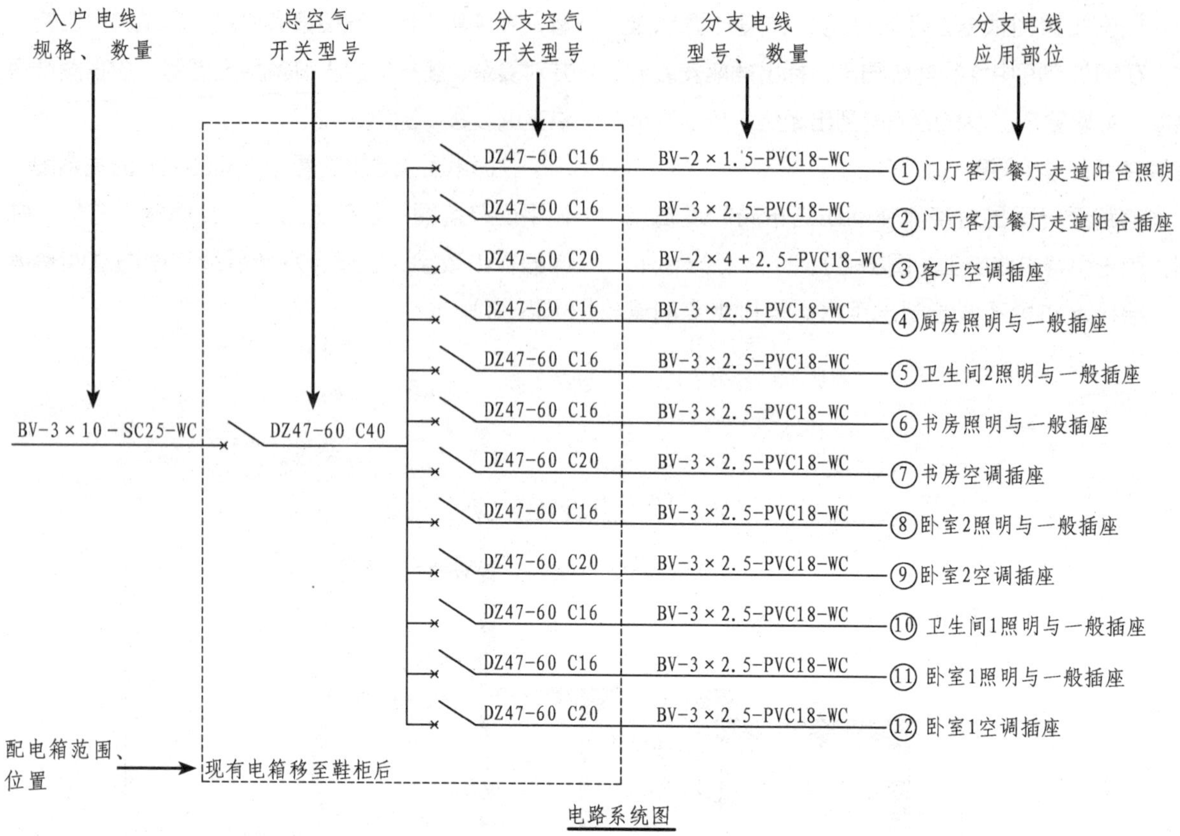

图8-6 电路系统图

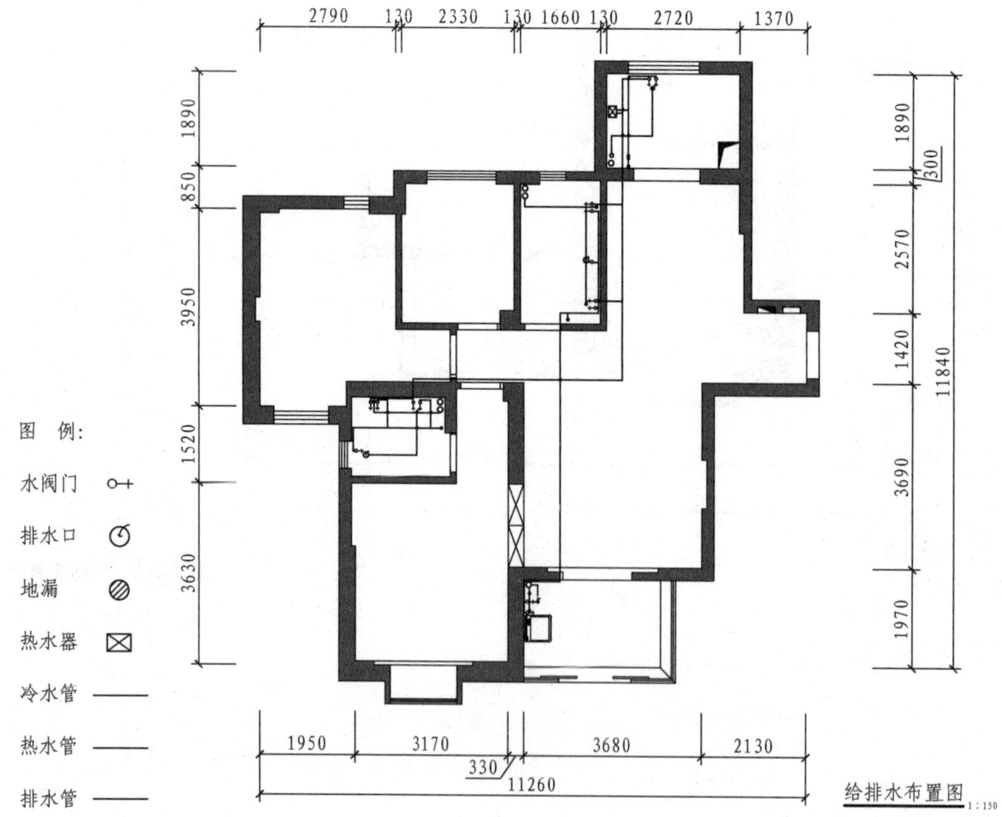

图8-7 给排水布置图

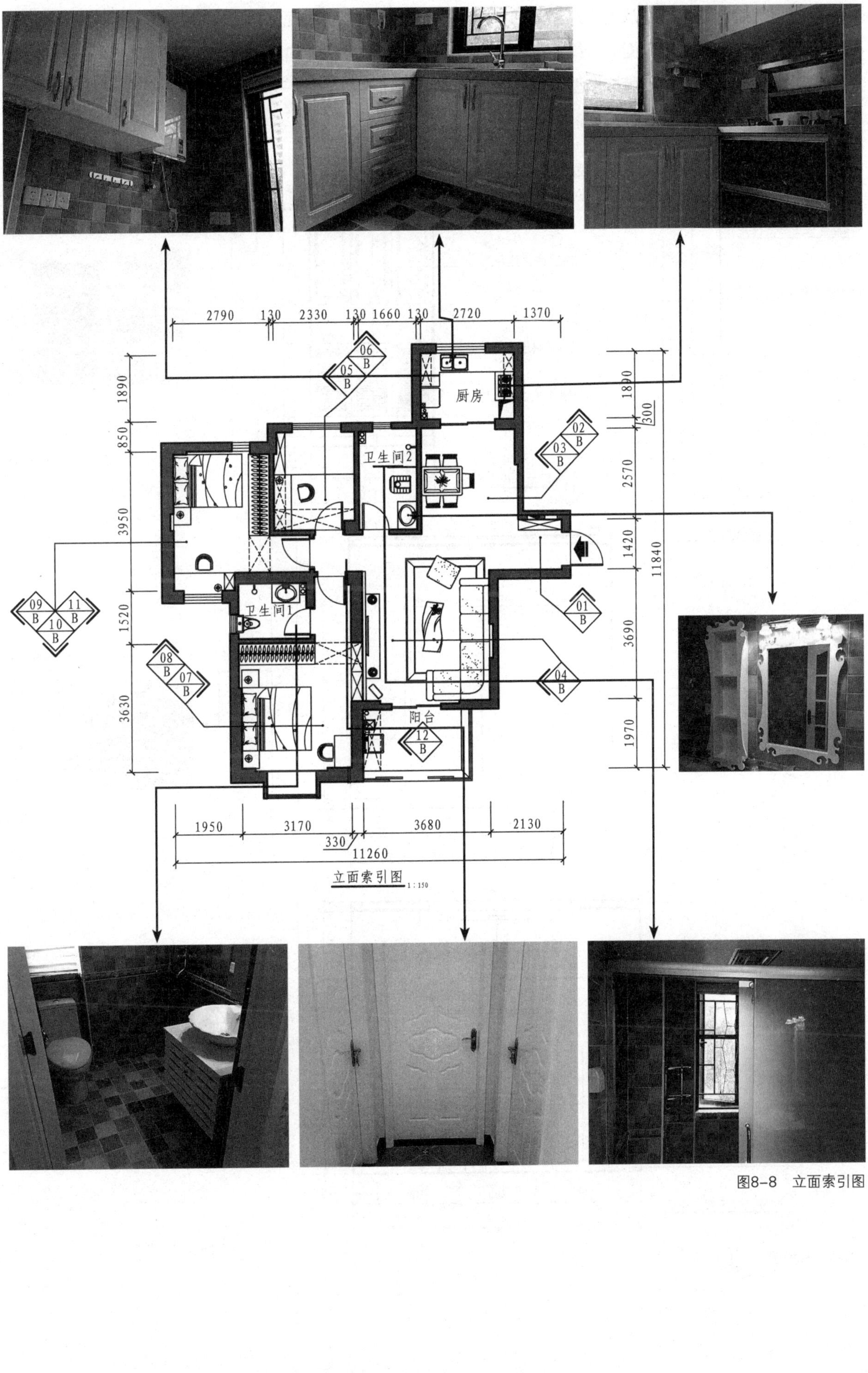
2790
130
2330
130
1660
130
2720
1370
1890
850
3950
1520
3630
300
2570
1420
3690
1970
11840
厨房
卫生间2
卫生间1
阳台
1950
3170
330
3680
2130
11260
立面索引图 1:150

图8-8 立面索引图

立面图的绘制顺序一般从入户大门开始，对需要设计、装修的墙面、构造面进行绘制，但不必对所有面进行绘制，只绘制有装饰造型，且需要进行专项施工的立面，主要包括家具、构造、墙面砖等，对于单纯的乳胶漆、壁纸、踢脚线、装饰画等无须绘制（图8-9）。

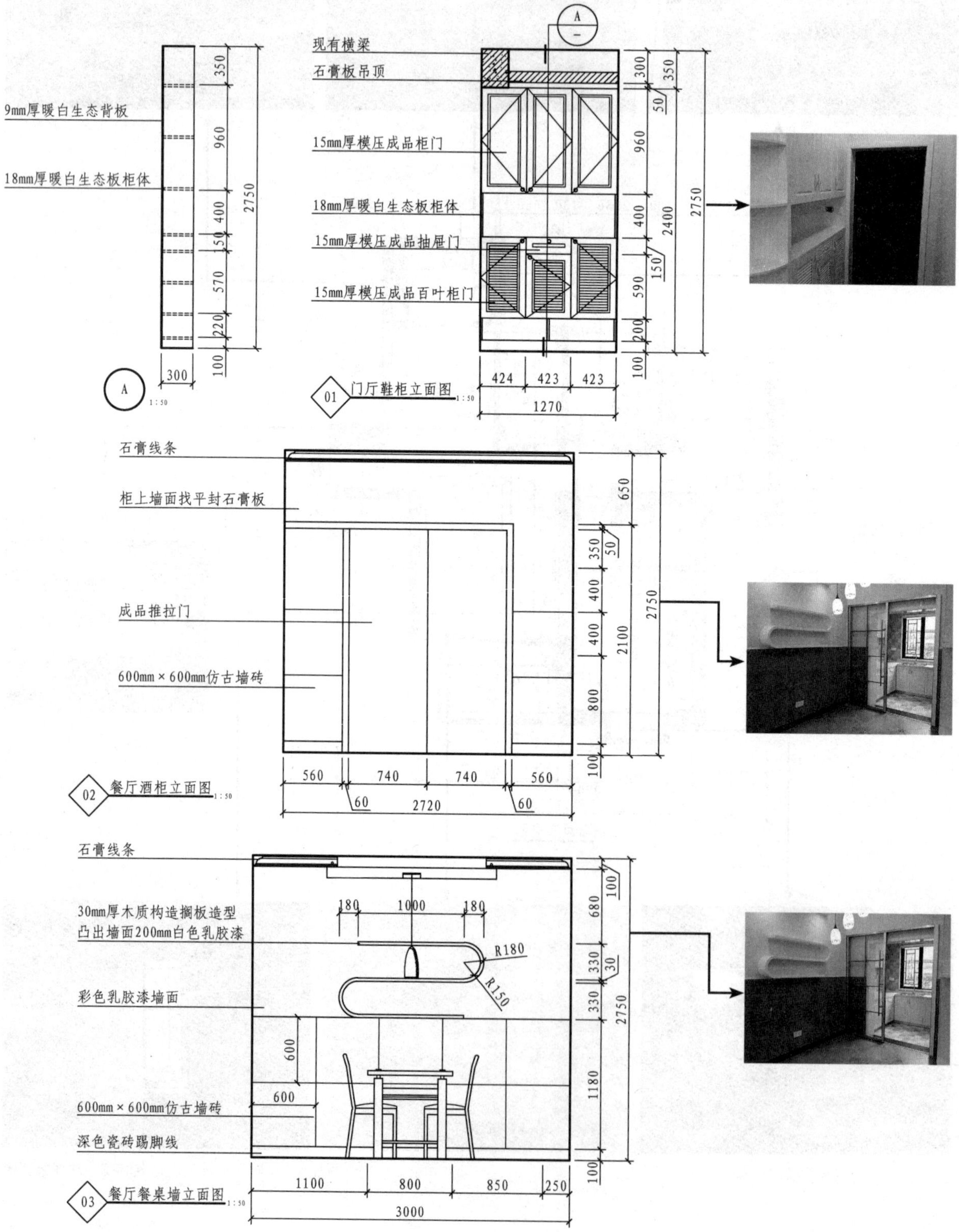

图8-9 立面图（一）

住宅电视背景墙立面图中要表现出层次结构，装饰造型凸出原有墙面的尺寸要在剖面图中反映出来，同时在立面图上也要有文字指引说明。

较复杂的储藏柜、书柜、榻榻米等家具是设计绘制的重点，对于一个墙面家具构造可以绘制出多个立面图来分别表达不同的设计内容，重要的是要对所有构造精准地标出数据（图8-10）。

普通平开门柜体内部的隔板采用虚线表示，需绘制出隔板的形态与数量。衣柜推拉门是成品构件，遮挡后就看不到里面的构造了，在绘制衣柜立面图时应去除推拉门，仔细绘制衣柜立面的隔板与抽屉。

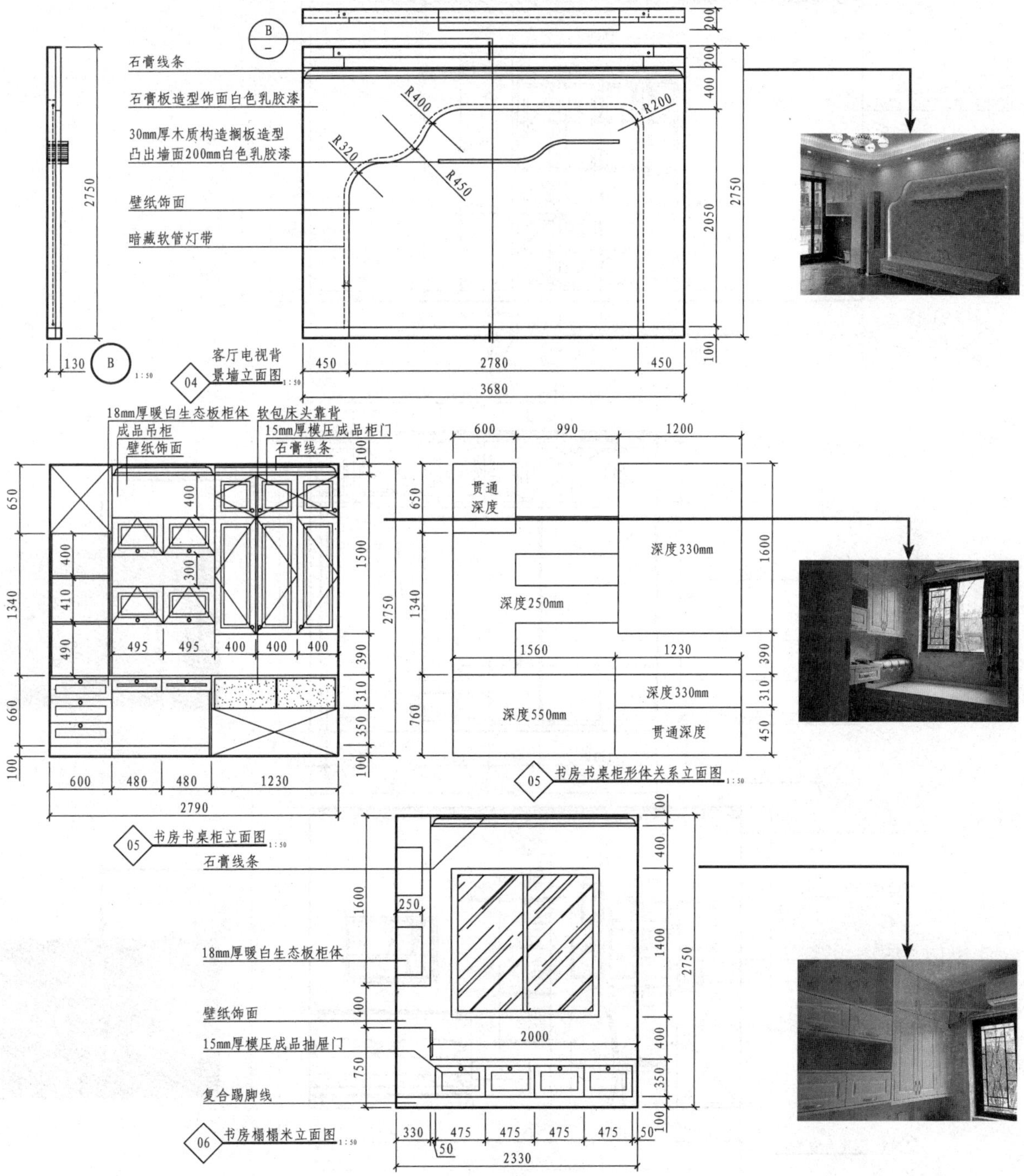

图8-10 立面图（二）

材料与工艺标注应当准确，在不同的家具、构造上。重复使用的材料与工艺都应当逐一标注，不能省略（图8-11）。

多种柜体存在于同一空间中，应当对图纸名称进行明确区分，避免发生干扰，引发施工错误，在图纸幅面范围内对尺寸进行精确标注，尽量细致，不留任何空白、余角（图8-12）。

花园是该住宅装修的另一亮点，应将其单独放大绘制平面图，着重表现地面铺装材料。根据设计要求继续绘制宠物房三视图，对地面铺装材料详细绘制（图8-13）。

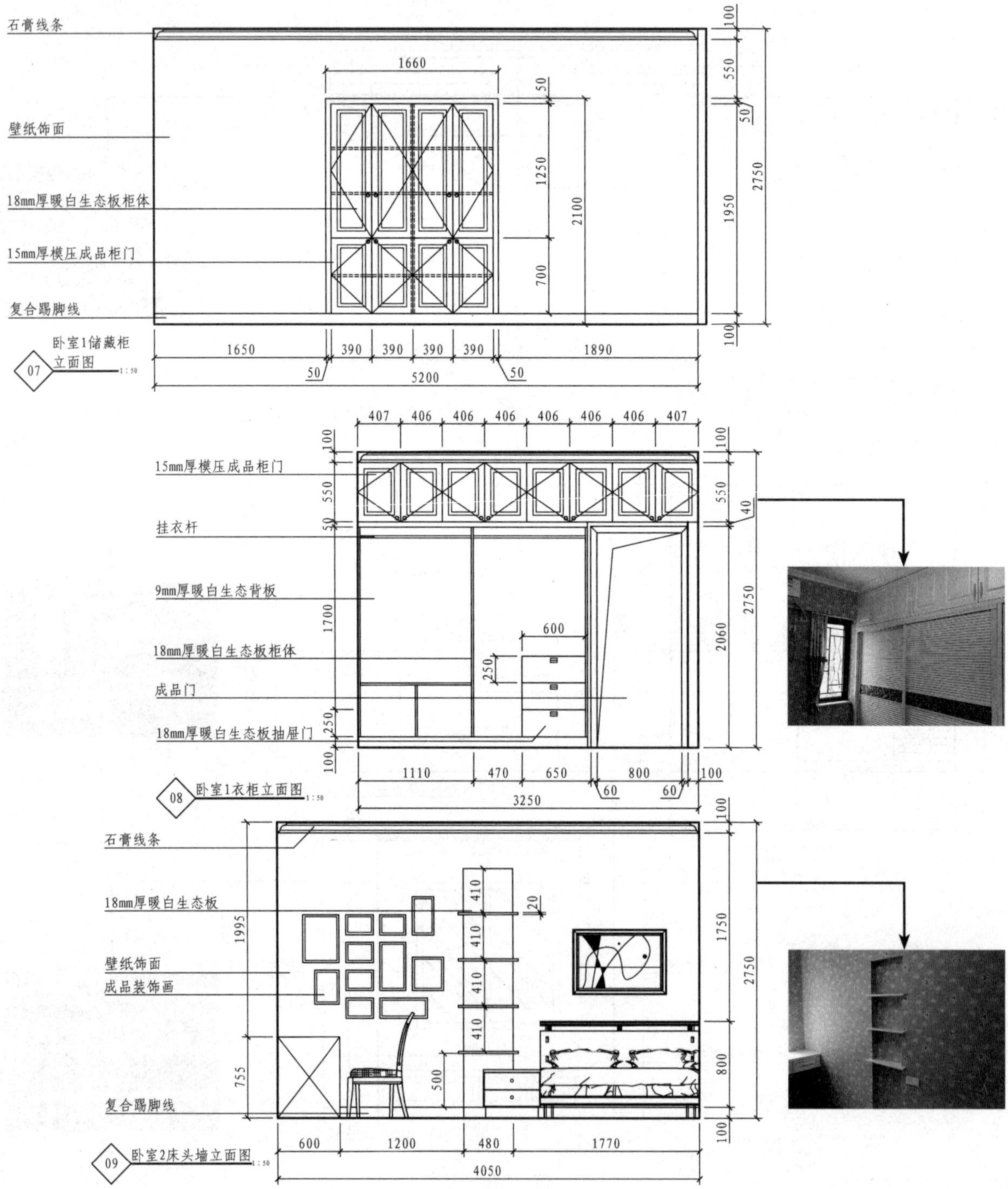

图8-11 立面图（三）

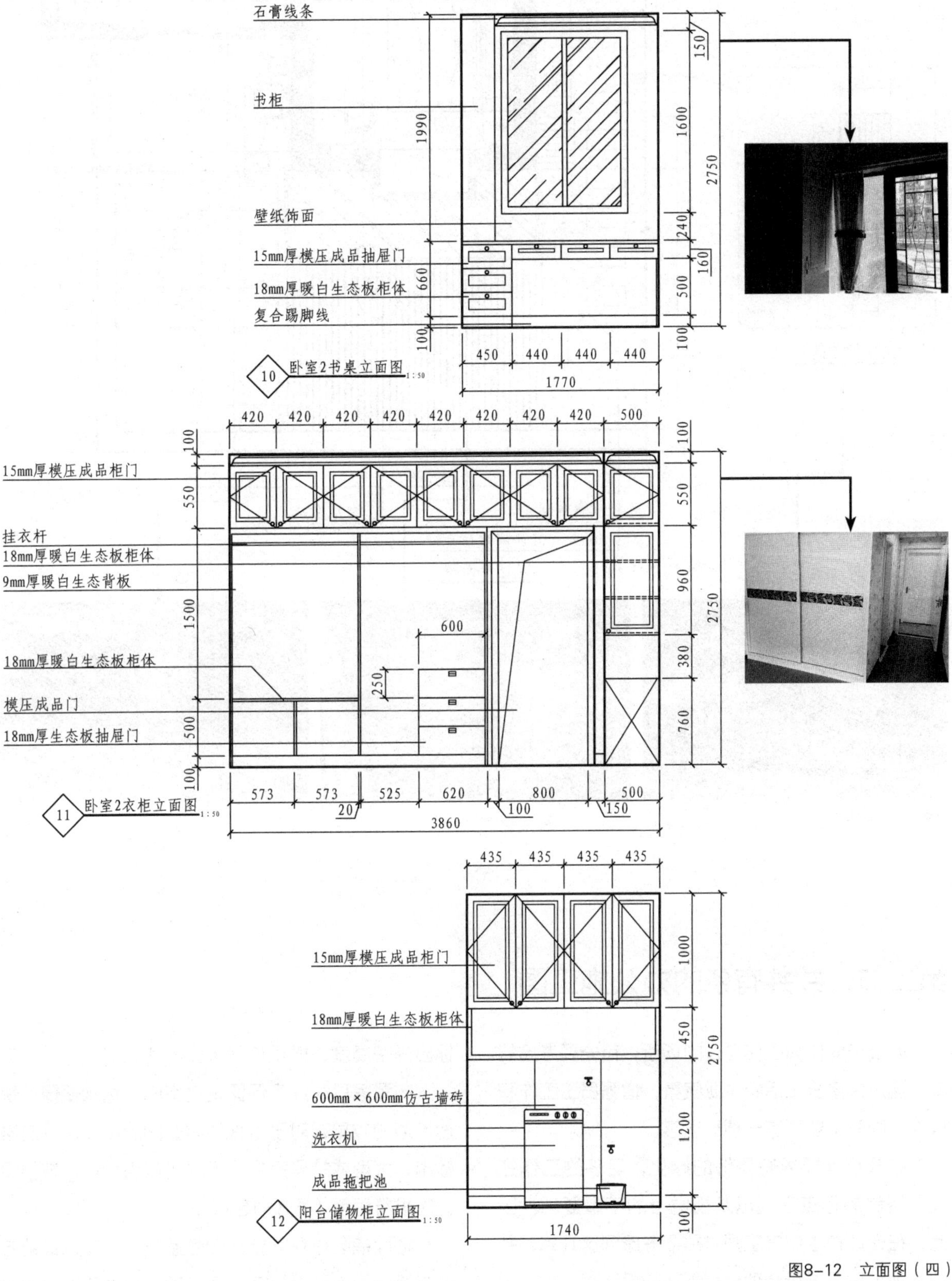
石膏线条
书柜
壁纸饰面
15mm厚模压成品抽屉门
18mm厚暖白生态板柜体
复合踢脚线
1990
660
100
150
1600
2750
240
160
500
100
450
440
440
440
1770
10 卧室2书桌立面图 1:50
420
420
420
420
420
420
420
420
500
100
15mm厚模压成品柜门
挂衣杆
18mm厚暖白生态板柜体
9mm厚暖白生态背板
18mm厚暖白生态板柜体
模压成品门
18mm厚生态板抽屉门
550
1500
500
100
600
250
550
960
2750
380
760
573
573
525
620
800
500
20
100
150
3860
11 卧室2衣柜立面图 1:50
435
435
435
435
15mm厚模压成品柜门
18mm厚暖白生态板柜体
600mm×600mm仿古墙砖
洗衣机
成品拖把池
1000
450
2750
1200
100
1740
12 阳台储物柜立面图 1:50

图8-12 立面图（四）

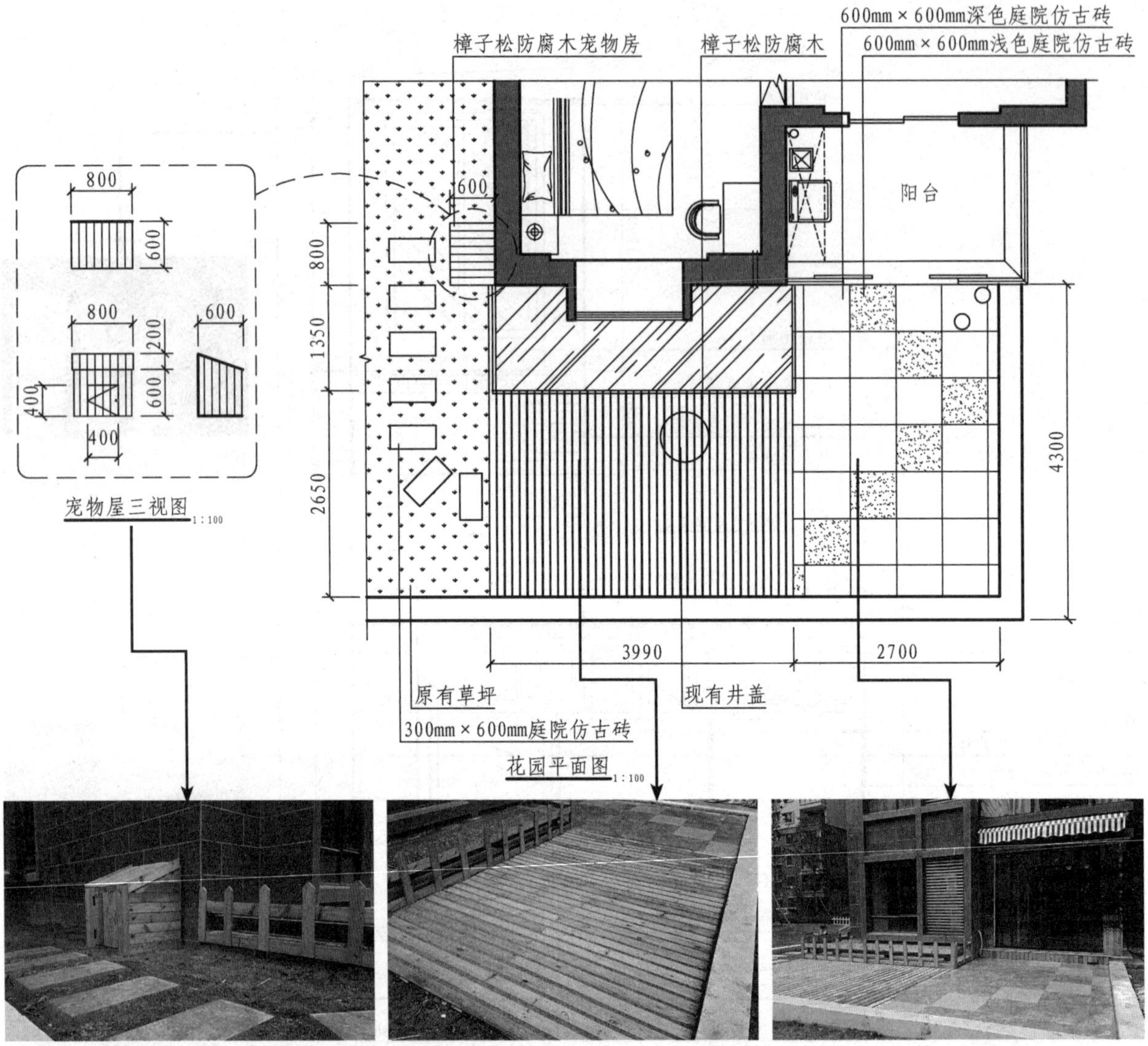

图8-13 花园平面图

第二节 井井有条的办公施工图

办公空间作为工作办公的场所，首先要考虑的就是通过装修施工活跃企业气氛，增强员工工作积极性，同时也要营造一种舒适感。

办公空间要求有足够的绿化，足够的工作空间，足够的行走空间以及视觉上的不重复感。因此，在设计和绘制施工图时需要考虑到这几点，并结合现场情况进行合理且有创新的设计。

办公空间内部隔断较少，需要在原始平面图中标出内空高度、横梁位置（图8-14）。

布置家具时注意保留走道空间，达到便捷、快速流通的效果，对于各种预留空间的宽度尺寸应当标出，大型或特异家具的尺寸也应当标识，方便设计时进行思考（图8-15）。

地面铺装材料需要在删除家具后填充，最佳方式是逐一画出地砖填充线条轮廓，再对不同颜色的地砖进行填充（图8-16）。

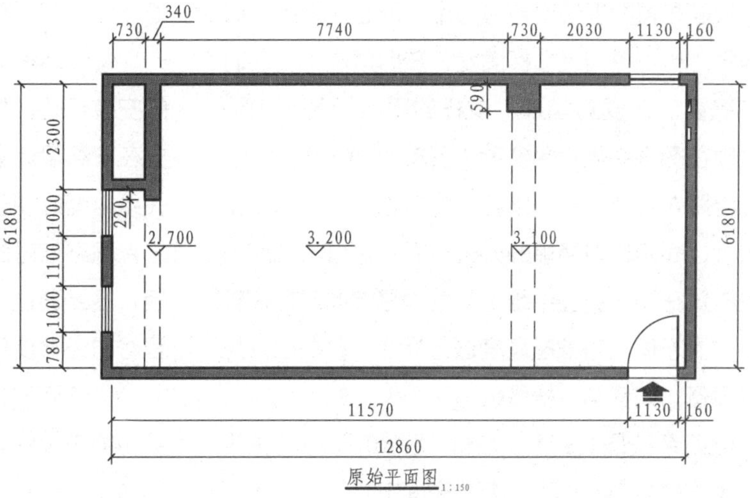

图8-14　原始平面图

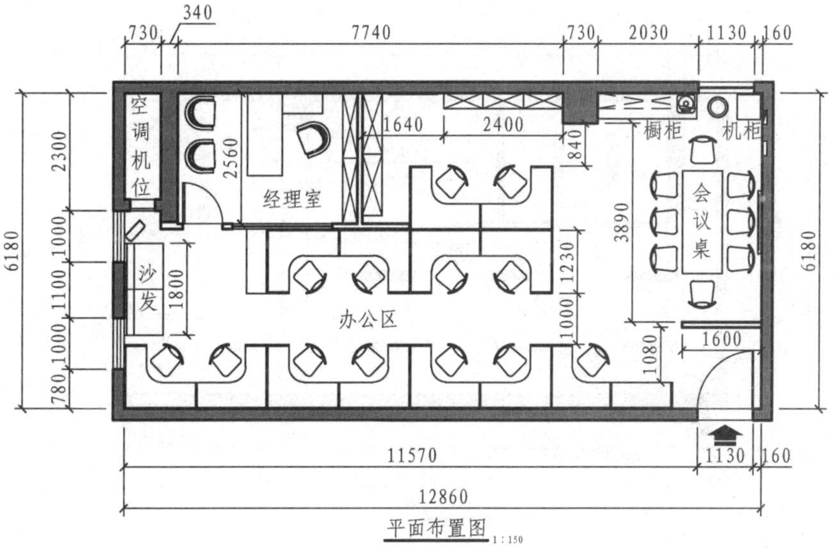

图8-15　平面布置图

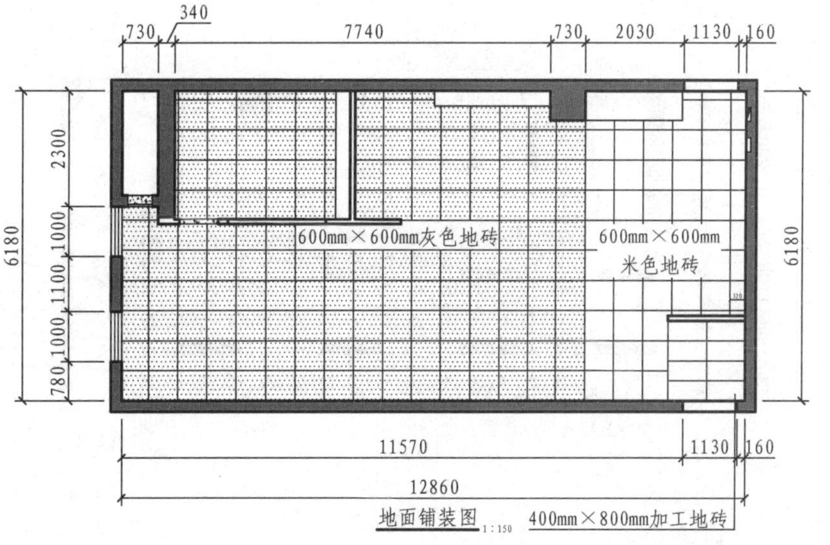

图8-16　地面铺装图

顶面布置图要绘出灯具与吊顶形态，无吊顶时应当将灯具位置与尺寸标清楚，在后期施工安装时尤其重要。还要对复杂、多样的用电设备列出图例，放在图纸旁供查阅参考（图8-17）。

电路布置要求绘制出灯具的电路连线，对于空间较大，线路相对简单的办公空间，可以将插座与开关布置在同一张图中绘制，前提是彼此不存在较大的位置矛盾，对插座高度进行标注，并指出特殊用电设备，如音响、摄像机等（图8-18）。

电路系统图是对整体空间线路布局的逻辑规划，用于引导电路施工。办公空间电路相对简单，但要对空调线路单独设计（图8-19）。

设计网络信号系统图与音响系统图需要有一定的安装经验，但难度很低，这类图纸的绘制目的主要在于给设计者与使用者理清诸多设备之间的逻辑关系，同时便于后期制作工程预算表。

网络信号的关键在于源头，从入户开始进行转换，最终通过无线或有线方式进行传播，要将线路型号与终端使用设备标示准确（图8-20）。

音响系统是办公空间中少见的设备，应根据使用功能来设计，系统图能反映的内容主要是设备名称与连接逻辑（图8-21）。

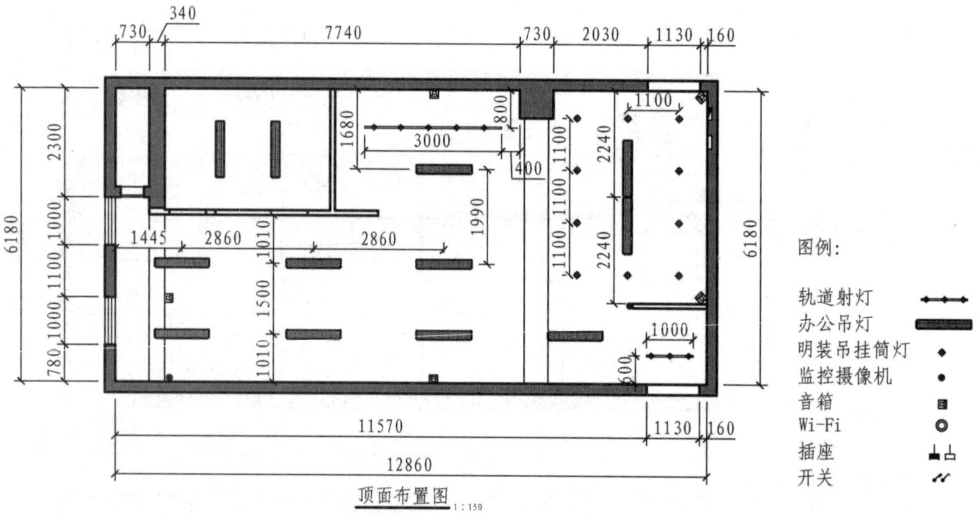

图8-17　顶面布置图

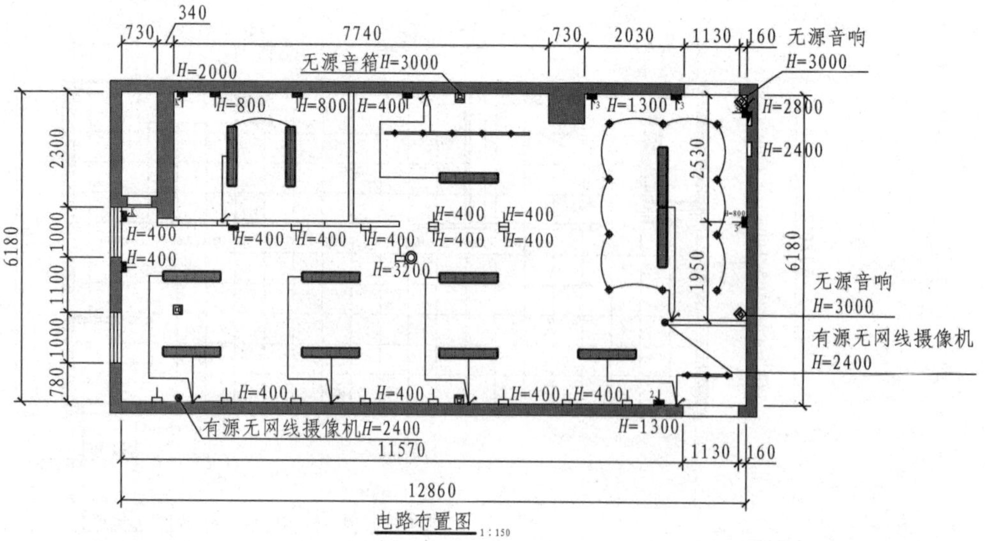

图8-18　电路布置图

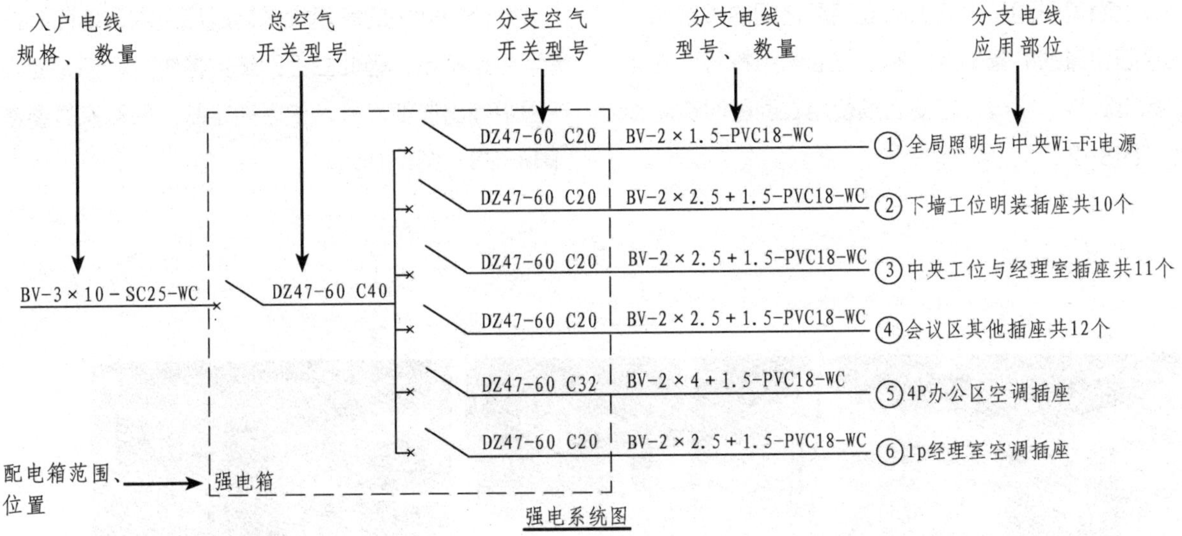

图8-19 强电系统图

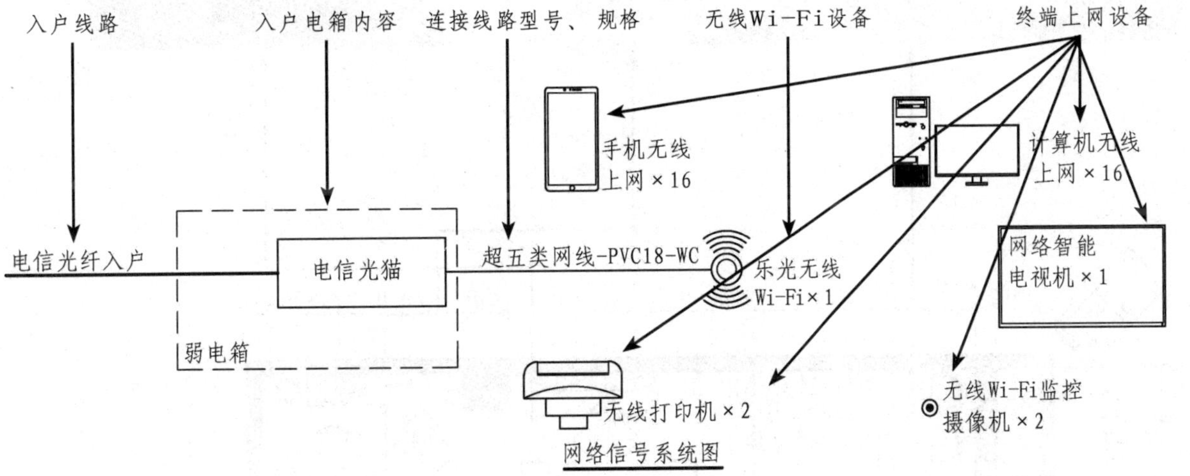

图8-20 网络信号系统图

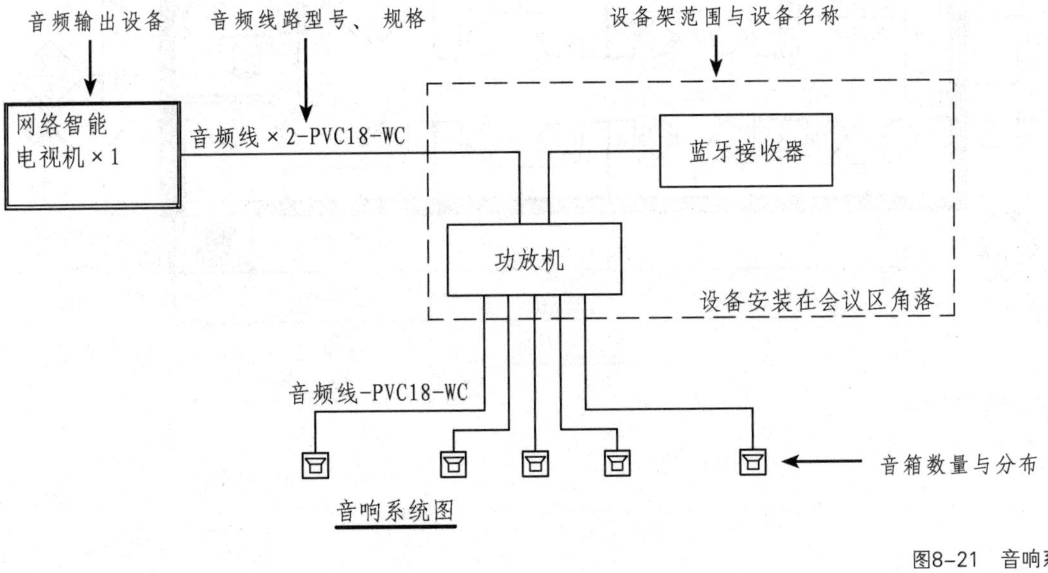

图8-21 音响系统图

立面索引图是平面图与立面图之间的关系图，在平面布置图的基础上绘制出立面索引符号，并详细标出数字、字母，方便后续使用立面图时查阅参考（图8-22）。

办公空间中的家具大多为成品采购，墙面装饰造型更是不多，因此立面图纸数量较少，但是应当在图中标出详细尺寸，供后期定制、采购家具参考（图8-23~图8-25）。

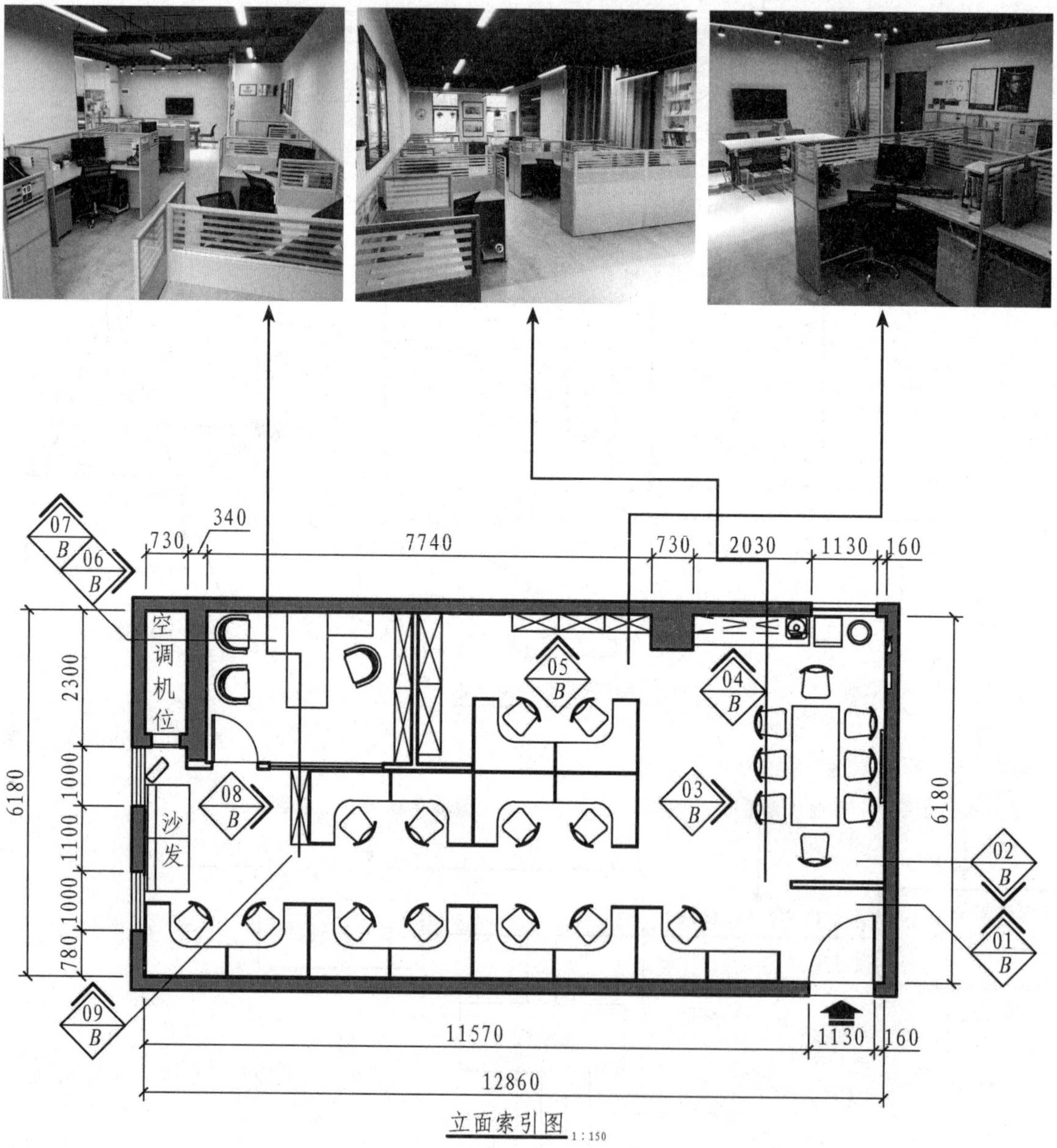

图8-22 立面索引图

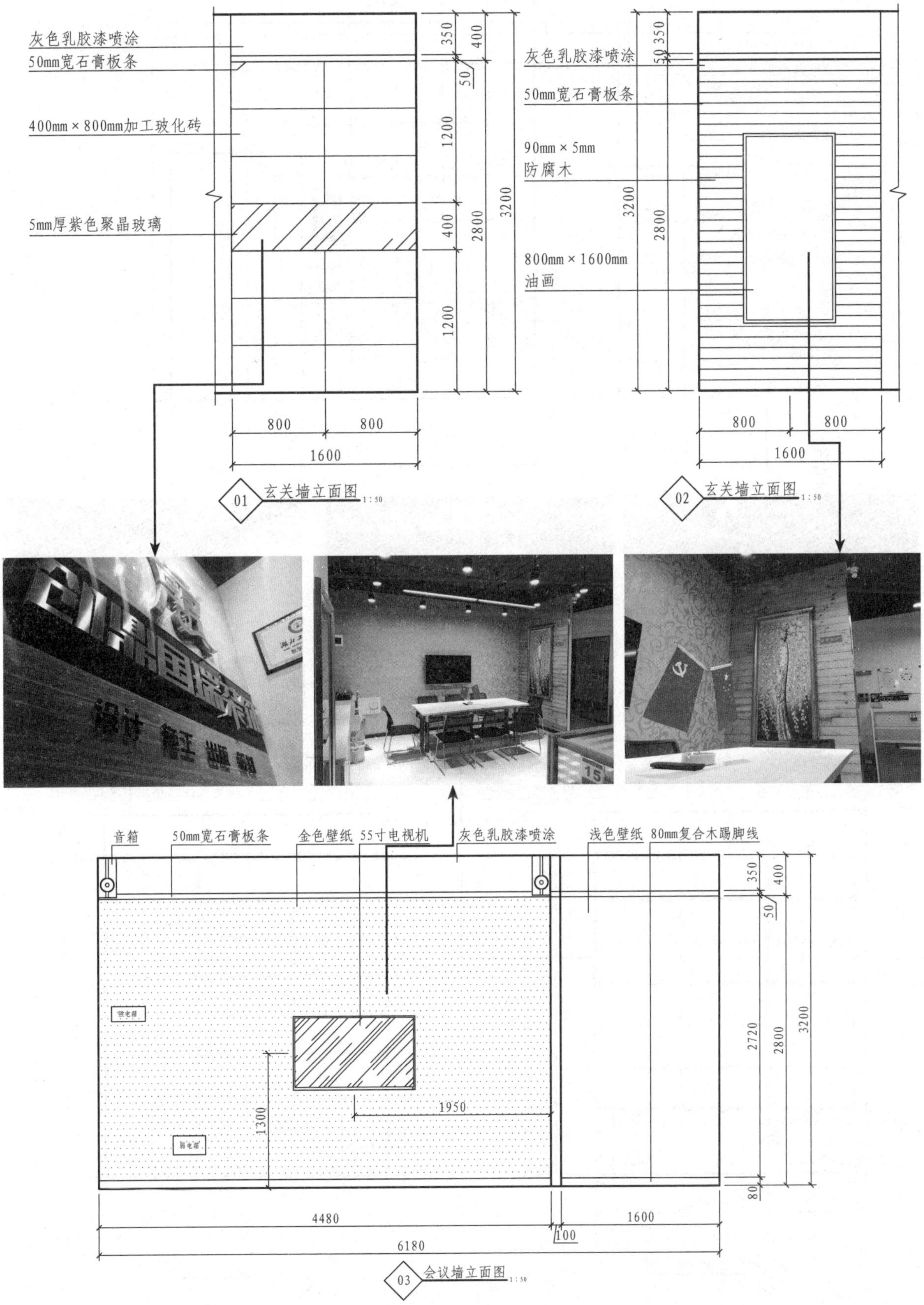
灰色乳胶漆喷涂
50mm宽石膏板条
400mm×800mm加工玻化砖
5mm厚紫色聚晶玻璃
350
400
50
1200
400
2800
3200
1200
800
800
1600
01
玄关墙立面图 1:50
灰色乳胶漆喷涂
50mm宽石膏板条
90mm×5mm
防腐木
800mm×1600mm
油画
50 350
3200
2800
800
800
1600
02
玄关墙立面图 1:50
音箱
50mm宽石膏板条
金色壁纸
55寸电视机
灰色乳胶漆喷涂
浅色壁纸
80mm复合木踢脚线
350
400
50
2720
2800
3200
1950
1300
80
4480
1600
100
6180
03
会议墙立面图 1:50

图8-23　立面图（一）

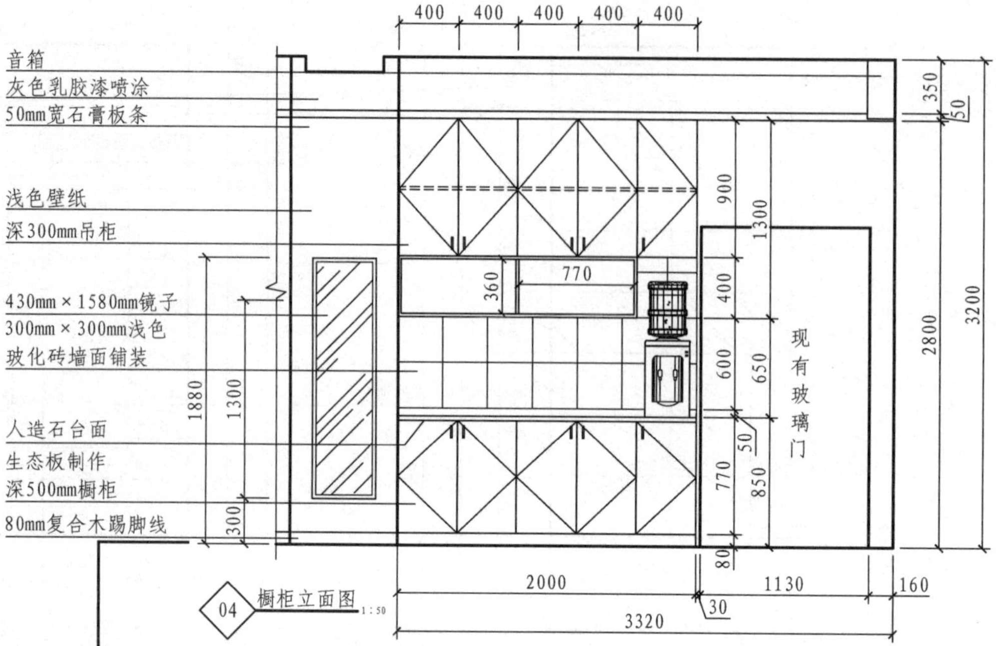
400
400
400
400
400
音箱
灰色乳胶漆喷涂
50mm宽石膏板条
浅色壁纸
深300mm吊柜
430mm × 1580mm镜子
300mm × 300mm浅色
玻化砖墙面铺装
人造石台面
生态板制作
深500mm橱柜
80mm复合木踢脚线
1880
1300
300
360
770
900
400
600
50
770
80
1300
650
850
现有玻璃门
350
50
2800
3200
2000
1130
160
30
3320
04 橱柜立面图 1:50

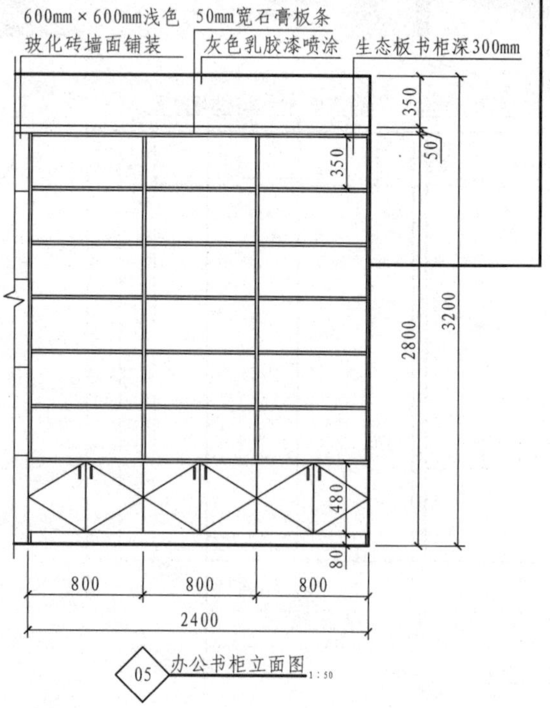
600mm × 600mm浅色
玻化砖墙面铺装
50mm宽石膏板条
灰色乳胶漆喷涂
生态板书柜深300mm
350
350
50
2800
3200
480
80
800
800
800
2400
05 办公书柜立面图 1:50

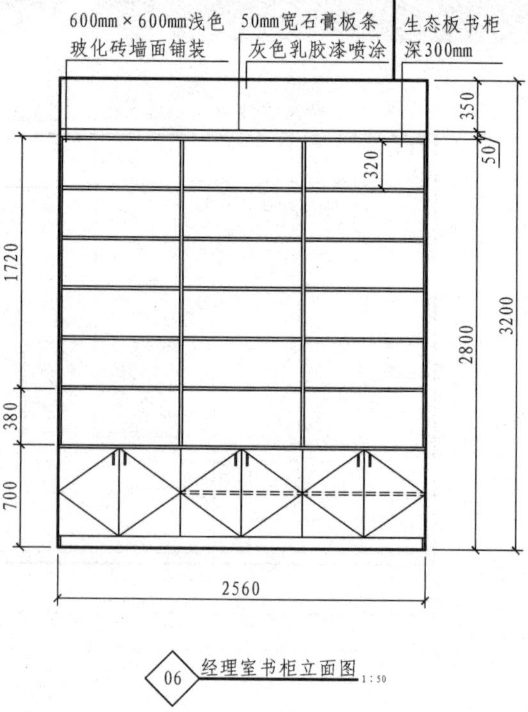
600mm × 600mm浅色
玻化砖墙面铺装
50mm宽石膏板条
灰色乳胶漆喷涂
生态板书柜
深300mm
320
350
50
1720
380
700
2800
3200
2560
06 经理室书柜立面图 1:50

图8-24 立面图（二）

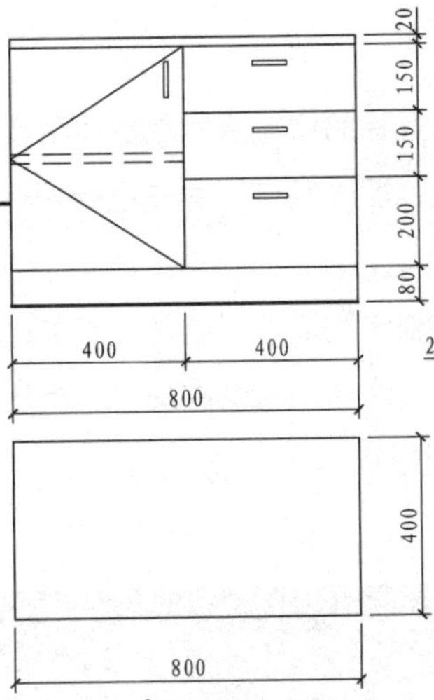

07 经理室台柜三视图 1:20

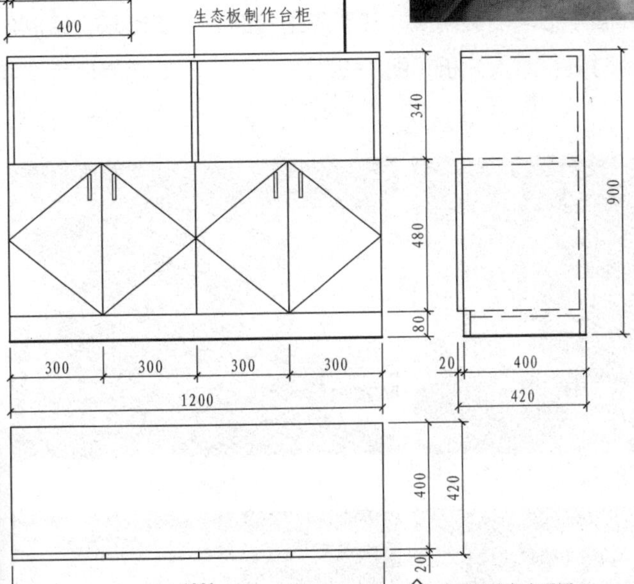

08 办公区台柜立面图 1:20

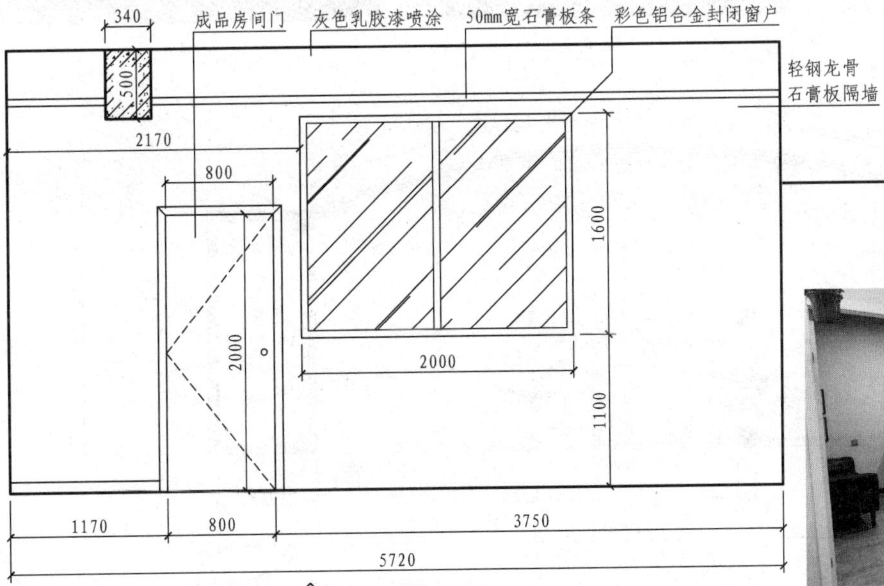

09 经理室隔墙立面图 1:50

图8-25　立面图（三）

第三节 浪漫情怀咖啡厅施工图

该咖啡厅是对原有的简易餐厅进行改造，希望打造成具有日韩生活情调的休闲商业空间。

在正式改造设计之前，要对现场进行测量，将测量尺寸记录下来，结合现场拍摄的照片统筹分析，在原始平面图中记录拍摄角度，并对应主要的照片，方便设计时进行深入分析（图8-26）。

对原有墙体拆除后绘制拆除后的平面图，这样能与原始平面图、墙体制作平面图进行对比，方便后期计算工程量（图8-27）。

重新砌筑、制作的隔墙需要在全新的图纸中反映出来，绘制出墙体结构轮廓并填充，标出墙体类型与厚度等文字说明（图8-28）。

视点1

视点2

视点3

视点4

视点5

视点6

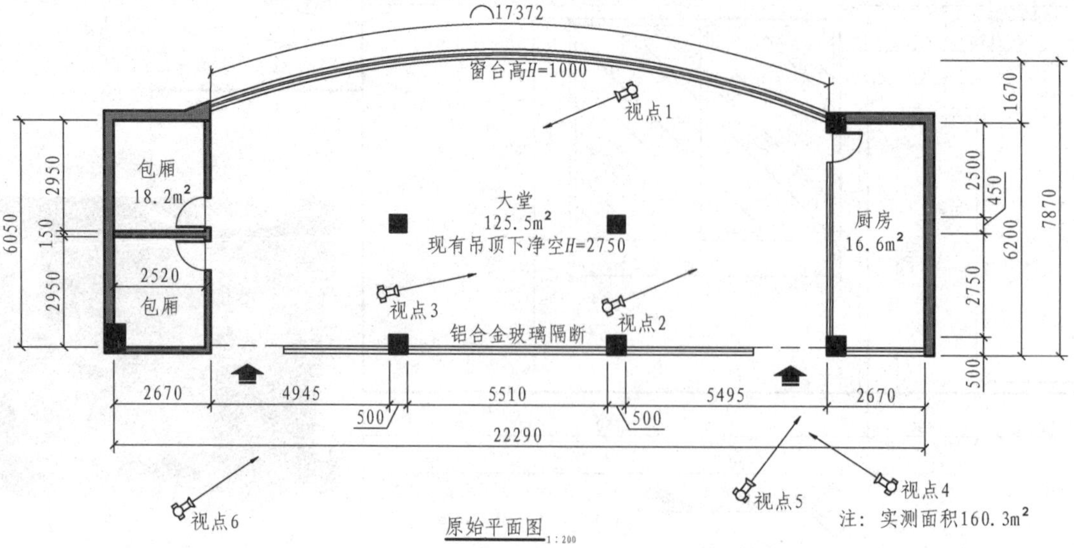

图8-26 原始平面图

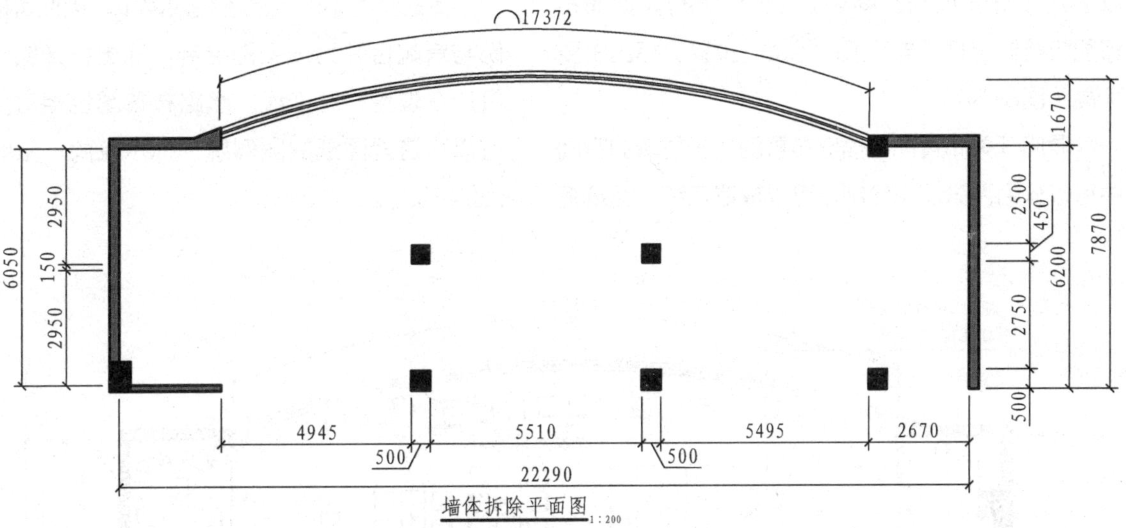

图8-27　墙体拆除平面图

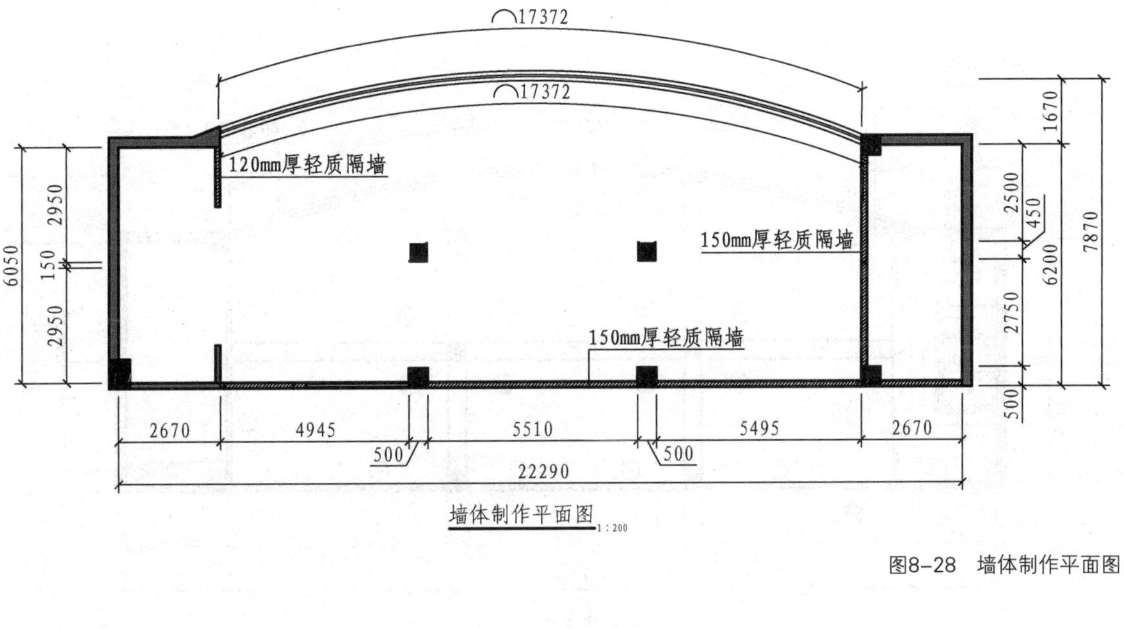

图8-28　墙体制作平面图

咖啡厅这类商业空间的家具布置具有很强的规律性，因此，在平面布置图中进行简单绘制即可，以表达设计布局与空间划分（图8-29）。顶面布置图应绘制出灯具与吊顶的轮廓与位置，标出主要标高（图8-30）。

照明开关布置图与插座布置图在较复杂的空间中可以分为两张图来绘制，可以放置在统一图纸范围内，列出统一的图例说明，并对应强电系统图（图8-31）。

商业空间中弱电系统相对简单，因此可以将安防与音响合并为一张图绘制，标出摄像头、监控机所在位置，并连线。水路布置图也相对简单，可以将这些图纸的图例统一标示在同一张图纸内（图8-32）。

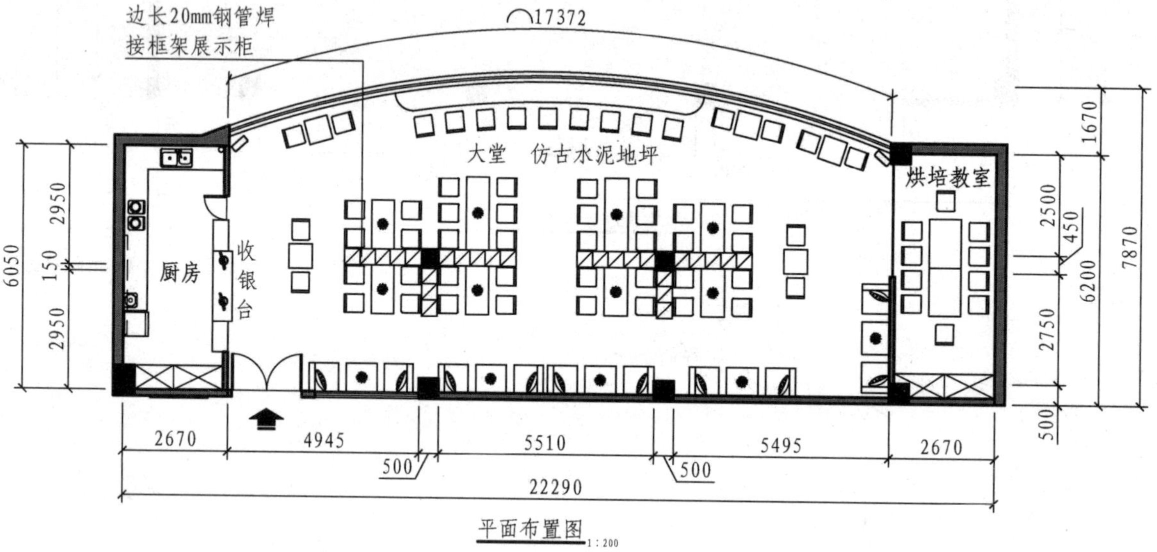

图8-29 平面布置图

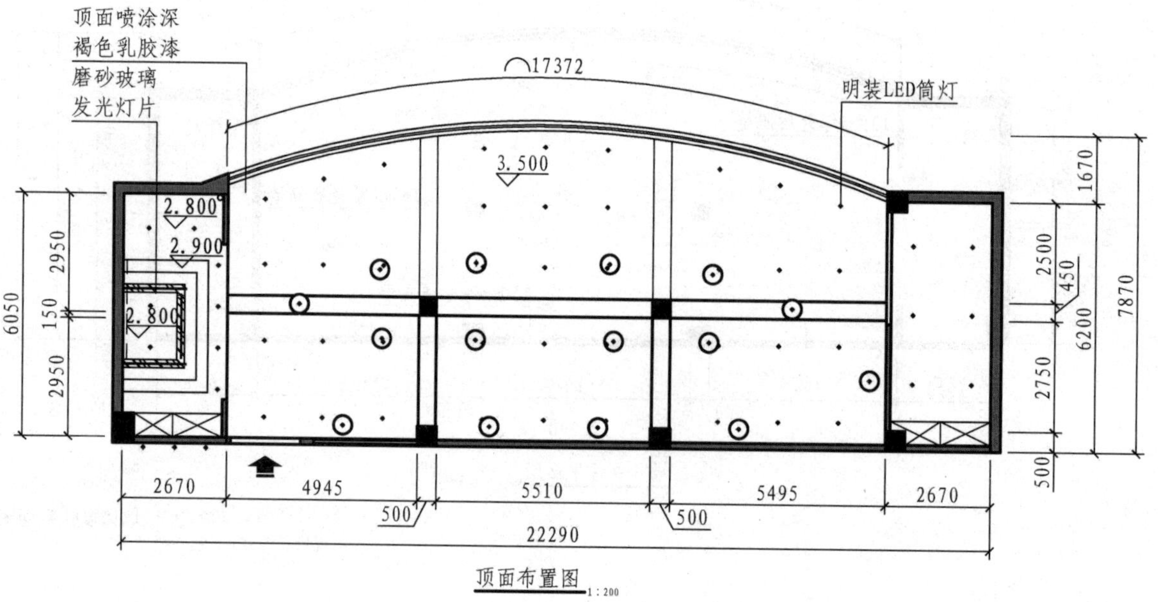

图8-30 顶面布置图

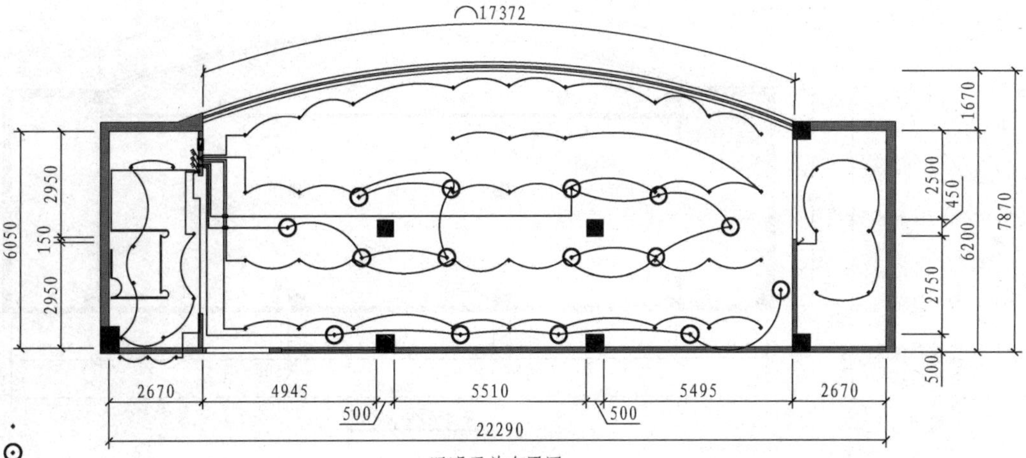

照明开关布置图 1:200

图　例:

筒灯
吊灯
荧光灯
灯具开关
电源插座
空调插座
网线插座
电视插座
音箱插座
电箱

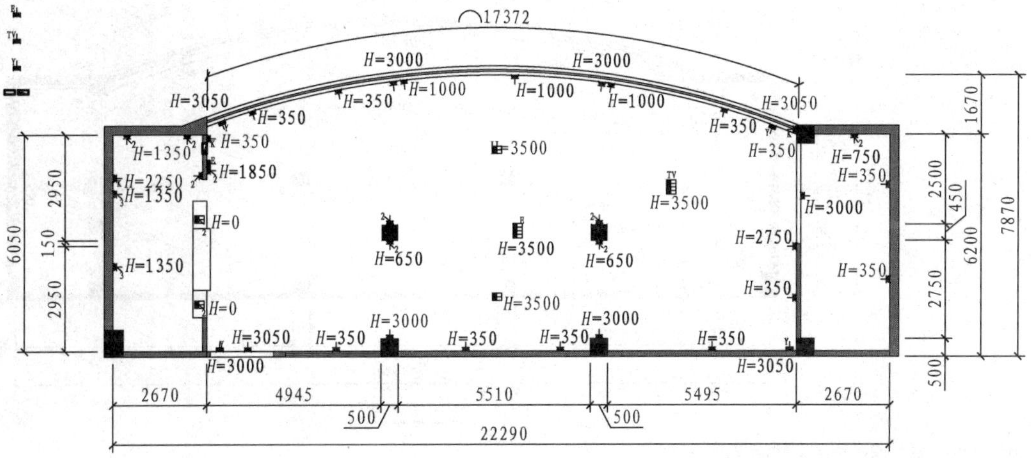

插座布置图 1:200

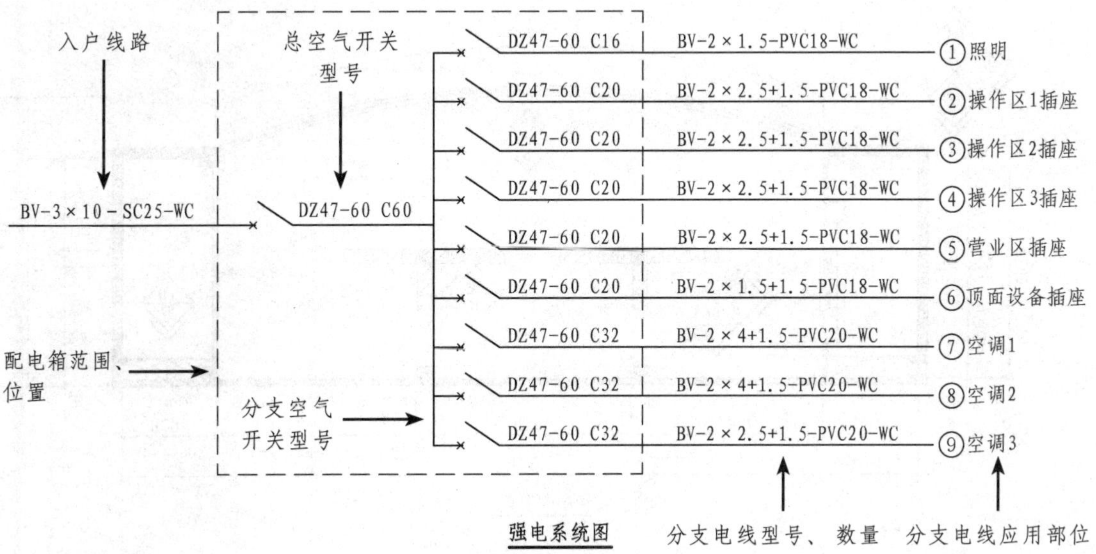

强电系统图

图8-31　照明开关、插座布置图与强电系统图

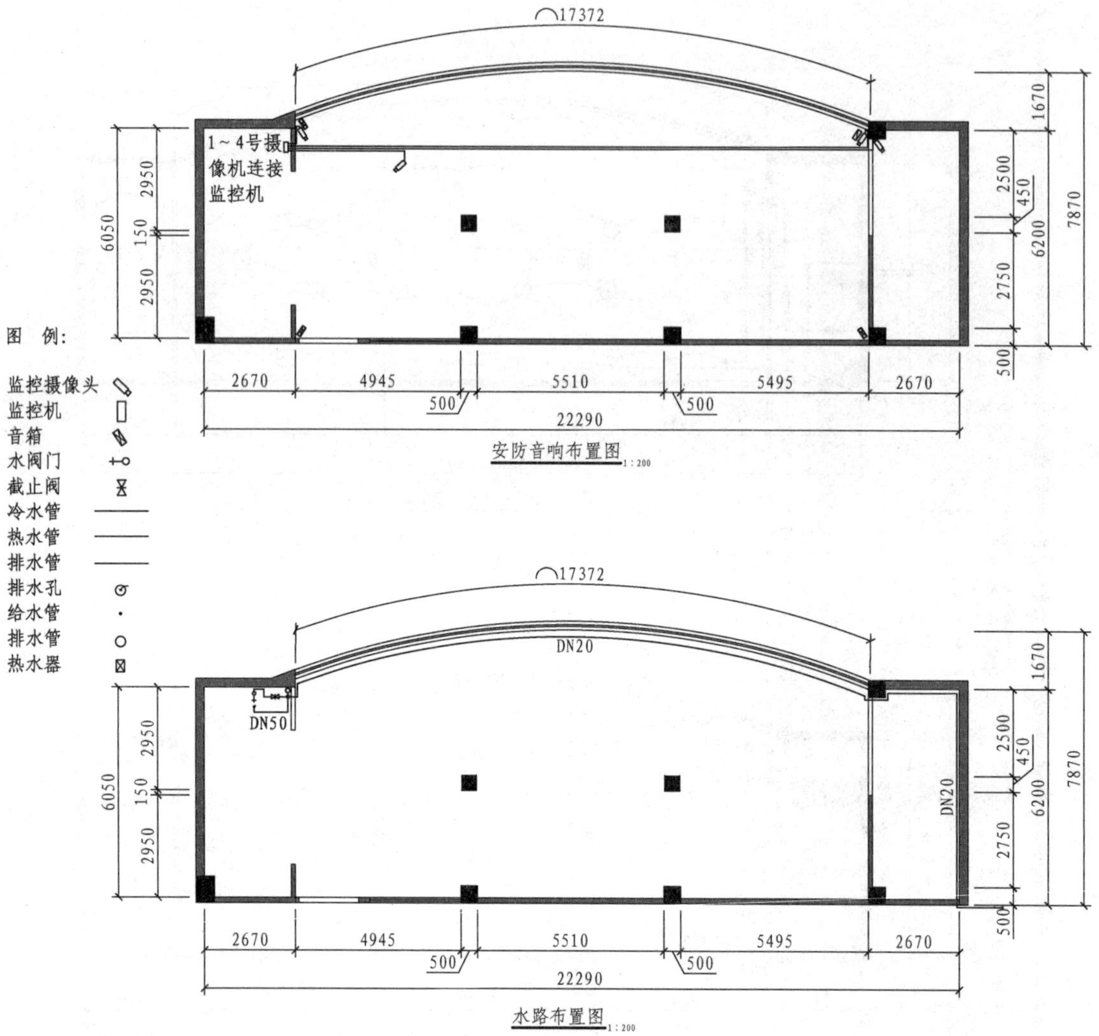

图8-32 安防音响布置图与水路布置图

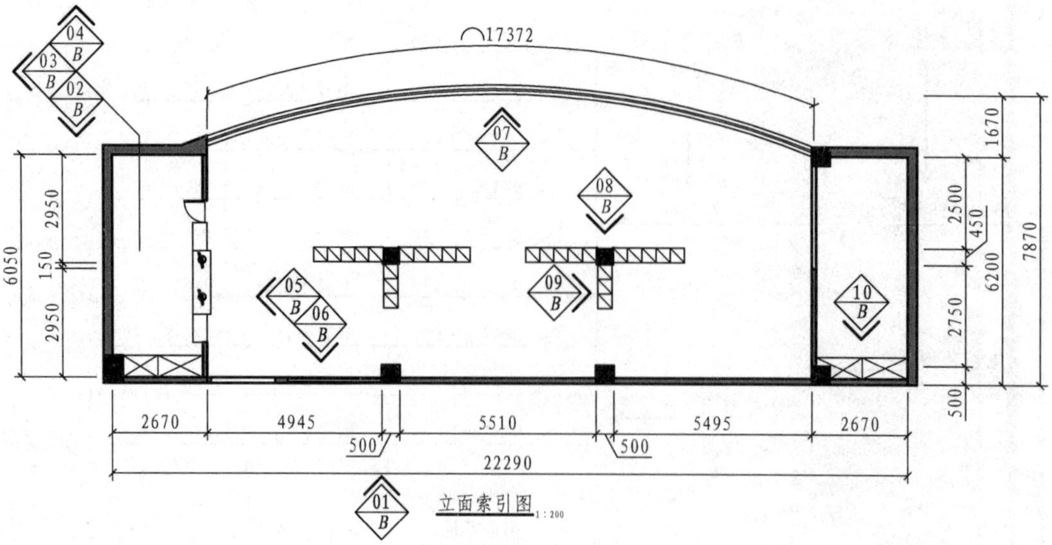

图8-33 立面索引图

最关键是立面索引图，商业空间设计变化多样，尽量对每个造型面进行设计绘制，不能缩减图纸数量（图8-33）。

装饰灯具属于后期安装配件，大多为客户自行采购，在立面图中一般无须绘制，但在电路布置图中要有电线布置位置。立面图从外向内进行绘制，对店外墙面构造精确深入绘制，标出详细尺寸，尤其是局部构造尺寸不能有遗漏（图8-34～图8-36）。

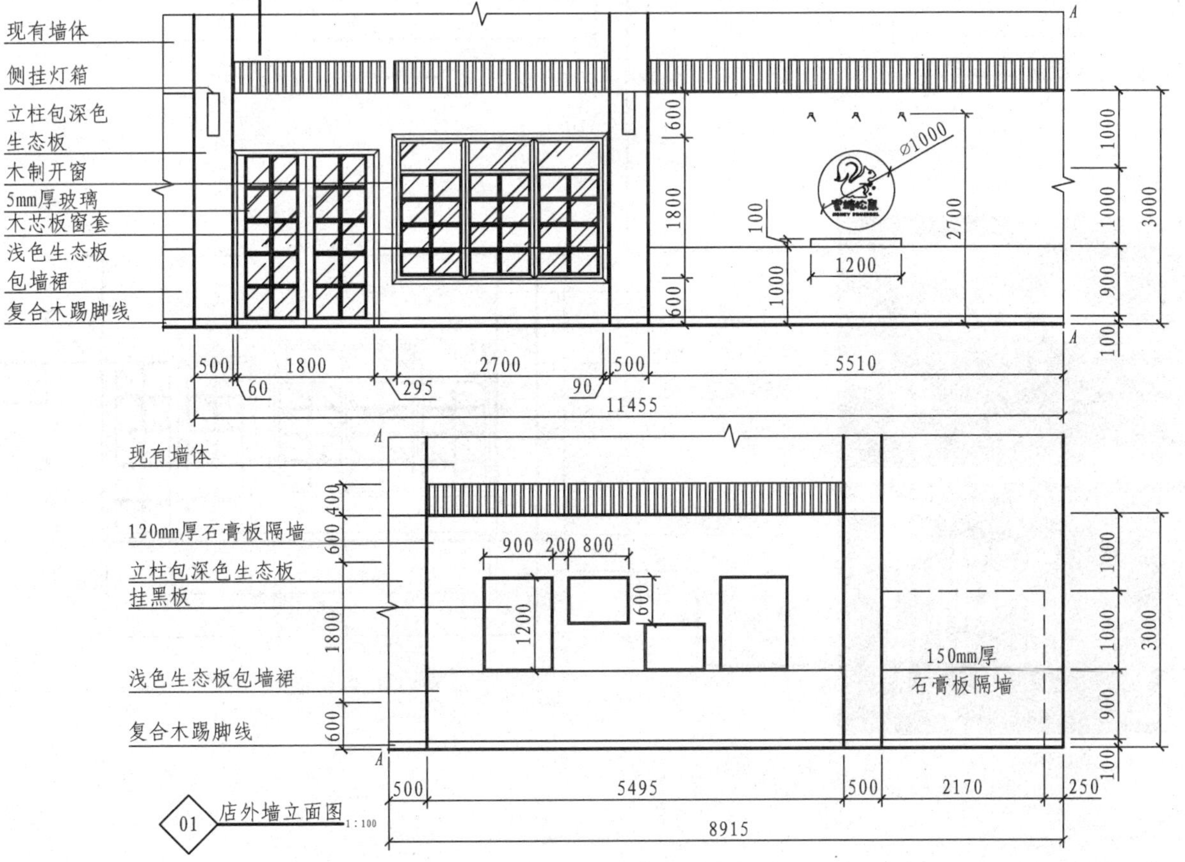

图8-34　立面图（一）

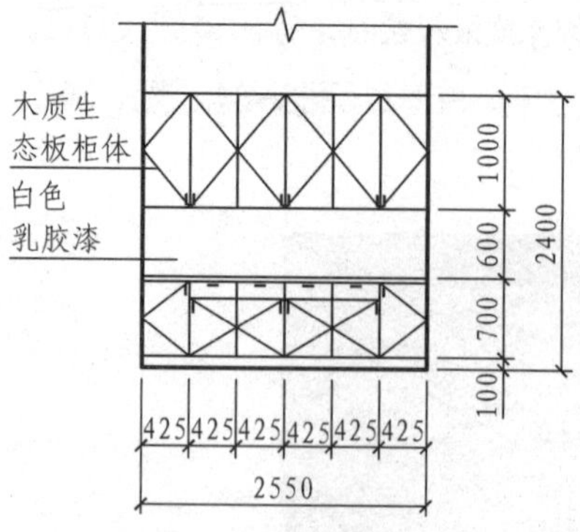

02 橱柜立面图 1:100

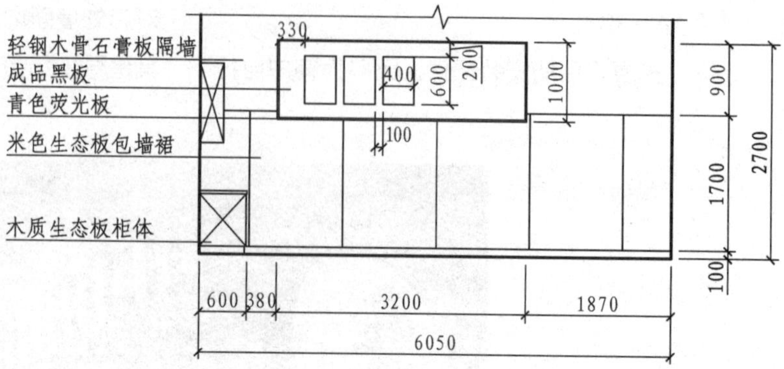

03 收银台背景墙立面图 1:100

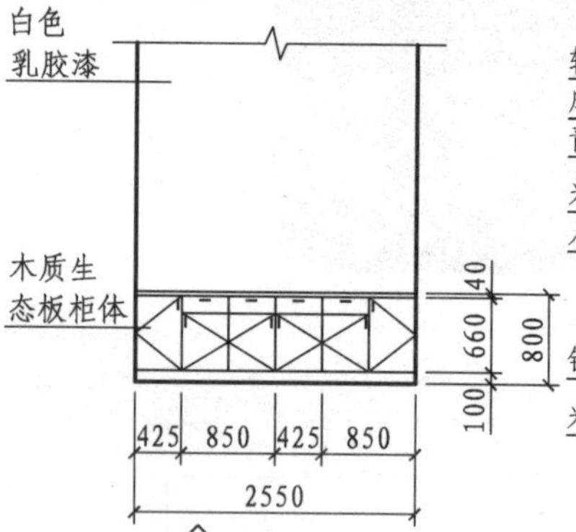

04 橱柜立面图 1:100

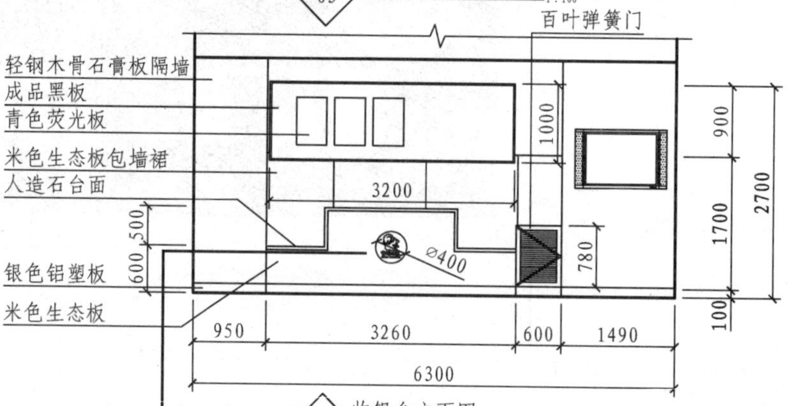

05 收银台立面图 1:100

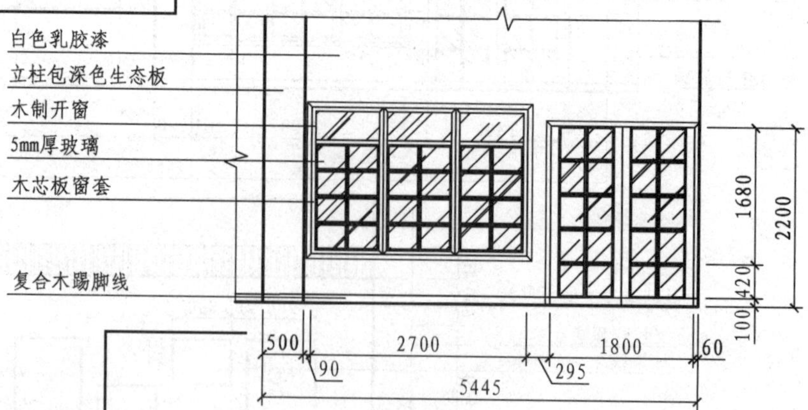

06 店内门窗立面图 1:100

图8-35 立面图（二）

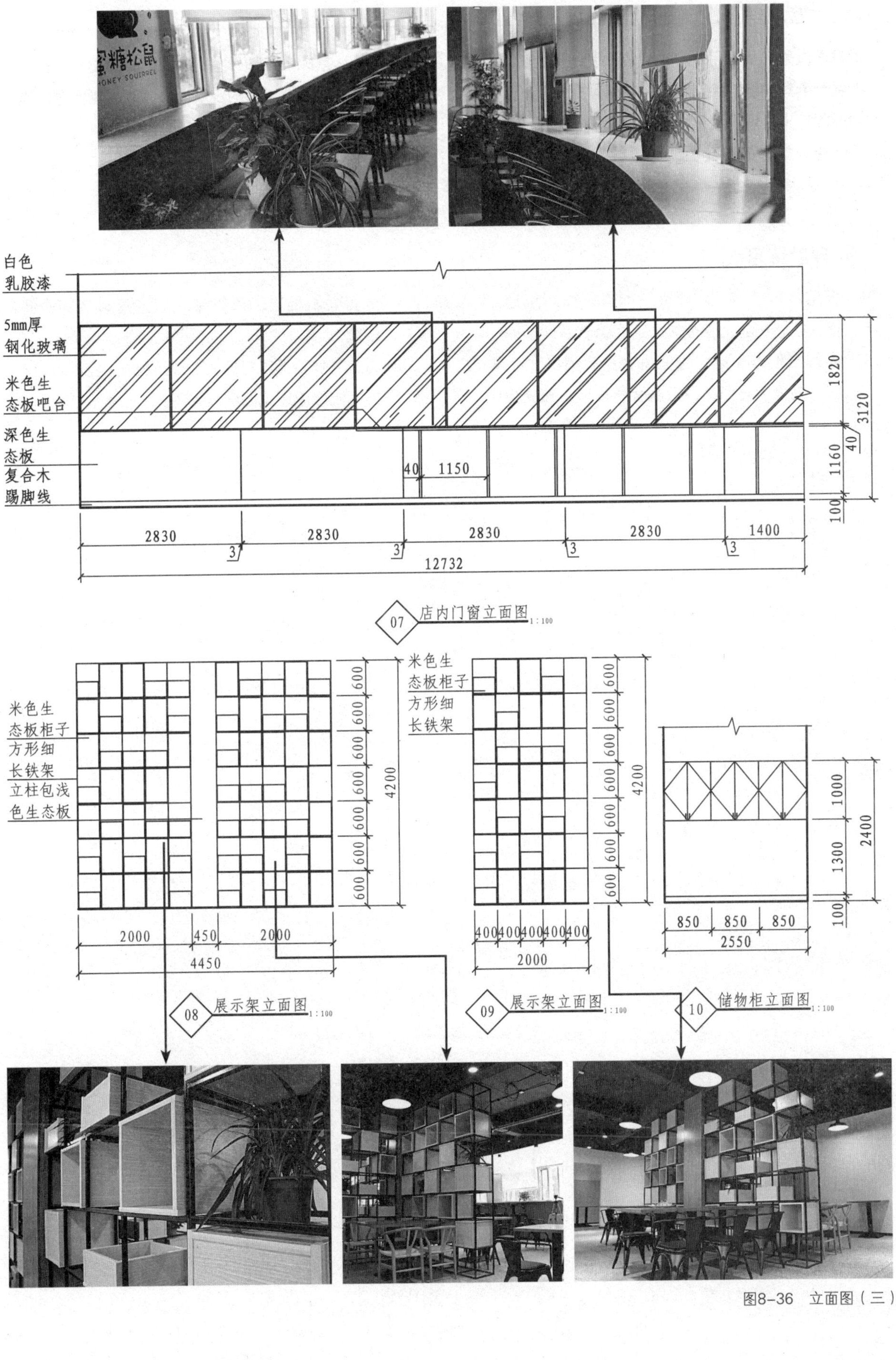
白色
乳胶漆
5mm厚
钢化玻璃
米色生
态板吧台
深色生
态板
复合木
踢脚线
1820
3120
40
1160
100
40
1150
2830
2830
2830
2830
1400
3
3
3
3
12732
07
店内门窗立面图
1:100
米色生
态板柜子
方形细
长铁架
立柱包浅
色生态板
600
4200
2000
450
2000
4450
08
展示架立面图
1:100
400
2000
09
展示架立面图
1:100
1000
1300
100
2400
850
850
850
2550
10
储物柜立面图
1:100

图8-36　立面图（三）

本章小结

本章通过列出多套完整的建筑装饰设计图纸，给读者展示全套图纸的绘制方法，并配置相对应的实景拍摄照片来表现设计空间中的装饰细节。在学习、工作中，类似的全套图纸资源很多，需要广泛收集，并认真阅读。搜集保存1~2套革命纪念馆的建筑装饰设计图纸，长期观摩。在独立绘制完整图纸时，可以将优秀范图放在手边进行参考。

课后练习

1. 根据本章内容，对教室空间进行重新规划设计，绘制一套完整的教室空间装饰设计图纸。
2. 考察当地革命纪念馆空间，选择其中一个展区，拍摄大量照片，根据考察素材，独立绘制一套面积相当的展陈空间室内建筑装饰设计图纸。
3. 将上述作业图纸打印为A3幅面，相互交换审读并指出修改意见后继续完善。

参考文献

REFERENCE DOCUMENTS

[1] 中华人民共和国住房和城乡建设部. GB/T 50001—2017房屋建筑制图统一标准[S]. 北京：中国建筑工业出版社，2018.

[2] 中华人民共和国住房和城乡建设部. GB/T 50104—2010建筑制图标准[S]. 北京：中国建筑工业出版社，2011.

[3] 中华人民共和国住房和城乡建设部. GB/T 50103—2010总图制图标准[S]. 北京：中国建筑工业出版社，2010.

[4] 中华人民共和国住房和城乡建设部. GB/T 50106—2010建筑给水排水制图标准[S]. 北京：中国建筑工业出版社，2010.

[5] 中华人民共和国住房和城乡建设部. GB/T 50114—2010暖通空调制图标准[S]. 北京：中国建筑工业出版社，2011.

[6] 中华人民共和国国家发展和改革委员会. DL/T 5350—2006水电水利工程电气制图标准[S]. 北京：中国电力出版社，2007.

[7] 郭志强. 装饰工程节点构造设计图集[M]. 南京：江苏凤凰科学技术出版社，2018.

[8] 曾华斌. 室内设计施工图绘制[M]. 北京：经济管理出版社，2015.

[9] 薛建. 装修设计与施工手册[M]. 北京：中国建筑工业出版社，2004.

[10] 业之峰装饰. 室内装饰施工工艺图解[M]. 沈阳：辽宁科学技术出版社，2013.

[11] 阚俊莹. 装饰施工[M]. 北京：中国水利水电出版社，2014.

[12] 樊思亮，李岳君，杨利. 室内细部CAD施工图集[M]. 北京：中国林业出版社，2014.

[13] 杨东江，杨宇. 装饰材料设计与应用[M]. 沈阳：辽宁美术出版社，2014.

[14] 陈亮奎. 装饰材料与施工工艺[M]. 北京：中国劳动社会保障出版社，2014.

[15] 沈百禄. 室内装饰设计1000问[M]. 北京：机械工业出版社，2012.

[16] 本书编委会. 装饰装修施工图识读[M]. 北京：中国建筑工业出版社，2015.

[17] 田原，杨冬丹. 装饰材料设计与应用[M]. 北京：中国建筑工业出版社，2006.

[18] 杨天佑. 建筑装饰工程施工：第3版[M]. 北京：中国建筑工业出版社，2003.